教育部、财政部中小学教师国家级培训

国家教师教育创新平台西南地区教师

XIAOXUE YUWEN JINGDIAN KEWEN DE
YUWEN ZIYUAN KAIFA YU XUNLIAN SHEJI

小学语文经典课文的
语文资源开发与训练设计

主　编：张先华　陈昌发

副主编：王　俊　张晓林

编　委：郑　媛　龙承菊　康建军　李　静　钟　莉

四川大学出版社

责任编辑:陈克坚
责任校对:郑利平
封面设计:墨创文化
责任印制:王　炜

图书在版编目(CIP)数据

小学语文经典课文的语文资源开发与训练设计 / 张先华，陈昌发主编. —成都：四川大学出版社，2014.5(2020.4 重印)

ISBN 978-7-5614-7742-7

Ⅰ.①小…　Ⅱ.①张… ②陈…　Ⅲ.①小学语文课－教学研究　Ⅳ.①G623.202

中国版本图书馆 CIP 数据核字（2014）第 112608 号

书名　**小学语文经典课文的语文资源开发与训练设计**

主　　编　张先华　陈昌发
出　　版　四川大学出版社
地　　址　成都市一环路南一段 24 号 (610065)
发　　行　四川大学出版社
书　　号　ISBN 978-7-5614-7742-7
印　　刷　三河市兴国印务有限公司
成品尺寸　148 mm×210 mm
插　　页　1
印　　张　13.5
字　　数　391 千字
版　　次　2014 年 6 月第 1 版
印　　次　2020 年 4 月第 4 次印刷
定　　价　59.80 元

◆读者邮购本书,请与本社发行科联系。
电话:(028)85408408/(028)85401670/
(028)85408023　邮政编码:610065
◆本社图书如有印装质量问题,请寄回出版社调换。
◆网址:http://press.scu.edu.cn

开发经典课文的语文教育资源
走上学习语言文字运用的正路

语文教学独立设科一百多年来，小学语文课本中有的课文不仅是名家名篇，语言运用有特别之处，而且经历了历代检验，至今还被选入不同版本的教材。这些课文已经成了小学语文经典课文。

这些经典课文不仅具有育人功能，而且语言优美，具有运用语言的示范功能。语文教学不能停留在"教一篇课文，知道一个故事"的水平，必须上升到"教一篇课文，懂得一个道理"的水平。这个道理不能只是自然之道，因为这不是"科学"课，也不能只是人生之道，因为这不是"思品"课，还必须是语文之道，因为这是"语文"课。我们更要从课文中悟出"语文之道"，开发这些经典课文的语文教育资源，并着重一方面进行语言运用训练设计，从"教课文"到"教语文"。

一件东西，如果用途广泛，就可以大大超越创造者的初衷，如衣服。人类发明衣服的初衷也许就是防寒保暖、遮羞蔽体。现在的衣服除了防寒保暖、遮羞蔽体的基本功能，还有许多用途，如包东西、蒙眼、当绷带、美饰、打扮、传递信息、表明一个人的生活水准（消费层次）和社会地位……

一篇课文如同一件东西，按接受理论讲，也可以大大超越作者的初衷。如《走进丽江》，作者写这篇文章，也许就是为了让更多的人了解丽江、陶冶性情，没想到还被选入了课本，还可以用来教阅读、教作文、积累文化、积累语言……用途很多。

开发每一篇课文的语文教育资源，可以用下面两个问题去拷问：

叶圣陶先生说，课文无非是个例子。那么，一篇篇课文“可能”是语文课程中哪些知识与能力点的例子呢？

大家都反对教课文，主张用课文教。那么，具体到一篇课文，“可能”用来教语文课程中哪些知识与能力点呢？

这都需要全体师生发挥创造性，去解读表达内容的文本，开发每一篇课文的语文教育资源。开发这些经典课文的语文教育资源，是更好地发挥这些经典课文的语文教育功能的基础和前提。

开发一篇课文的语文教育资源，途径有三条：第一条，教师和学生用心去解读表达内容的文本，发现课文在语言运用方面有什么规律、有什么可学习借鉴的。第二条，对照《义务教育语文课程标准（2011 年版）》（以下简称《课标》）在阅读、写作、口语交际方面的目标要求，看课文可以实现哪些目标要求。第三条，研读课本上的单元提示、课文阅读引导和课后思考练习，看编者就这篇课文提到了哪些语文知识与能力点。

一件东西，用途再广泛，但在特定的情境中，用途也是单一的或有所侧重的。如衣服起火了，把衣服浸湿，扑火；天降温了，男孩脱下外衣给女孩御寒；战士受伤了，医护人员没有绷带，就把衣服撕了，当作绷带包扎伤口……

同理，我们开发出了课文本身蕴藏的众多语文教育资源，找到了“可能”教的，但不是都要把这些语文知识与能力点作为语文教学内容，而是受时间限制、学生认知能力等多方面因素的制约，必须从中筛选出本篇课文最应该教学的语文知识与能力点，确定“只能”教的。这与索绪尔语言学中的“能指与所指”差不多。如 hua，能指很多，花朵的“花”、花钱的“花”、花心的“花”、眼花的“花”……但在特定的情境中，所指明确单一。如在“春天里，鸟语花香”中，所指的只是花朵，音响与概念连接明确单一。该放就放，这是语文教育的大智慧。它避免了面面俱到、蜻蜓点水、目标不明、重点不突出等问题的发生。舍得，舍得，有舍才有得。

许多语文教师拿到一篇课文，要么教偏，只看出文本表达的内容，陷入一味进行内容分析的误区；要么觉得没什么可教，只看出表达内容的文本的一点艺术特点，就教那么一点；要么觉得有很多东西可教，看出了表达内容的文本的很多艺术特点，就全教完。针对这三种情况，正确的做法分别是依据课文，着眼语文知识能力；开发课文，找到丰富的语文知识与能力点；筛选课文，确定进入教学内容的语文知识与能力点。

筛选并确定进入一篇课文教学内容的语文知识与能力点，必须强调“七性”（依据）：其一，语文性，即必须是关于语文的知识能力；其二，独特性，即必须是该课文特有的，具有典型性和代表性；其三，主导性，即这一特点主导着把握课文内容、建构丰富的意义；其四，规律性，即可以由个别到一般，形成规律，迁移训练，举一反三；其五，课标性，即必须符合《课标》的目标和要求；其六，学生性，即必须符合学生身心规律，学生能认知；其七，课本性，从编写说明、单元提示、课文阅读引导以及课后的思考和练习中去把握编者意图、指向和课本的规定性。筛选并确定进入一篇课文教学内容的语文知识与能力点位，可结合编写说明、单元提示、课文阅读引导以及课后的思考和练习来筛选并确定，不能无视教材的规定性和制约性。编写说明、单元提示、课文阅读引导以及课后的思考和练习，是编者对教学一册课本、一个单元、一篇课文的基本要求，也是教学的基本任务，体现着编者的意图，为教师确立教学目标、教学重点等起着重要的导向和定位作用，是教学目标、重点的依据和源头。特级教师江洪春老师提出：“课后思考练习题，旨在体现编者意。教者应该细研读，落实到位都受益。”

确定了一篇课文教学内容的语文知识与能力点后，就要上升到更高水平"教一篇课文，形成一种（语文）能力"，做课堂语文能力训练设计。莫做文章讲师，要做读写教练。训练设计按三步进行：接触案例→探究规律→训练能力。

本书针对小学语文经典课文的语文教育资源开发不够、能力训练不到位的现状，进行了新的研究与突破，是教育部、财政部中小学教师国家级培训计划的培训成果和培训资源。而且，本书中的每篇经典课文均由"经典推荐、经典呈现、资源开发、点位论证、训练设计"五个部分构成，体例完备。本书对改变把课文内容当教学内容、为了教课文而教课文的现状，真正实现用课文教，走上"学习语言文字运用"的正路，有着实实在在的推进作用。

张先华

2014 年 3 月于绵阳师范学院

目　录

01 学习机智的语言，品味思辨的艺术

——《晏子使楚》的语文资源开发与训练设计

经典推荐

《晏子使楚》讲述了一个经典的历史故事，是一篇传统经典课文。人教新课标语文教材将此文安排在五年级下册第三组“语言艺术”的主题里，北师大版语文安排在五年级下册第七组“尊严”的主题里，语文出版社出版的小学语文 A 版（简称语文 A 版）安排在四年级上册第五组“爱国”的主题中。

本文结构精巧，首尾照应，紧凑完整，故事情节有起有落，矛盾冲突合情合理，且高潮迭起，扣人心弦。既干净利落又风趣幽默，具有极强的故事性，充满语言艺术的魅力。本文在写法上突出以人物对话来塑造形象，通过对话展开情节，刻画人物。《晏子使楚》是一篇展现语言魅力，表现人物特质和精神的佳作。读者读后印象特别深刻。

经典呈现

晏子使楚

春秋末期，齐国和楚国都是大国。

有一回，齐王派大夫晏子去访问楚国。楚王仗着自己国势强

盛，想乘机侮辱晏子，显示楚国的威风。

楚王知道晏子身材矮小，就叫人在城门旁边开了一个五尺来高的洞。晏子来到楚国，楚王叫人把城门关了，让晏子从这个洞进去。晏子看了看，对接待的人说："这是个狗洞，不是城门。只有访问'狗国'，才从狗洞进去。我在这儿等一会儿。你们先去问个明白，楚国到底是个什么样的国家？"接待的人立刻把晏子的话传给了楚王。楚王只好吩咐大开城门，迎接晏子。

晏子见了楚王。楚王瞅了他一眼，冷笑一声，说："难道齐国没有人了吗？"晏子严肃地回答："这是什么话？我国首都临淄住满了人。大伙儿把袖子举起来，就是一片云；大伙儿甩一把汗，就是一阵雨；街上的行人肩膀擦着肩膀，脚尖碰着脚跟。大王怎么说齐国没有人呢？"楚王说："既然有这么多人，为什么打发你来呢？"晏子装着很为难的样子，说："您这一问，我实在不好回答。撒谎吧，怕犯了欺骗大王的罪；说实话吧，又怕大王生气。"楚王说："实话实说，我不生气。"晏子拱了拱手，说："敝国有个规矩：访问上等的国家，就派上等人去；访问下等的国家，就派下等人去。我最不中用，所以派到这儿来了。"说着他故意笑了笑，楚王只好跟着笑。

楚王安排酒席招待晏子。正当他们吃得高兴的时候，有两个武士押着一个囚犯，从堂下走过。楚王看见了，问他们："那个囚犯犯的什么罪？他是哪里人？"武士回答说："犯了盗窃罪，是齐国人。"楚王笑嘻嘻地对晏子说："齐国人怎么这样没出息，干这种事儿？"楚国的大臣们听了，都得意洋洋地笑起来，以为这下子可让晏子丢尽脸了。哪知晏子面不改色，站起来，说："大王怎么不知道哇？淮南的柑橘，又大又甜。可是橘树一种到淮北，就只能结又小又苦的枳，还不是因为水土不同吗？同样道理，齐国人在齐国安居乐业，好好地劳动，一到楚国，就做起盗贼来了，也许是两国的水土不同吧。"楚王听了，只好赔不是，说："我原来想取笑大夫，没想到反让大夫取笑了。"

从这以后，楚王不敢不尊重晏子了。

资源开发

《晏子使楚》是一篇结构精巧，用突出人物对话来塑造人物形象的经典课文，让读者感受到了语言艺术的魅力。那么《晏子使楚》可以是语文课程中哪些语文知识与能力点位的例子呢？

1.《晏子使楚》极富语言机智，是学生学习机智语言，品味语言思辨美的极佳范例。

2.《晏子使楚》是“前后相呼应”的例子，如文章开始与结尾前后呼应。

3.《晏子使楚》是“描写”训练的例子，如课文第四段说明齐国人多时晏子说：“大伙儿把袖子举起来，就是一片云；大伙儿甩一把汗，就是一阵雨；街上的行人肩膀擦着肩膀，脚尖碰着脚跟。”描写非常形象，有强烈的画面感。

4.《晏子使楚》是“夸张”的例子，如课文第四段晏子说的话用到了夸张的手法，凸显齐国的人多，虽然夸张，却更让人信服。

5.《晏子使楚》是“反问”的例子，如：“齐国人怎么这样没出息，干这种事儿?”“大王怎么说齐国没有人呢?”用到了反问的手法。

6.《晏子使楚》是“类比”的例子，如课文第五段晏子的话通过打比方说明，反驳了楚王的观点。

7.《晏子使楚》是灵活使用语言、不啰唆的例子，如：“我最不中用，所以派到这儿来了。”恰当省略一个“因为”，语言精巧，不重复。

8.《晏子使楚》是三个“只好”对比体会的例子，如课文三、四、五段出现三个“只好”，却让人不感觉重复，反而形象地表现了楚王面对晏子时的无奈。

9.《晏子使楚》是“概括”训练的例子，如上面三个分句的形象描述又可以概括为“张袂成云”“挥汗成雨”“摩肩接踵”三个成语。

10.《晏子使楚》是品味语言，准确表达的例子，如课文第三段“晏子看了看，对接待的人说：……”中作者用“看了看”，能不能改成“想了想”，为什么？

11.《晏子使楚》是识记生难字的例子，如课文中出现的“临淄、柑橘”中的“淄、橘”属生难字，可采用分部分记忆生难字的方法。

12.《晏子使楚》是读准字音，普通话训练的例子，如课文中出现的“枳、大夫、乘机”中的“大”读 da（四声），“乘”读 cheng（二声），“枳”读 zhi（三声）。

13.《晏子使楚》是人物神态描写的例子，如课文出现的“冷笑、严肃、为难、笑了笑、跟着笑、笑嘻嘻、得意洋洋、面不改色”形象地再现了人物当时的神态表情。

14.《晏子使楚》是品味语言，学习貌似重复，实则突出表达效果的例子，如课文第五段出现的“齐国人在齐国安居乐业，好好地劳动”好像有重复的嫌疑，但“好好地劳动”与下文的“做起盗贼”相呼应，突出了表达效果。

15.《晏子使楚》结构完整、精巧紧凑，是记叙文“起因、经过、结果”经典呈现的例子。

点位论证

在众多的教学点位中不可能把所有的点位都拿来教。我们可以用《晏子使楚》教“学习机智的语言，品味思辨的艺术”。理由如下：其一，教材单元要求阅读本组课文，感受语言表达的艺术……丰富我们的语言，并学习用机智的语言进行表达。其二，现阶段语文教学过程中读的有效性不够，主要表现在读的层次性、目标性不够，学生思考得不够。我们需要教孩子咬文嚼字地学习语言运用和表达，学习机智语言。其三，《晏子使楚》作者描写晏子语言机智巧妙，极富语言的魅力，可以学习其语言表达方法。其四，在教学中，许多老师会选择分角色朗读课文、课本剧表演，再现故事中人物对话的精髓，感悟人物语言的魅力，学习语言表达。其五，做课后练习第 2 题时参考选文，琢磨晏子出使楚国时，楚王几次想侮辱晏子，晏子是如何应对的。把晏子的话多读几次，感情晏子的话语妙处，去思考，学习语言的表达。

训练设计

第一步，接触案例。

同学们，读下面两段话，静心思考。

1. 楚王知道晏子身材矮小，就叫人在城门旁边开了一个五尺来高的洞。晏子来到楚国，楚王叫人把城门关了，让晏子从这个洞进去。晏子看了看，对接待的人说："这是个狗洞，不是城门。只有访问'狗国'，才从狗洞进去。我在这儿等一会儿。你们先去问个明白，楚国到底是个什么样的国家？"接待的人立刻把晏子的话传给了楚王。楚王只好吩咐大开城门，迎接晏子。（为什么楚王"只好"吩咐大开城门，迎接晏子？）

2. 晏子装着很为难的样子，说："您这一问，我实在不好回答。撒谎吧，怕犯了欺骗大王的罪；说实话吧，又怕大王生气。"楚王说："实话实说，我不生气。"晏子拱了拱手，说："敝国有个规矩：访问上等的国家，就派上等人去；访问下等的国家，就派下等人去。我最不中用，所以派到这儿来了。"说着他故意笑了笑，楚王只好跟着笑。（为什么楚王"只好"跟着笑？）

第二步，探究规律。

两段话中晏子的语言机智表现在哪里？

1. 第一段写楚王把城门关了，旁边开了一个小洞，让晏子从小洞进入来侮辱晏子个子矮。晏子对接待的人说："这是个狗洞，不是城门。只有访问'狗国'，才从狗洞进去。我在这儿等一会儿。你们先去问个明白，楚国到底是个什么样的国家?"晏子的话触及了对方的自尊，让楚王没有选择：要让晏子从小洞过，就得承认楚国是狗国。所以楚王只好吩咐大开城门，迎接晏子。

2. 第二段写楚王说齐国为什么派你这样的人，侮辱齐国无人、晏子无能。晏子说："敝国有个规矩：访问上等的国家，就派上等人去；访问下等的国家，就派下等人去。我最不中用，所以派到这儿来了。"晏子这样说把自己和楚国的荣辱绑在一起，先承认自己最不中用，暗示楚国是下等的国家，反击对方。楚王"只好"跟着笑。

人物语言最能表现人物的特质和智慧，在不同的场合，面对不同的遭遇，人物的语言可能会产生巨大的作用。我们还能举出例子来吗?

【资料】关于"机智语言"的例子。

1. 在一部电视剧中，乾隆皇帝问纪晓岚："何为忠孝?"纪晓岚说："君叫臣死，臣不得不死，为忠；父叫子亡，子不得不亡，为孝。合起来，就叫忠孝。"纪晓岚刚答完，乾隆皇帝就说："好！朕赐你一死。"皇帝金口玉言，纪晓岚怎么办呢？纪晓岚只好谢主隆恩，三拜九叩，然后退出去，死去了。不过，才一会儿，纪晓岚又呵气带喘地跑回来，"扑通"一下给乾隆皇帝跪下了。乾隆皇帝发怒："大胆，纪晓岚！朕不是赐你一死吗？你为什么又回来了?"纪晓岚说："皇上，臣去死了，臣去跳河自尽，正要跳河，屈原突然从河里出来了，他怒气冲冲地说：'你小子真是混蛋吗！想当年，我投汨罗江自杀，是因为楚怀王昏庸无道；想当今，皇上皇恩浩荡，贤明豁达，你怎么能死呢！'臣一听，就回来了。"是啊，纪晓岚真去死了，那说明皇帝昏庸；纪晓岚不去死，那是证明皇帝圣明啊！哪个皇帝愿意承认自己昏庸呢？你要面子，我就可以保命了。这是触及对方自尊、实现自己语言意图的典型案例。语言可以救命。纪晓岚就是靠他渊博的学识，加上能言善辩，救了自己。乾隆皇帝听说纪晓岚机智敏捷，能言善辩，才出此招一试。纪晓岚果真能言善辩，令人赞叹。最后，乾隆皇帝不得不解嘲地说："好一个纪晓岚，你真是能言善辩啊！"

2. 大学的班上公开竞选班花，一个相貌平平的女生也参与竞选。请你为她写几句竞选演讲词，保证她当选，你会怎么写？这个女生这样演讲道："如果我当选班花，那么再过几年，在座的姐妹们就可以向自己的先生骄傲地说，我上大学的时候比班花还漂亮！"结果，她全票当选。

3. 在集体中，有的事出了问题，大家都互相责怪。有人说："怪别人是不成熟的表现，怪自己的人很成熟。"人都爱面子，证明自己成熟，而不幼稚，就不再责怪别人了。

第三步，训练能力。

面对下面情境，你会用怎样的语言来摆脱对自己不利的困境？

1. 你的妈妈或爸爸老爱批评你这不对，那不对，这不行，那不行，你可以怎样辩解？

【参考答案】

你只要触及对方的自尊，维护对方的自尊，将你和对方的自尊捆绑在一起，对方就不会贬损你。比如，你可以说："爸爸妈妈是孩子的第一任老师，孩子都像自己的爸爸妈妈。爸爸妈妈这么聪明，这么能干，你们的孩子不会那么糟吧！"（与"有其父必有其子，孩子是父母的影子或镜子"类似的还有：师高弟子强，强将手下无弱兵，物以类聚，人以群分。这些都是捆绑式语言。触及对方的自尊，让对方知道，贬低你就等于贬低他自己，从而维护你的自尊。）

2. 你做错了一件事，告诉对方，可能激发对方发火。那你怎么说?

【参考答案】

同样你要触及对方的自尊，维护对方的自尊，将你和对方的自尊捆绑在一起，对方就不会发火或打人骂人。比如，你可以说:“有人说，发火或打人骂人，是因为修养不好。你修养这么好，是不会发火或打人骂人的。我做错了一件事……”人都爱面子，为了证明自己修养好，而不是没修养，可能就不会发多大的火。

02 品味字词学描写，运用细节显个性

——《麻雀》的语文资源开发与训练设计

经典推荐

《麻雀》是语文出版社和十二省小学语文教材编委会共同编写的，由语文出版社出版的S版小学《语文》（全书简称“语文S版”）四年级上册的一篇课文，人教版小学语文四年级上册也有《麻雀》这篇课文。这是一篇记叙文，出自19世纪俄国著名现实主义作家屠格涅夫之手。他以新颖的构思，精练、优美的语言文字，叙述了一只老麻雀在庞大的猎狗面前，奋不顾身地保护小麻雀，使小麻雀免受伤害的动人故事。文中通过对不同角色的神态、动作的具体描写，真实地表达了自己的思想感情。课文不仅刻画出小麻雀的弱小，猎狗的凶暴，“我”同情怜爱的形象，而且塑造出老麻雀在危急关头挺身而出，为救幼儿奋不顾身的果敢形象，热情地歌颂了“亲子”“母爱”这“一种强大的力量”。其情感人，其景动人，其意省人。文章篇幅虽不长，但语言凝练而传神，既能让人感受到母爱伟大之美，又能让人感受到语言表达之美。

经典呈现

麻雀

我打猎回来，走在林荫路上。猎狗跑在我的前面。

突然，猎狗放慢脚步，悄悄地向前走，好像嗅到了前面有什么野物。

风猛烈地摇撼着路旁的梧桐树。我顺着林荫路望去，看见一只小麻雀呆呆地站在地上，无可奈何地拍打着小翅膀。它嘴角嫩黄，头上长着绒毛，分明是刚出生不久，从巢里掉下来的。

猎狗慢慢地走近小麻雀，嗅了嗅，张开大嘴，露出锋利的牙齿。突然，一只老麻雀从一棵树上飞下来，像一块石头似的落在猎狗面前。它扎煞起全身的羽毛，绝望地尖叫着。

老麻雀用自己的身躯掩护着小麻雀，想拯救自己的幼儿。可是因为紧张，它浑身发抖，发出嘶哑的声音。它呆立着不动，准备着一场搏斗。在它看来，猎狗是个多么庞大的怪物哇！可是它不能安然地站在高高的没有危险的树枝上，一种强大的力量使它飞了下来。

猎狗愣住了，它可能没料到老麻雀会有这么大的勇气，慢慢地，慢慢地向后退。

我急忙唤回我的猎狗，带着它走开了。

资源开发

《麻雀》不仅让我们体会到母爱的伟大，骨肉亲情之美。我们更从课文中悟出语文之美，开发《麻雀》的语文教育资源。那么，《麻雀》可以是语文课程中哪些语文知识与能力点位的例子呢?

1.《麻雀》是“品味字词学描写，运用细节显个性”的例子。课文对小麻雀、老麻雀、猎狗都分别用到了细节描写。对小麻雀的神态、动作、外形的描写体现了它稚嫩幼小、茫然无助的特点，对老麻雀的神态、动作的描写把老麻雀在危急关头挺身而出，面对强敌紧张害怕的景象与为救幼儿奋不顾身的果敢形象紧密结合体现其无私伟大的母爱亲情。对猎狗的动作描写体现出猎狗的凶暴。

2.《麻雀》是“运用多种方式理解词语意思”的例子。如课文第二自然段“无可奈何”一词可以引导学生联系上下文理解词语意思，就是没有一点办法。让学生用“无可奈何”造句。而“扎煞”一词则需要借助查字典的方法理解其意思，就是鸟禽遇危险将羽毛竖起的样子；还可以运用近义词或反义词来解释“摇撼”就是摇动的意思，“危险”就是不安全的意思。

3.《麻雀》是“拼音基础能力训练”的例子。如本课出现了“露”“似”“悄”三个比较重要的多音字。

4.《麻雀》是“近义词恰当运用”的例子。如第三自然段的“猛烈”，可以与“强烈”一词对比理解。可出示练习句选择词语。

5.《麻雀》是“关联词语的巧妙用法”的例子。如文中“可是它不能安然地站在高高的没有危险的树枝上，一种强大的力量使它飞了下来”这句属于因果倒置句，可让学生调换句式。

6.《麻雀》是“缩句训练”的例子。文章中第五自然段“老麻雀用自己的身躯掩护着小麻雀，想拯救自己的幼儿”这句话有典型性。再如“黄继光用自己的胸膛堵住了敌人的枪口”这类型的句子在进行缩句时要去掉“用……”

7.《麻雀》是“比喻的修辞手法作用体现”的例子。课文第四自然段“突然，一只老麻雀从一棵树上飞下来，像一块石头似的落在猎狗面前”这个比喻句用得恰当而精准，表现出老麻雀落地时用力之猛，动作之快。在理解的基础上练习仿写。

8.《麻雀》是“抓重点词体会表情达意”的例子。如文中

“扎煞起”“绝望”“安然”“一种强大的力量”这些词句对了解文章内容，体会作者思想感情都起着重要作用。

9.《麻雀》是“叙述方法训练”的例子。本课是按事情发展顺序叙述。

10.《麻雀》是“练习给文章分意义段”的例子。本课课后第二题写出了课文的意义段，可以引导学生根据提示给文章分段。

11.《麻雀》是“概括能力训练”的例子。(1) 引导学生根据段意概括、根据叙述方法概括或围绕主要事物概括三种方法来概括文章的主要内容。(2) 用分析主要情节的方法概括思想。

12.《麻雀》是“训练有感情朗读课文”的例子。本课字里行间渗透着强烈的感情，是进行朗读指导的好教材。如：描写小麻雀的句子抓重点词读重音；描写猎狗凶猛的句子，语气逐渐加强，表现紧迫；老麻雀突然出现的句子要加快节奏，奋不顾身的行动句要停顿加重音。

13.《麻雀》是“结合上下文和重点词语理解不好懂的句子”的例子。如文中“它扎煞起全身的羽毛，绝望地尖叫着”“可是它不能安然地站在高高的没有危险的树枝上，一种强大的力量使它飞了下来”都需要结合上下文和重点词语才能理解。

14.《麻雀》是“感叹句运用”的例子。仿写“猎狗是个多么庞大的怪物哇!”

15.《麻雀》是“对比描写训练”的例子。如文中猎狗和麻雀外形的对比，以弱小战胜强大结果的对比，可练习仿写。

点位论证

在众多“可能”的教学点位中，我们应该教什么呢？我们应该用《麻雀》教“品味字词学描写，运用细节显个性”。理由如下：其一，“运用细节描写体现事物特点”是关于语文的知识能力，是培养学生写作能力的主要方式。其二，“运用细节描写体现事物特点”在《麻雀》这篇课文中表现得尤为突出，三、四、五自然段都有很好的例子，其余语文的知识能力点在其他课文也常遇到。其三，本课对小麻雀、老麻雀以及猎狗的细节描写是领会文章主要内容，体会文章思想感情的重要依据，具有主导性。对它们各自特点的描写使课文感情非常强烈。其四，由对“运用细节描写体现事物特点”可以得出规律：“抓住事物的神态、动作、外形、语言进行细节描写，可以准确把握事物的特点，从而理解文章思想感情。”我们还可以迁移训练，举一反三，通过细节描写抓人物特点。其五，学生想象力丰富，善于观察，在老师的引导下，他们会发现许多生活中的例子。这也体现其教学来源于生活，运用于生活。其六，依据《课标》对中段学生的要求“有感情地朗读课文能联系上下文，理解词句的意思，体会课文中关键词句在表情达意方面的作用”也需要我们进行这方面的训练。其七，课后的思考和练习中，第三题要求抓住重点词语，谈体会。就是要求学生抓住细节描写的词语体会文章在表情达意方面的作用。由此可见，“运用细节描写体现事物特点”既符合课标对学生的年龄段要求，也体现出编者的意图和本课的重点。

训练设计

第一步，接触案例。

同学们，请读下面这段文字。

风猛烈地摇撼着路旁的梧桐树。我顺着林荫路望去，看见一只小麻雀呆呆地站在地上，无可奈何地拍打着小翅膀。它嘴角嫩黄，头上长着绒毛，分明是刚出生不久，从巢里掉下来的。

猎狗慢慢地走近小麻雀，嗅了嗅，张开大嘴，露出锋利的牙齿。突然，一只老麻雀从一棵树上飞下来，像一块石头似的落在猎狗面前。它扎煞起全身的羽毛，绝望地尖叫着。

老麻雀用自己的身躯掩护着小麻雀，想拯救自己的幼儿。可是因为紧张，它浑身发抖，发出嘶哑的声音。它呆立着不动，准备着一场搏斗。在它看来，猎狗是个多么庞大的怪物哇！可是它不能安然地站在高高的没有危险的树枝上，一种强大的力量使它飞了下来。

第二步，探究规律。

1. 以上文字描写了哪几种动物？它们各自有什么特点？你是从哪些词语体会到的？

（1）写了小麻雀、老麻雀、猎狗。

（2）小麻雀稚嫩幼小；老麻雀勇敢，奋不顾身保护幼儿；猎狗凶猛，张牙舞爪，令人害怕。

（3）抓住了关键词句。如描写小麻雀的词语“呆呆地、无可奈何、拍打、嫩黄、绒毛”是对小麻雀神态、动作、外形的描写，通过这些细致描写我们能清楚地感受到它的稚嫩、弱小和无助。再看描写猎狗的动作“走近、嗅、张开、露出”既感受到猎狗的凶猛，又体会到小麻雀的处境危险。而对于老麻雀的描写更为细致，通过老麻雀的动作、神态以及恰当的比喻手法将老麻雀奋不顾身救幼儿的形象展现得淋漓尽致。

2. 从这些描写你发现了什么？

一篇文章，恰到好处地运用细节描写能起到烘托环境气氛、刻画人物性格和揭示主题思想的作用。我们应该运用细节描写来突出事物的特点，增强文章的感染力，揭示主题思想。

3. 运用细节描写体现事物特点。我们还能举出例子来吗？

【资料】《翠鸟》中的一个片段：

翠鸟蹬开苇秆，像箭一样飞过去。叼起那条小鱼，贴着水面往远处飞走了。只有那苇秆还在摇晃，水波还在荡漾。

你能谈谈对这段文字的体会吗？

【参考答案】

这段话通过对翠鸟捕鱼动作的细致描写体现出翠鸟动作迅速敏捷。

第三步，训练能力。

1. 先朗读再背诵练习（以填空的形式，循序渐进地进行练习）。

风猛烈地摇撼着路旁的梧桐树。我顺着林荫路望去，看见一只小麻雀（　　）站在地上，（　　）地（　　）着小翅膀。它嘴角（　　），头上长着（　　），分明是（　　），从巢里掉下来的。

猎狗慢慢地（　　）小麻雀，（　　）了（　　），（　　）大嘴，（　　）锋利的牙齿。突然，一只老麻雀从一棵树上飞下来，像一块石头似的（　　）在猎狗面前。它（　　）起全身的羽毛，绝望地（　　）着。

老麻雀用自己的身躯（　　）着小麻雀，想拯救自己的幼儿。可是因为紧张，它（　　），发出（　　）的声音。它（　　）着不动，准备着一场搏斗。在它看来，猎狗是个多么庞大的怪物哇！可是它不能（　　）地站在（　　）的没有（　　）的树枝上，一种强大的力量使它飞了下来。

2. 判断下列文段突出了事物的什么特点？

A. 《故乡》中的杨二嫂：凸颧骨，薄嘴唇；两手搭在髀间，没有系裙，张着两脚，正像一个画图仪器里细脚伶仃的圆规。

B. 青白的脸，皱纹间常夹些伤痕。

C. 屠户把银子攥在手里紧紧的，把拳头舒过来，道："这个，你且收着。我原是贺你的，怎好又拿了回去？"范进道："眼见得我这里还有几两银子，若用完了，再来问老爹讨来用。"屠户连忙把拳头缩了回去，往腰里揣。

【参考答案】

A. 由这个外貌特征可以粗知她尖酸刻薄的性格。

B. 从描写中可看出他常受吊打、凌辱、欺压。

C. “攥”“舒”“缩”“揣”四字，使这个见钱眼开、虚伪做作的市侩小人丑态跃然纸上。

3. 仿照课文描写小麻雀的方法补充填空，体现其人已病入膏肓。

他躺在病床上，头发（　　），脸色（　　），两颊（　　），（　　）的眼睛（　　）地盯着窗外，（　　）的嘴唇微微颤动，似乎想说点什么，却吐不出一个字来，显然已病了很久，生命垂危了。

【参考答案】

他躺在病床上，头发凌乱，脸色苍白，两颊深深地陷了下去，灰蒙蒙的眼睛无神地盯着窗外，苍白的嘴唇微微颤动，似乎想说点什么，却吐不出一个字来，显然已病了很久，生命垂危了。

4. 请以“他很瘦”为主题进行扩写。要求围绕中心，揭示人物特征，200 字左右。

【参考答案】

我看到你的时候着实被你吓了一跳，上帝对你真是太不公平了。矮个儿，脸色黄中带白，一件不合时宜的皮夹克穿在你身上，如同挂在秋风中的枝桠上；灰色裤子穿在你身上，让我不禁想起身穿裙子的英格兰升旗手；背在你肩上的包显得那么大，背带紧紧勒住你那瘦削的肩膀。你怔怔地站在车站入口处，在人潮人海中，恍若一株脆弱的蒲公英，一阵轻风便能将你带到半空中。“哎，你看，那个人真瘦。”从身边走过的两个中年妇女低声说。只见马路对面的你又朝我挥了挥手，这让我想到了蚂蚁纤细的触角，不由得扑哧一笑。

03 抓语言说话得体，悟人物思想感情

——《秋天的怀念》的语文资源开发与训练设计

经典推荐

《秋天的怀念》，是中国一位著名的作家史铁生所著。他1951年生于北京，清华大学附中毕业后，于1969年插队延安，1972年因病致瘫，转回北京。《秋天的怀念》是人教版修订教材小学语文第九册课文，同时被收入于语文S版《语文》小学六年级上册、冀教版六年级下册、鄂教版五年级上册、九年制义务教育七年级下册语文课本中。

《秋天的怀念》是一篇叙事散文，有人物，有情节，有抒情，但侧重叙事，情节完整，同时又以第一人称来叙事，显得真实可信，情真意切。课文主要写了在我因双腿瘫痪而暴怒无常时，母亲耐心地安慰我；为了让“我”散心，母亲想方设法帮我去北海，那时母亲已重病缠身，母亲带着重病的身体，最终没能满足“我”而死去。母亲在临终前，还在念叨生病的儿子和未成年的女儿。母亲的深切关怀今生已无法报答，只有无尽的思念缠绕心中。课文歌颂了伟大而无私的母爱。教学本课时，应培养学生独立阅读课文的能力，通过有感情地朗读课文，体会作者抒发的情感，受到伟大母爱的熏陶感染。

秋天的怀念

腿瘫痪后，我的脾气变得暴怒无常：望着天上北归的雁阵，我会突然把面前的玻璃砸碎；听着录音机里甜美的歌声，我会猛地把手边的东西摔向四周的墙壁。每当这时，母亲就悄悄地躲出去，在我看不见的地方偷偷地听着我的动静。当一切恢复沉寂，她又悄悄地进来，眼边红红的，看着我。“听说北海的花儿都开了，我推着你去走走。”她总是这么说。母亲喜欢花，可自从我的腿瘫痪后，她侍弄的那些花都死了。“不，我不去！”我狠命地捶打这两条可恨的腿，喊着：“我活着什么劲！”母亲扑过来抓住我的手，忍住哭声说：“咱娘儿俩在一块儿，好好儿活，好好儿活……”

我却一直都不知道，她的病已经到了那步田地。后来妹妹告诉我，她常常肝疼得整宿整宿翻来覆去地睡不了觉。

那天我又独自坐在屋里，看着窗外的树叶“唰唰啦啦”地飘落。母亲进来了，挡在窗前：“北海的菊花开了，我推着你去看看吧。”她憔悴的脸上现出央求般的神色。“什么时候？”“你要是愿意，就明天？”她说。我的回答已经让她喜出望外了。“好吧，就明天。”我说。她高兴得一会坐下，一会站起：“那就赶紧准备准备。”“哎呀，烦不烦？几步路，有什么好准备的！”她也笑了，坐在我身边，絮絮叨叨地说着：“看完菊花，咱们就去‘仿膳’，你小时候最爱吃那儿的豌豆黄儿。还记得那回我带你去北海吗？你偏说那杨树花是毛毛虫，跑着，一脚踩扁一个……”她忽然不说了。对于‘跑’和‘踩’一类的字眼儿，她比我还敏感。她又悄悄地出去了。

她出去了。就再也没回来。

邻居们把她抬上车时，她还在大口大口地吐着鲜血。我没想到她已经病成那样。看着三轮车远去，也绝没有想到那竟是永远的诀别。

邻居的小伙子背着我去看她的时候，她正艰难地呼吸着，像她那一生艰难的生活。别人告诉我，她昏迷前的最后一句话是："我那个有病的儿子和我那个还未成年的女儿……"

又是秋天，妹妹推我去北海看了菊花。黄色的花淡雅、白色的花高洁、紫红色的花热烈而深沉，泼泼洒洒，秋风中正开得烂漫。我懂得母亲没有说完的话。妹妹也懂。我俩在一块儿，好好儿活……

资源开发

《秋天的怀念》道出了一个"母爱之道"，"我"因双腿瘫痪而暴怒无常时，母亲耐心地安慰我；为了让"我"散心，母亲想方设法带我去北海，可是母亲已重病缠身，母亲带着重病的身体，最终没能满足"我"而死去。母亲在临终前，还在念叨生病的儿子和未成年的女儿。我们从文中悟出了"人间真情"的存在。我们更要从课文中悟出"语文之道"，开发《秋天的怀念》的语文教育资源。那么，《秋天的怀念》可以是语文课程中哪些语文知识与能力点位的例子呢？

1. 《秋天的怀念》是说话得体"避讳"的例子，如："'还记得那回我带你去北海吗？你偏说那杨树花是毛毛虫，跑着，一脚踩扁一个……'她忽然不说了。对于'跑'和'踩'一类的字眼儿，她比我还敏感。"

2. 《秋天的怀念》是叙事性散文的例子，如该文第一自然段，用了人物对话、心理活动等描写性语言使文章生动活泼；"同一个意思可以有不同的表达"的例子，如该文第一自然段"咱娘儿俩在一块，好好儿活，好好儿活……"

3. 《秋天的怀念》文中有几处插叙的内容。

(1) 母亲喜欢花，①母亲是一个非常热爱生活的人。②母亲为儿子放弃了对生活的享受。

(2) 后来妹妹告诉我母亲常常肝痛。①补充说明母亲的病具体到了哪步田地。②母亲做出的超常努力。

(3) “别人告诉我……”说明母亲心里只为儿女的幸福着想，从未把自己放在心上。

4. 《秋天的怀念》是关注动词较多的，如文中母亲的动词“扑”和“挡”用得好（体现出母亲时刻为儿子着想），细节描写使人物性格刻画鲜明，感人至深。

5. 《秋天的怀念》是“关注人物心理活动较多的句子”的例子，如：“我会突然把面前的玻璃砸碎；听着录音机里甜美的歌声，我会猛地把手边的东西摔向四周的墙壁。每当这时，母亲就悄悄地躲出去，在我看不见的地方偷偷地听着我的动静。当一切恢复沉寂，她又悄悄地进来，眼边红红的，看着我。”

6. 《秋天的怀念》是“省略号运用较多”的例子，如：“咱娘儿俩在一块儿，好好儿活，好好儿活……”“还记得那回我带你去北海吗？你偏说那杨树花是毛毛虫，跑着，一脚踩扁一个……”她忽然不说了。“别人告诉我，她昏迷前的最后一句话是：‘我那个有病的儿子和我那个还未成年的女儿……’”

7. 《秋天的怀念》是“抓人物神态较多”的例子，如该文第一自然段先总说，后分述。

8. 《秋天的怀念》是“抓人物内心活动较多的句子”的例子，如：“母亲喜欢花，可自从我的腿瘫痪后，她侍弄的那些花都死了。‘不，我不去！’我狠命地捶打这两条可恨的腿，喊着：‘我活着什么劲！’母亲扑过来抓住我的手，忍住哭声说：‘咱娘儿俩在一块儿，好好儿活，好好儿活……’”

9. 《秋天的怀念》是“透过一些小事来表达人物的真情实感”的例子，如：“听说北海的花儿都开了，我推着你去走走。”

10. 《秋天的怀念》是“前后相呼应”的例子，如该文第一段的“好好儿活……”与最后一段的“好好儿活……”前后相呼应。

11.《秋天的怀念》是“联系上下文，理解词句意思”的例子，如：“‘咱娘儿俩在一块儿，好好儿活，好好儿活……’我懂得母亲没有说完的话。妹妹也懂。我俩在一块儿，好好儿活……”可以说，全文都在诠释“好好儿活”。教师可以引导学生联系上下文理解词语“好好儿活”的意思，

12.《秋天的怀念》是要抓住描写“我”心理活动的语句，体会“我”的愧疚，如：“我没想到她已经病成那样。看着三轮车远去，也绝没有想到那竟是永远的诀别 。”

13.《秋天的怀念》是学习冒号和引号的例子。如：“‘不，我不去!’我狠命地捶打这两条可恨的腿，喊着：‘我活着什么劲!’母亲扑过来抓住我的手，忍住哭声说：‘咱娘儿俩在一块儿，好好儿活，好好儿活……’”

14.《秋天的怀念》是“双关语”的例子。“母亲扑过来抓住我的手，忍住哭声说：‘咱娘儿俩在一块儿，好好儿活，好好儿活……’”表面上写的是劝慰“我”，不使“我”失去生活的勇气，但实际上母亲说的是“俩”，母亲已经知道了自己的病，但为了让儿子好好活着，先自己好好活着。对于母亲这些话外话的意思，“我”因为自己的原因，根本就没有想过，直到后来妹妹告诉“我”，“我”才知道。

15.《秋天的怀念》是儿话音引用的例子：如：“咱娘儿俩在一块儿，好好儿活，好好儿活……”

点位论证

在众多的“可能”教学点位中，我们应该教什么呢？我们应该用《秋天的怀念》教“语言说话得体”。其一，“同一个意思可以有不同的表达”是关于语文的知识能力，而且是开发学生语言

智慧的方式。其二，语言说话得体，“避讳”的表达是《秋天的怀念》特有的例子，第三自然段表现得很突出，如：“‘还记得那回我带你去北海吗？你偏说那杨树花是毛毛虫，跑着，一脚踩扁一个……’她忽然不说了。对于‘跑’和‘踩’一类的字眼儿，她比我还敏感。她又悄悄地出去了。”其三，课文多处通过动作、语言、神态、心理活动来表现人物的内心为该文的亮点。其四，我们还可以迁移训练，举一反三，说说“央求”能不能更换成“期待”。其五，《课标》也提出了“表达力求有创意”的要求。其六，学生想象理解能力丰富，能抓住人物内心情感。其七，课后的思考和练习中，第一题是有感情地朗读课文，背诵最后一个自然段。第二题是读课文说说母亲是怎样关心照顾“我”的。通过动作、语言、神态从而去体会母亲的内心活动。第三题联系上下文体会重点句子的意思。(1)“咱娘儿俩在一块儿，好好儿活，好好儿活……”(2)“我那个有病的儿子和我那个还未成年的女儿……”(3)“我懂得母亲没有说完的话。妹妹也懂。我俩在一块儿，好好儿活……”

训练设计

第一步，接触案例。

同学们，请读下面的文字，并与课文最后一个自然段对照。

“听说北海的花儿都开了，我推着你去走走。”她总是这么说。母亲喜欢花，可自从我的腿瘫痪后，她侍弄的那些花都死了。“不，我不去！”我狠命地捶打这两条可恨的腿，喊着：“我活着什么劲！”母亲扑过来抓住我的手，忍住哭声说：“咱娘儿俩在一块儿，好好儿活，好好儿活……”

又是秋天，妹妹推我去北海看了菊花。黄色的花淡雅、白色的花高洁、紫红色的花热烈而深沉，泼泼洒洒，秋风中正开得烂漫。我懂得母亲没有说完的话。妹妹也懂。我俩在一块儿，好好儿活……

第二步，探究规律。

上面的文字与课文最后一个自然段有什么不同？

两段文字都写要“好好儿活”，第一段文字是“母亲与孩子们”要“好好儿活”了，课文最后一个自然段是“我”和妹妹懂得要“好好儿活”不同的说法（完成课后第三题）。可见，同一个意思可以有不同的表达。

第三步，训练能力。

这篇课文是通过生活中的小事来体现母爱的伟大。同学们，在你的生活中感受到平凡而又伟大的母爱了吗？可不可以通过一两件事来说一说，再写下来。

【资料】

八年来，为让患病的儿子许翼像正常人一样生活、学习，大冶市的母亲梅慧平，辞掉让人羡慕的海关报关员工作，做起专职妈妈，并背着儿子去上学。儿子今年 19 岁。4 岁时，许翼出现行动障碍，走路经常摔跤。经检查，他患上进行性肌营养不良，胳膊、双腿渐渐萎缩，患这种病的人经常被称作“渐冰人”。到了 11 岁，上小学五年级的他，已不能走路。

许翼上初中后，家里距学校更远了。有一年冬天，下起了大雪，积雪齐膝盖深，路上无法骑车，而许翼必须赶到学校参加考试。8 年，许翼在梅慧平肩膀上，读完小学、初中、高中。许翼也很争气，成绩始终保持在年级前列。但高三复习的关键时刻，看到妈妈太劳累，担心考上大学增加家里负担，许翼想到放弃。他拒绝去学校，每天打游戏玩到半夜。焦急的梅慧平看在眼里，急在心里，但她又不敢强迫，怕给孩子压力。她耐心地开导说：“妈妈都背你八年了，为的就是希望你能实现上大学的梦想，现在你为什么要放弃？”庆幸的是，8 月 15 日，拿到学校录取通知书时，梅慧平喜极而泣。目前，许翼大学第一年的学费已经有了着落。在大冶的家中，许翼操作着父母为他新买的笔记本电脑，对大学充满了向往，他说："妈妈太伟大了，没有她我真的无法坚持到今天!"而梅慧平心疼地看着儿子说："只要你愿意读，我会一直把你背到大学毕业!"

04 抓特点细致描写，使情感真心流露

——《林海》的语文资源开发与训练设计

经典推荐

根据课标“课程基本理念”和第三学段“学段目标与内容”的要求，我选择《林海》一文进行资源开发与训练设计。

《林海》于1988年被编入小语课本，至今已有25年时间；人教版、人教课标版、长春版、浙教版、沪教版、北京版、鲁教版等多个版本的小学语文教材将其编入其中。

该文是著名作家老舍先生的作品，选自游记《内蒙风光》，是老舍先生极具代表性的写景散文之一。作者通过细致的观察、丰富的想象，以细腻的笔触描绘了大兴安岭的美丽风光，抒发了热爱自然、喜爱自然美之情；符合《课标》中“留心观察周围事物，珍视个人的独特感受”的要求。文章由景展开联想，表达了利用自然造福人类社会、人与自然和谐共存的思想感情；是学生写景抒情不可多得的范例。文章结构条例清晰、层次鲜明，更是学生学习“根据内容表达的需要，分段表述”的良好材料。

经典呈现

林　海

我总以为大兴安岭奇峰怪石，高不可攀。这回有机会看到它，并且走进原始森林，脚落在积得几尺厚的松针上，手摸到那些古木，才证实了这个悦耳的名字是那种亲切与舒服。

大兴安岭这个“岭”字，跟秦岭的“岭”字可大不一样。这里的岭的确很多，横着的，顺着的，高点儿的，矮点儿的，长点儿的，短儿点的，可是没有一条使人想起“云横秦岭”那种险句。多少条岭啊，在疾驰的火车上看了几个钟头，既看不完，也看不厌。每条岭都是那么温柔，自山脚至岭顶长满了珍贵的树木，谁也不孤峰突起，盛气凌人。

目之所及，哪里都是绿的。的确是林海。群岭起伏是林海的波浪。多少种绿颜色呀：深的，浅的，明的，暗的，绿得难以形容。恐怕只有画家才能够描绘出这么多的绿色来呢！

兴安岭上千般宝，第一应夸落叶松。是的，这是落叶松的海洋。看，海边上不是还泛着白色的浪花吗？那是些俏丽的白桦，树干是银白色的。在阳光下，大片青松的边沿闪动着白桦的银裙，不是像海边上的浪花吗？

两山之间往往流动着清可见底的小河。河岸上有多少野花呀。我是爱花的人，到这里我却叫不出那些花的名儿来。兴安岭多么会打扮自己呀：青松作衫，白桦为裙，还穿着绣花鞋。连树与树之间的空隙也不缺乏色彩：松影下开着各种的小花，招来各色的小蝴蝶——它们很亲热地落在客人的身上。花丛里还隐藏着珊瑚珠似的小红豆，兴安岭中酒厂所造的红豆酒就是用这些小野果酿成的，味道很好。

看到那数不尽的青松白桦，谁能不向四面八方望一望呢？有多少省市用过这里的木材呀！大至矿井、铁路，小至椽柱、桌椅。千山一碧，万古长青，恰好与广厦、良材联系在一起。所以，兴安岭越看越可爱！它的美丽就与建设结为一体，美得并不空洞，叫人心中感到亲切、舒服。

及至看到了林场，这种亲切之感便更加深厚了。我们伐木取材，也造林护苗，一手砍，一手栽。我们不仅取宝，也作科学研究，使林海不但能够万古长青，而且可以综合利用。山林中已经有不少的市镇，给兴安岭添上了新的景色，添上了愉快的劳动歌声。人与山的关系日益密切，怎能不使我们感到亲切、舒服呢？我不晓得当初为什么管它叫作兴安岭，由今天看来，它的确含有兴国安邦的意义。

资源开发

《林海》以作者游览大兴安岭的顺序，抓住岭、林、花的特点，通过细致的观察、丰富的想象，以细腻的笔触描绘了大兴安岭的美丽风光，抒发了作者热爱自然、喜爱自然美之情；由景展开联想，表达利用自然造福人类社会、人与自然和谐共存的思想感情，是不可多得的写景、以景抒情的好文章。我们在欣赏它的同时，更要能“因文解道，因道悟文”。那么，《林海》可以是语文课程中哪些语文知识与能力点位的例子呢？

1.《林海》是“在景物特点描写中流露真情实感”的例子，如该文第二至五自然段抓住大兴安岭的岭、林、林中景致特点，通过细致准确地描写，流露出作者对大兴安岭的喜爱之情，以抒发热爱自然、喜爱自然美的真挚情感。

2.《林海》是“由远及近描写景物”的例子，如先写在火车上看到的“岭”（远），再写靠近森林时看到的“林”（中），然后写进入森林看到的景色——河、花、果（近）。结构条例清晰，段落分明。可作为指导学生写游记、写景的写作顺序的教学案例。

3.《林海》是“以景为明线，以情为暗线，写景抒情”的例子，如本文以“亲切、舒适”为主线，首先着重写了大兴安岭的自然景色使人感到“亲切、舒适”，然后简略地描写了大兴安岭对祖国建设的贡献，和人们“一手砍，一手栽”与自然和谐相处使人感到“亲切、舒适”，情感层次鲜明。这种层次递进的情感表达方法，可作为指导学生创作写景抒情或叙事抒情类文章的借鉴。

4.《林海》是“联系上下文理解词语意思”的例子，如“千山一碧、兴国安邦”等词语，“林绿如海”不正是“千山一碧”最好的理解材料吗？而文章最后两个自然段也完全围绕着“兴国安邦”来写的。

5.《林海》是“对比描写”的例子，如文章第二自然段，对照比较秦岭的“云横秦岭”等特点写出了大兴安岭的温柔。

6.《林海》是“拟人手法”的例子，如“兴安岭多么会打扮自己呀：青松作衫，白桦为裙，还穿着绣花鞋”，形象地展现了大兴安岭美丽的外表。

7.《林海》是“段落过渡”的例子，如本文前五自然段以写景为主，在第五自然段末尾，一句“花丛里还隐藏着珊瑚珠似的小红豆，兴安岭中酒厂所造的红豆酒就是用这些小野果酿成的，味道很好”，从写景过渡到了写人、写事，过渡流畅自然。可以以此指导学生在写景或写物，阐述它们的作用或功效时采用这种过渡手法。

8.《林海》是“反问”的例子，如：“看到那数不尽的青松白桦，谁能不向四面八方望一望呢？”

9.《林海》是“比喻”的例子，如：“的确是林海，群岭起伏是林海的波浪。”

10.《林海》是“排比”的例子，如：“多少种绿颜色呀：深的，浅的，明的，暗的，绿得难以形容。”

11.《林海》是“详略得当的”的例子，如文章中景物众多，岭、林、河、花、果、林场等，却不令人感到累赘，正是描写详略得当的结果。

点位论证

在众多“可能”的教学点位中，我们能教什么呢？我们只能用《林海》教“在景物特点描写中流露真情实感”，理由如下：

1.“在景物特点描写中流露真情实感”是关乎语文的知识与能力，开发学生语言表达，特别是写景抒情的重要方式。

2.“在景物特点描写中流露真情实感”在本文中表现得很突出，也是老舍先生写景散文的独到之处。

3.《课标》学段目标“留心观察周围事物，珍视个人的独特感受”，单元导读“体会作者是怎样细心观察大自然的，有哪些独特的感受”，都明确指出了“在景物特点描写中流露真情实感”的重要性。

4. 长春版语文第九册《林海》，在“课后思考与交流”第三题“说说下面的句子描写得好不好?”选择的均是“在景物特点描写中流露真情实感”的句子，积累第二题“把文中有特点的句子读一读并抄写下来”目标也定位到了“在景物特点描写中流露真情实感”的句子。

5. 文中有许多“在景物特点描写中流露真情实感”的优美句子，我们可以进行大量的仿写训练和扩展练习，培养学生能初步达到“通过对同一景物的不同描写，表达情感”的写作能力。

训练设计

第一步，接触案例。

同学们，老舍先生通过细致的观察、丰富的想象，以细腻的笔触描绘了大兴安岭的美丽风光，让我们用心去感受吧！

大兴安岭这个“岭”字，跟秦岭的“岭”字可大不一样。这里的岭的确很多，横着的，顺着的，高点儿的，矮点儿的，长点儿的，短儿点的，可是没有一条使人想起“云横秦岭”那种险句。多少条岭啊，在疾驰的火车上看了几个钟头，既看不完，也看不厌。每条岭都是那么温柔，自山脚至岭顶长满了珍贵的树木，谁也不孤峰突起，盛气凌人。

目之所及，哪里都是绿的。的确是林海。群岭起伏是林海的波浪。多少种绿颜色呀：深的，浅的，明的，暗的，绿得难以形容。恐怕只有画家才能够描绘出这么多的绿色来呢！

兴安岭上千般宝，第一应夸落叶松。是的，这是落叶松的海洋。看，海边上不是还泛着白色的浪花吗？那是些俏丽的白桦，树干是银白色的。在阳光下，大片青松的边沿闪动着白桦的银裙，不是像海边上的浪花吗？

两山之间往往流动着清可见底的小河。河岸上有多少野花呀。我是爱花的人，到这里我却叫不出那些花的名儿来。兴安岭多么会打扮自己呀：青松作衫，白桦为裙，还穿着绣花鞋。连树与树之间的空隙也不缺乏色彩：松影下开着各种的小花，招来各色的小蝴蝶——它们很亲热地落在客人的身上。花丛里还隐藏着珊瑚珠似的小红豆，兴安岭中酒厂所造的红豆酒就是用这些小野果酿成的，味道很好。

第二步，探究规律。

1. 说说你脑海中印象最深刻的是哪一个画面？它的什么特点令你难忘？

【参考答案】

a. 很多的岭高低起伏、连绵不绝，又不显得突兀。“岭”多而温柔的特点令我难忘。

b. 在大片青松的边沿，银白色的白桦闪动着枝叶，像是在跳舞，又像是海边的浪花。白桦的俏丽令我难忘。

c. 蝴蝶在花丛中飞舞，又亲热地落在游客的身上。它的亲热令我难忘。

2. 在文中找到令你难忘的那一句描写，深情地读一读，它给了你什么样的感受？作者是通过哪个词语做到的？

【参考答案】

a. “这里的岭的确很多，横着的，顺着的，高点儿的，矮点儿的，长点儿的，短儿点的……”几个“点儿”使我感受到这里的岭高低不同又不显得突兀，错落有致得那么自然，就像温柔的水波纹。

b. “看，海边上不是还泛着白色的浪花吗？那是些俏丽的白桦，树干是银白色的。”“俏丽”使我感受到白桦是那么的亲近，向小姑娘一样调皮而可爱，还跳着舞呢！

c. “松影下开着各种的小花，招来各色的小蝴蝶——它们很亲热地落在客人的身上。”“亲热”使我感受到这里的一切都在热情地欢迎远道而来的客人，小蝴蝶就是迎宾的使者，要和客人亲切地拥抱。

3. 从这些精美的描写中，我们能感受到作者对大兴安岭是怎么样的感情呢？为什么？

【参考答案】

作者对大兴安岭充满了喜爱之情。只有喜爱，才会细致地观察。只有喜爱，才会觉得一切都亲近、可爱。只有喜爱，才会感受到大兴安岭的热情欢迎。

第三步，训练能力。

1. 浏览课文，找一找还有哪些景物描写流露出了作者对大兴安岭的喜爱之情。再仿照着简单描写一处你特别喜欢的景物。

【参考答案】

风呼呼地刮着，雨哗哗地下着。近看，街道上连一个人影也没有，白花花的全是水，简直成了一条流淌的河，上面争先恐后地开放着无数的水花；远看，楼房和树木都是模模糊糊的。

月亮上来了，是一轮灿烂的满月。它像一面光辉四射的银盘似的，从那平静的大海里涌了出来。大海里，闪烁着一片鱼鳞似的银波。沙滩上，也突然明亮了起来，一片片坐着、卧着、走着的人影，看得清清楚楚了。啊！海滩上，居然有这么多的人在乘凉。说话声、欢笑声、唱歌声、嬉闹声，响遍了整个的海滩。

2. 我们喜爱一处景物，可以通过描写表达喜爱之情。如果我们是在愤怒的心情下，看到这些景物，还会是喜爱的吗？试一试，假设自己的心情是愤怒、烦躁或者悲伤的，描写下面的景物，你能表达出自己此刻的心情吗？

a. 风中摇摆的小树。

b. 很多人大声说话。

【参考答案】

a. 愤怒：一棵小树欠揍似地张牙舞爪地向我示威！

烦躁：门口的小树不停地在我眼前晃来晃去。

悲伤：路边的小树无力地被风蹂躏着。

b. 愤怒：都吵了半天了，警察去把他们抓过干净才好呢！

烦躁：毫无公德心的一群人嘈杂过不停。

悲伤：一大群人好像在大声地说着什么，我孤独地从旁边走过。

05 欣赏中心句奇妙，体会构段艺术美

——《庐山的云雾》的语文资源开发与训练设计

经典推荐

《庐山的云雾》是一篇写景的文章。作者以优美的语言，比喻和联想等手法，描写出了庐山云雾千姿百态、瞬息万变的景象，以独特的总、分构段方式（这是作者写这篇文章的一大特色）清晰地给我们呈现出庐山云雾几种不同位子的姿态，就像一幅幅山水画呈现在眼前一样美。瞬息万变的庐山云雾，作者抓住了变化快的词，形象生动地写出了云雾变化，给人一种由近到远，身临其境的感觉。文章的语言精练，字里行间展现着庐山云雾的美丽，从而让我们感受到了祖国河山的美。

《庐山的云雾》是语文S版小学《语文》三年级上册课文、苏教版小学《语文》三年级下册课文。这篇课文既让人感受到大自然的神奇之美，又让人感受到了语言之美。

经典呈现

庐山的云雾

景色秀丽的庐山，有高峰，有幽谷，有瀑布，有溪流，那变幻无常的云雾，更给它增添了几分神秘的色彩。在山上游览，似

乎随手就能摸到飘来的云雾。漫步山道，常常会有一种腾云驾雾、飘飘欲仙的感觉。

庐山的云雾千姿百态。那些笼罩在山头的云雾，就像是戴在山顶上的白色绒帽；那些缠绕在半山的云雾，又像是系在山腰间的一条条玉带。云雾弥漫山谷，它是茫茫的大海；云雾遮挡山峰，它又是巨大的天幕……

庐山的云雾瞬息万变。眼前的云雾，刚刚还是随风飘荡的一缕轻烟，转眼间就变成了一泻千里的九天银河；明明是一匹四蹄生风的白马，还没等你完全看清楚，它又变成了漂浮在北冰洋上的一座冰山……

云遮雾罩的庐山，真令人流连忘返。

资源开发

《庐山的云雾》写出了“自然之美”、千姿百态的云雾，瞬息万变的云雾，因为神奇，所以让人流连忘返。这种首尾呼应的写法，既让我们体会到了文字的优美，又让我们感受到了祖国大好河山的美。我们从文中悟出了一个“人生之美”：凡事都要留心观察，用心思考，大胆创造。我们更要从课文中悟出“语文之美”，开发《庐山的云雾》的语文教育资源。那么，《庐山的云雾》可以是语文课程中哪些语文知识与能力点位的例子呢？

1.《庐山的云雾》是“排比手法”的例子，如该文第一自然段，写庐山景色十分秀丽时，采用了排比的写法。

2.《庐山的云雾》是“换词练习”的例子，如该文第一自然段，“尤其”“似乎”可以换成什么词？

3.《庐山的云雾》是“联系上下文，理解词句意思”的例子，如该文第二自然段庐山的云雾千姿百态，以及第三自然段庐山的云雾瞬息万变，可以说，第二、三自然段都在诠释“千姿百态、瞬息万变”。教师可以引导学生联系上下文理解词语“千姿百态、瞬息万变”的意思，并联系理解句中加点词的意思，并用“千姿百态”“瞬息万变”造句。

4.《庐山的云雾》是“比喻手法”的例子，如该文第二、三自然段，分别把云雾比作绒帽、玉带、大海、天幕等。

5.《庐山的云雾》是“写字练习”的例子，如“笼”“罩”“弥”“漫”等容易出错的汉字，正体现汉字的魅力所在。

6.《庐山的云雾》是“省略号运用”的例子，如写到庐山的云雾千姿百态，以及云雾瞬息万变时，该文不可能全部写出来，就用省略号。

7.《庐山的云雾》是“抓中心句”的例子，如该文第二、三自然段先总说，后分述。

8.《庐山的云雾》是“分号运用”的例子，如该文第二自然段写庐山云雾千姿百态的句子。

9.《庐山的云雾》是“训练写作”的例子，如该文第二自然段，以及第三自然段，作者采用总分的构段方式，训练课堂小练笔。

10.《庐山的云雾》是“抓写作顺序”的例子，如该文第二自然段，写云雾千姿百态时，从上到下，从局部到全局，是按照一定的顺序来写的。

11.《庐山的云雾》是“对比写法”的例子，如该文第二自然段作者写出了云雾的静态美，第三自然段作者写出了云雾的动态美，这一静一动更加突出了云雾的美和神奇。

12.《庐山的云雾》是“材料收集”的例子，如课前可以让学生去收集诗人写过庐山的古诗，收集庐山的风景图片。

13.《庐山的云雾》是“训练联想”的例子，如该文第二自然段，写云雾千姿百态时，以及第三自然段，写云雾瞬息万变时，作者没有一一写出，这时我们要发挥学生想象的空间，让他们来补充。

14.《庐山的云雾》是“训练并列”的例子，如该文第二自然段写千姿百态的云雾时，运用了四个比喻的写法，句与句之间是并列的关系。

15.《庐山的云雾》是“积累好词佳句”的例子，如该文的词语“秀丽”“尤其”“腾云驾雾”“千姿百态”等，在教学千姿百态时，还可以给学生展示更多的姿态描写的词语。

16.《庐山的云雾》是“训练概括能力”的例子，如课文主要写了庐山云雾的什么？只要能概括主要内容，就达到了训练目的。

17.《庐山的云雾》是“训练朗读能力”的例子，如该文第二、三自然段，写出了庐山云雾的姿态美、变化美，要运用情景教学教出语言之美。

18.《庐山的云雾》是“训练情景教学”的例子，如该文第一自然段写到漫步山道，常常会使人有一种腾云驾雾、飘飘悠悠的感觉。教师可以用版画几笔画出云雾来，也可以让学生自己画。

19.《庐山的云雾》是“训练爱美之心”的例子，如该文在写云雾姿态以及瞬息万变时，运用了大量优美的词句，准确精练的概括，让我们如临其境，爱上祖国的大好河山。

点位论证

在众多“可能”的教学点位中，我们应该教什么呢？我们应该用《庐山的云雾》教“抓住中心句”。理由如下：其一，“抓住中心句”是关于中段语文的知识能力，而且是开发学生语言智慧的方式。其二，“抓住中心句”是《庐山的云雾》特有的，第二、三自然段对此表现得很突出，其余语文的知识能力点在其他课文也常遇到。其三，本文第二、三自然段的构段方式——总分关系，是本文的主要内容，具有主导性。也是本文的一大亮点。其四，由本文的亮点，得出总分构段方式的规律，进行迁移“说话训练”，举一反三 ，达到训练效果。其五，《课标》提出“抓住中心句”读懂段的内容，这是学段目标。其六，在老师的指导下，学生想象丰富，善于用比喻，使人有种身临其境的感觉。其七，在课后的思考和练习中，第一题要求把喜欢的段落背下来。学生大多会不约而同地喜欢上第二、三自然段写云雾样子、变化快的内容。第二题，你发现第二、三自然段是围绕哪句话来写的？想象一下庐山云雾的样子和变化，然后跟同学进行交流。这是在练习学生的说话能力。由此可见“抓住中心句”，也是编者的意图和本课的重点。

训练设计

第一步，接触案例。

同学们，请读下面两段文字。

庐山的云雾千姿百态。那些笼罩在山头的云雾，就像是戴在山顶上的白色绒帽；那些缠绕在半山的云雾，又像是系在山腰间的一条条玉带。云雾弥漫山谷，它是茫茫的大海；云雾遮挡山峰，它又是巨大的天幕……

庐山的云雾瞬息万变。眼前的云雾，刚刚还是随风飘荡的一缕轻烟，转眼间就变成了一泻千里的九天银河；明明是一匹四蹄生风的白马，还没等你完全看清楚，它又变成了漂浮在北冰洋上的一座冰山……

第二步，探究规律。

这两段文字有什么共同点和不同点？

共同点：

1. 两段文字的句末都用了省略号，说明要让我们展开丰富的想象。

2. 两段文字的写作特色都是围绕一句话来写的，这种总分的构段方式学生初次接触，需要老师的点拨（完成课后第三题）。可见，独特的构段方式确实有它的美丽之处。

3. 两段文字都采用了大量比喻的写法，写出云雾的姿态以及变化快，给人留下了遐想的空间。

不同点：

这两段文字采用对比的写作手法，作者在写云雾姿态时采用静态描写，写云雾变化时采用动态描写。这一动一静，仿佛让我们看到了一幅幅美丽的山水画。

总分构段的方式，我们还能举出例子来吗？

【资料】中心句在段前、段中、段后的课文内容。

赏析：

（赵州桥非常雄伟）。桥长五十多米，有九米多宽，中间行车马，两旁走人。这么长的桥，全部用石头砌成，下面没有桥礅，只有一个拱形的大桥洞，横跨在三十七米多宽的河面上。大桥洞顶上的左右两边，还各有两个拱形的小桥洞。平时，河水从大桥洞流过，发大水的时候，河水还可以从四个小桥洞流过。这种设计，在建桥史上是一个创举，既减轻了流水对桥身的冲击力，使桥不容易被大水冲毁，又减轻了桥身的重量，节省了石料。（《赵州桥》）

渔夫的妻子桑娜坐在火炉旁补一张破帆。屋外寒风呼啸，汹涌澎湃的海浪拍击着海岸，溅起一阵阵浪花。（海上正起着风暴，外面又黑又冷，这间渔家的小屋里却温暖而舒适。）地扫得干干净净，炉子里的火还没有熄，食具在搁板上闪闪发亮。挂着白色帐子的床上，五个孩子正在海风呼啸声中安静地睡着。丈夫清早驾着小船出海，这时候还没有回来。桑娜听着波涛的轰鸣和狂风的怒吼，感到心惊肉跳。（《穷人》）

我的脸由于困窘和羞愧一下子涨得通红。这时候我意识到，老师误解了我的笑声，以为我的笑不怀好意。幸亏她没有容我解释，不然的话，同学们听见我说自己三年前就发现了进化论，还不笑塌房顶！（不过，被轰出教室，站在外面，我倒想出了一条自我安慰的理由，我明白了——世界上重大的发明与发现，有时还面临着受到驱逐和迫害的风险。）（《童年的发现》）

第三步，训练能力。

1. 对比句子，体会用词的精准。

（1）庐山的景色十分“秀丽”。
庐山的景色十分“美丽”。

（2）“尤其”是变幻无常的云雾，更给人增添了几分神秘色彩。
“特别”是变幻无常的云雾，更给人增添了几分神秘色彩。

2. 学会概括主要内容。

这篇课文作者主要写了庐山云雾的（　　）和（　　），表达了作者对（　　）的喜爱之情。

3. 先朗读训练再背诵课文，自读自悟。

庐山的云雾（　　）。那些（　　）山头的云雾，就像是（　　）山顶上的（　　）；那些（　　）半山的云雾，又像是（　　）山腰间的一条条玉带。云雾（　　），它是（　　）大海；云雾（　　），它又是（　　）……

庐山的云雾（　　）。眼前的云雾，刚刚还是（　　），转眼间就变成了（　　）；明明是（　　），还没等你完全看清楚，它又变成了（　　）……

4. 读下面的一段话，体会中心句的妙处，练习说话。

庐山的云雾千姿百态。那些笼罩在山头的云雾，就像是戴在山顶上的白色绒帽；那些缠绕在半山的云雾，又像是系在山腰间的一条条玉带。云雾弥漫山谷，它是茫茫的大海；云雾遮挡山峰，它又是巨大的天幕……

【资料】练习说话：

课间十分钟可真热闹啊！有的同学在操场踢毽子，有的同学在操场做游戏，有的同学在操场跑步，还有的同学在操场和老师一起跳舞。

庐山的云雾真是千姿百态啊！哪些笼罩在山头的云雾，就像是棉花糖软软的；那些缠绕在半山的云雾，又像是飘带若隐若现的；云雾弥漫山谷时，它像浩瀚的天空；云雾遮挡山峰时，它又像壮观的瀑布……

庐山的云雾千姿百态。有的像凶猛的老虎，有的像淘气的小猴子，有的像矫健的雄鹰，还有的像聪明的白兔……

5. 读下面一段话，体会云雾变化极快的词，练习说话。

庐山的云雾瞬息万变。眼前的云雾，刚刚还是随风飘荡的一缕轻烟，转眼间就变成了一泻千里的九天银河；明明是一匹四蹄生风的白马，还没等你完全看清楚，它又变成了漂浮在北冰洋上的一座冰山……

【资料】仿写庐山云雾的变化：

庐山的云雾瞬息万变。眼前的云雾，刚刚还是一头凶猛的老虎，转眼间就变成了乖巧的白兔；明明是一只淘气的小猴，还没等你看清楚，它又变成了一头巨大的大象……

庐山的云雾瞬息万变。眼前的云雾，刚刚还是一只娇柔的小狗，转眼间就变成了一头猛狮；明明是一只矫健的雄鹰，还没等你看清楚，它又变成了身材笨拙的犀牛……

06 巧用对比和反衬，准确生动地表达

——《圆明园的毁灭》的语文资源开发与训练设计

经典推荐

圆明园从1709年开始兴建，经历了康熙、雍正、乾隆、嘉庆、道光、咸丰六代清朝皇帝，是世界上建造时间最长，面积最大，景观最多，最珍贵、最精美的皇家园林，被誉为“万园之园”。1860年，圆明园被英法联军焚毁。

《圆明园的毁灭》一文最早被选入人教版小学语文教材，现入选为人教版课标本《语文》五年级上册第21课，鲁教版、语文A版、北京版等三个版本的语文教材也都选编了这篇文章。本文语言简洁，结构严谨，首尾照应，构思颇具匠心。题目为《圆明园的毁灭》，却用了大量的篇幅写它辉煌的过去，爱恨交织的强烈对比震撼人心。于永正、窦桂梅、王崧舟等全国著名的小学语文特级教师，都有设计本文教学的经典课例。

经典呈现

圆明园的毁灭

圆明园的毁灭是祖国文化史上不可估量的损失，也是世界文化史上不可估量的损失！

圆明园在北京西北郊，是一座举世闻名的皇家园林。它由圆明园、万春园和长春园组成，所以也叫圆明三园。此外，还有许多小园，分布在圆明园东、西、南三面，众星拱月般环绕在圆明园周围。

圆明园中，有金碧辉煌的殿堂，也有玲珑剔透的亭台楼阁；有象征着热闹街市的“买卖街”，也有象征着田园风光的山乡村野。园中许多景物都是仿照各地名胜建造的，如，海宁的安澜园，苏州的狮子林，杭州西湖的平湖秋月、雷峰夕照；还有很多景物是根据古代诗人的诗情画意建造的，如，蓬莱瑶台，武陵春色。园中不仅有民族建筑，还有西洋景观。漫步园内，有如漫游在天南地北，饱览着中外风景名胜；流连其间，仿佛置身在幻想的境界里。

圆明园不但建筑宏伟，还收藏着最珍贵的历史文物。上自先秦时代的青铜礼器，下至唐、宋、元、明、清历代的名人书画和各种奇珍异宝。所以，它又是当时世界上最大的博物馆、艺术馆。

1860 年 10 月 6 日，英法联军侵入北京，闯进圆明园。他们把园内凡是能拿走的东西，统统掠走；拿不动的，就用大车或牲口搬运；实在运不走的，就任意破坏、毁掉。为了销毁罪证，10 月 18 日和 19 日，三千多名侵略者奉命在园内放火。大火连烧三天，烟云笼罩了整个北京城。我国这一园林艺术的瑰宝、建筑艺术的精华，就这样化成了一片灰烬。

资源开发

《圆明园的毁灭》描述了圆明园昔日辉煌的景观和惨遭侵略者肆意践踏而毁灭的景象，首段文字概述了圆明园的毁灭是中国乃至世界文化史上不可估量的损失，与文章的结尾提到的“这一园林艺术的瑰宝、建筑艺术的精华，就这样化成了灰烬”首尾呼应。第二至四自然段详尽地介绍了圆明园的布局、建筑风格及收藏文物的珍贵，再现了圆明园当年的宏伟壮观。最后一个自然段用精练的语言介绍了圆明园毁灭的经过。圆明园的美与毁，呈现出一扬一抑，一美一惨，爱恨交织的强烈对比。文章的题目为《圆明园的毁灭》，而大部分篇幅却是描绘昔日的辉煌，让学生体会到作者巧妙剪裁的匠心，这既是教学的重点也是难点。

那么，作为一篇较为经典的文章，《圆明园的毁灭》可以作为语文课程中哪些语文知识与能力点位的例子呢？

1.《圆明园的毁灭》是"弘扬以爱国主义为核心的民族精神"的例子。圆明园作为中国最光辉灿烂的文化遗产之一，但却惨遭毁灭，给人以强烈的情感冲击。教学中要以情激情，以读激情，以景激情，以史实激情，激发和培养学生深厚的爱国主义情感。

2.《圆明园的毁灭》是练习"连词的使用"的例子。在文章第三自然段，可以提炼出"有……也有……""有……也有……还有……""不仅有……还有……"等关联词的运用练习。

3.《圆明园的毁灭》是练习"有感情地朗读课文"的例子。第二至四自然段，介绍圆明园曾经的辉煌灿烂，语句生动，富有韵律感，朗读时要体现欣赏、赞美、自豪之情，语气自然、从容，语速宜缓；第五自然段写其被野蛮的侵略者肆意毁灭，朗读时应体现痛惜、仇恨之情，声调可提高。

4.《圆明园的毁灭》是练习"准确地使用词语进行表达"的例子。文章写"毁灭"过程的句段准确地运用了"闯""掠""搬""毁""烧"等动词，以及"凡是""统统""任意"等副词，写出了侵略者的野蛮和丑恶。可运用换词、删词法，通过朗读、比较、讨论等方法，体会用词的准确和词语中蕴含的强烈情感。

5.《圆明园的毁灭》是训练"抓住关键词理解文章内容"的例子。在学习圆明园辉煌的过去这一部分时，可抓住"举世闻名、博物馆、艺术馆、瑰宝、精华"等词语讨论，为什么人们给予圆明园这么高的评价?

6.《圆明园的毁灭》是练习“联系生活理解词语意思”的例子。在理解第二自然段中“众星拱月”一词时,可以联系生活实际,让学生准确地理解词语的意思。

7.《圆明园的毁灭》是练习“分清文章主次”的例子。本文题为“毁灭”,介绍圆明园“辉煌的过去”才是文章的主要内容,这样的材料安排更能体现“毁灭”的惨痛。

8.《圆明园的毁灭》是练习“运用对比和反衬的方法来表达”的例子。本文意欲表达圆明园毁灭之痛,但是用了最多的笔墨写其曾经的辉煌,美与毁、扬与抑、爱与恨有着强烈的对比,用美反衬毁之痛。

9.《圆明园的毁灭》是练习“通过不同版本文本内容的比较,学习修改文章的方法”的例子。本文第三自然段中的第二句,在原人教版教材中是分为三句话写的,原句为“园中许多景物都是仿照各地名胜建造的。如杭州西湖的平湖秋月、雷峰夕照,海宁的安澜园,苏州的狮子林等。还有很多景物是根据古代诗人的诗情画意建造的,如蓬莱瑶台、武陵春色”。可组织学生讨论:现在本文具体有什么改动?哪一种表达更好,为什么?

10.《圆明园的毁灭》是练习“学习通过多种途径搜集有关资料,学习整理资料并在语文学习中加以运用”的例子。本文介绍圆明园景观的语言简洁,而实景都已经消失,无法再现,学生可以通过学习收集有关圆明园的文字、图片、音像资料,对圆明园有更多、更形象的了解。

11.《圆明园的毁灭》是练习“运用新技术和多媒体学习语文”的例子。学生通过收集、整理、交流圆明园的图片、文字、电影视频,合理利用现代多媒体技术来丰富文本内容。

12.《圆明园的毁灭》是练习“巧妙使用过渡句来衔接段落”的例子。课文第四自然段中“圆明园不但建筑宏伟,还收藏着最珍贵的历史文物”将前后两方面内容自然地衔接。

13.《圆明园的毁灭》是练习“建设开放而有活力的语文课堂”的例子。可以让学生讨论：有人提出在圆明园的遗址上重建圆明园，再现它昔日的辉煌，你同意吗？为什么？

14.《圆明园的毁灭》是练习“总分总构段方式”的例子。文章的第四自然段，按照“总分总”的方式构段。

15.《圆明园的毁灭》是练习“首尾照应的篇章结构”的例子。文章首段和结尾是明显的首尾照应关系。

点位论证

培养爱国主义情感是语文课程的重要目标，《圆明园的毁灭》是培养学生爱国主义情感最好的例文之一，本文正是运用对比和反衬手法把这种情感生动地表达出来的。因此“学习运用对比和反衬手法准确生动地表达意思，培养学生的爱国主义情感”就是本课要训练的一个重点。其一，“运用对比和反衬手法准确生动地表达意思”既是一种语文知识，更是学生必须掌握的语文能力。其二，本文在材料选择、内容表达及情感体验上的强烈对比，是非常典型的，具有代表性。其三，《课标》第三学段目标指出，要在阅读中“体会作者的思想感情，初步领悟文章的基本表达方法”，本文呈现出的重要情感就是爱国，最基本表达方法就是对比和反衬。其四，课文后面的思考题3“课文的题目是‘圆明园的毁灭’，但作者为什么用那么多笔墨写圆明园昔日的辉煌？和同学们交流自己的想法”就是要引导学生明白，只有全面地了解圆明园过去的辉煌，才能衬托出毁灭之痛。爱与恨的强烈对比，让爱国的种子得到自然生长，这是编者的意图，也是本文训练的一个重点。其五，本文学习的“用对比和反衬手法准确表达意思”可以迁移，比如，学生读了《卖火柴的小女孩》一文后，会明白作者是在把小女孩见到的幻象和冰冷的现实作对比，从而突出小女孩命运的悲惨。其六，学生善于借鉴和模仿，在习作中妙用对比和反衬，可增强表现力，使文章更加生动。

第一步，接触案例。

同学们，请读下面一段文字，并与课文第三自然段前两句话作比较。

圆明园中，有金碧辉煌的殿堂，也有热闹非凡的“买卖街”；有玲珑剔透的亭台楼阁，也有田园风光的山乡村野。园中许多景物都是仿照各地名胜建造的。如杭州西湖的平湖秋月、雷峰夕照，海宁的安澜园，苏州的狮子林等。还有很多景物是根据古代诗人的诗情画意建造的，如蓬莱瑶台、武陵春色等。

第二步，探究规律。

上段文字与课文第三自然段前两句内容有什么不同？

1. 同是描写圆明园的景观的，但语句顺序不同。课文中把“金碧辉煌的殿堂”的“宏伟”同“玲珑剔透的亭台楼阁”的“精巧”作对比，把“买卖街”的“闹”同“山乡村野”的“静”作对比。

2. 上文中的二至四句是以前人教版教材的原文，现行教材把三个句子改成了一个带分号的长句，更好地把园中来自现实与虚幻的美景作了比较。

3. 上文句式显得凌乱，读起来不够顺畅；而课文句式整齐，音韵和谐，不仅写出了圆明园建筑风格迥异之美，更让人油然而生热爱之情。

利用对比和反衬手法，把意思表达得更准确生动的例子还有吗？

【资料】使用反衬和对比手法的佳句小集。

朱门酒肉臭，路有冻死骨。（杜甫《自京赴奉先咏怀五百

字》）

桃花潭水深千尺，不及汪伦送我情。（李白《赠汪伦》）

有的人活着，他已经死了；有的人死了，他还活着。（臧克家《有的人》）

海上正起着风暴，外面又黑又冷，这间渔家的小屋里却温暖而舒适。（列夫·托尔斯泰《穷人》）

桌上铺着雪白的台布，摆着精致的盘子和碗，肚子里填满了苹果和梅子的烤鹅正冒着香气。更妙的是这只鹅从盘子里跳下来，背上插着刀和叉，摇摇摆摆地在地板上走着，一直向这个穷苦的小女孩走来。这时候，火柴又灭了，她面前只有一堵又厚又冷的墙。（安徒生《卖火柴的小女孩儿》）

第三步，训练能力。

1. 把下面的诗句补充完整，思考：诗人主要采用了什么方法来表达意思和情感的？类似的诗句你还知道有哪些？

__________，屋上无片瓦。__________，鳞鳞居大厦。（梅尧臣《陶者》）

2. 读《乌塔》一文的选段，完成练习。

一个14岁的孩子，独自一人游欧洲，如果不是亲眼所见，我决不会相信。我问乌塔："你一人不怕危险吗？你爸爸妈妈不担心你吗？"

乌塔说，她在家里就设计好了旅行路线和日程，每到一地就先查警察局的电话号码，以便遇到危险和困难时请求帮助，再给家里拨个电话或寄张明信片。她还说，自己用了三年的时间准备这次旅行，阅读了很多与这些国家有关的书籍；为了挣旅费，每个周末去帮餐馆或超级市场分发广告单，假期还到别人家里陪小孩玩。然后，她问我："中国的孩子们是不是也这样旅游。"我一时语塞，想了一会儿才说："在中国，像你这样年纪的孩子都是家里的宝贝，爸爸妈妈、爷爷奶奶很爱他们，会带他们一起出去玩，但一般不放心让他们一个人出远门。”

乌塔对我这番解释很不满意，马上反驳说：“我也是家里的宝贝，爸爸妈妈、爷爷奶奶也很爱我。不过我们兴趣不同，所以我们有时候一起出去玩，有时候单独出去玩。爱孩子，为什么就不能让他们单独出门？我不明白。你的话不合逻辑。”

我只好笑着承认自己的理由不太充足。乌塔说：“中国的孩子缺少很多乐趣吧?”我说：“中国有电视，有儿童图书，有游乐园，孩子们很快乐。”但她还是坚持：“光从电视和书本中认识世界总不完美。我从电视上经常看见意大利，但只有亲自来到这里，它的美丽才深深感动了我。”

（1）读了这段文字，你觉得乌塔有哪些性格特点？请用简练的语言概括。

（2）作者是怎样运用对比手法来突出她的性格特点的？

3. 比较下面两句的表达效果。

（1）山林寂静极了。

（2）蝉噪林逾静，鸟鸣山更幽。（王籍《入若邪溪》）

4. 小练笔：请你学习运用对比和反衬的手法写一段文字，表现某地前后的变化或是表现两个不同的人物。

07 重点词句文中“神”，明意联系上下文

——《和时间赛跑》的语文资源开发与训练设计

经典推荐

《和时间赛跑》是台湾地区著名的作家林清玄写的，一直和时间赛跑的林清玄，生命在继续，写作在继续，57 岁时，已写出 100 多本著作。林清玄的代表作有《在云上》《林泉》《清欢》《玄想》等。

《和时间赛跑》是《课标》实验语文教科书四年级上册第三组课文中的一篇精读课文，北师大第八册、冀教版第七册、新课标语文 S 版小学《语文》第六册第五单元也一直在使用。本单元的主题是表现人物某些方面的美好品质。本篇课文选编的意图是通过作者的亲身经历，了解同龄人的成长经历，体会他们的所思所想。启示同学们在成长的过程中，要学会珍惜时间，使人生的每一天过得更加丰富，更有意义。

《和时间赛跑》是一篇清新、淡雅而又略带忧伤情绪的散文，也是一篇惜时教育的好教材。

和时间赛跑

读小学的时候，我的外祖母去世了。外祖母生前最疼爱我。我无法排除自己的忧伤，每天在学校的操场上一圈一圈地跑着，跑得累倒在地上，扑在草坪上痛哭。

那哀痛的日子持续了很久，爸爸妈妈也不知道如何安慰我。他们知道与其欺骗我说外祖母睡着了，还不如对我说实话：外祖母永远不会回来了。

“什么是永远不会回来了呢?”我问。

“所有时间里的事物，都永远不会回来了。你的昨天过去了，它就永远变成昨天，你再也不能回到昨天了。爸爸以前和你一样小，现在再也不能回到你这么小的童年了。有一天你会长大，你也会像外祖母一样老，有一天你度过了你的所有时间，也会像外祖母一样永远不能回来了。”爸爸说。

爸爸等于给我说了一个谜，这个谜比“一寸光阴一寸金，寸金难买寸光阴”还让我感到可怕，比“光阴似箭，日月如梭”更让我有一种说不出的滋味。

以后，我每天放学回家，在庭院里看着太阳一寸一寸地沉进了山头，就知道一天真的过完了。虽然明天还会有新的太阳，但永远不会有今天的太阳了。

我看到鸟儿飞到天空，它们飞得多快呀。明天它们再飞过同样的路线，也永远不是今天了。或许明天飞过这条路线的，不是老鸟，而是小鸟了。

时间过得飞快，使我的小心眼里不只是着急，还有悲伤。有一天我放学回家，看到太阳快落山了，就下决心说：“我要比太阳更快地回家。”我狂奔回去，站在庭院里喘气的时候，看到太阳还露着半边脸，我高兴地跳起来。那一天我跑赢了太阳。以后我常做这样的游戏，有时和太阳赛跑，有时和西北风比赛，有时一个暑假的作业，我十天就做完了。那时我三年级，常把哥哥五年级的作业拿来做。每一次比赛胜过时间，我就快乐得不知道怎么形容。

后来的二十年里，我因此受益无穷。虽然我知道人永远跑不过时间，但是可以比原来跑快一步，如果加把劲，有时可以快好几步。那几步虽然很小很小，用途却很大很大。

如果将来我有什么要教给我的孩子，我会告诉他：假若你一直和时间赛跑，你就可以成功。

资源开发

文中“我”因外祖母去世而悲伤不已，爸爸妈妈为早日结束“我”的哀痛，告诉“我”外祖母永远不会回来了。后来听了爸爸的一席话，看到太阳落山、鸟儿飞行等自然现象，明白了为什么要珍惜时间；并在和时间赛跑的经历中，体会到了应该怎样珍惜时间。课文给我们以深深的启示：虽然“光阴似箭，日月如梭”，虽然“所有时间里的事物，都永远不会回来了”，但是“假如你一直和时间赛跑，你就可以成功！”全文表现了醇厚、浪漫的情感，朴实中折射出感人的力量。这样的课文，该如何去突显语文性呢？我们更要从课文中悟出“语文之道”，开发《和时间赛跑》的语文教育资源。那么，《和时间赛跑》可以是语文课程中哪些语文知识与能力点位的例子呢？

1.《和时间赛跑》是“语言描写”的例子。孩子与父亲的对话，是真挚感情的自然表达。语言表达感情的方式真实自然，具有生活感。

2.《和时间赛跑》是“心理描写”的例子，如“我无法排除内心的悲伤”“我有一种说不出来的滋味”“我快乐得不知道怎么形容”表达了作者的真实感受。

3.《和时间赛跑》是“引用名言警句”的例子，如“一寸光阴一寸金，寸金难买寸光阴”这类句子在文中不仅可以起到增添文采的作用，还可以使学生进行积累，并且从中悟出道理，受到启发。

4.《和时间赛跑》是“关联词”使用的例子，如“虽然我知道人永远跑不过时间，但是可以比原来跑快一步”。

5.《和时间赛跑》是“冒号运用”的例子。如提示语在前，提示语在中间，提示语在后。

6.《和时间赛跑》是“拟人写法”的例子，如“看到太阳还露出半边脸，我高兴得跳了起来”用了拟人描写性语言使课文生动活泼，有了文采，有了情趣。

7.《和时间赛跑》是“表达思路训练”的例子，如第四自然段先说短暂时间昨天，再说较长时间童年，最后说更长时间一生。这个顺序不能颠倒，它既是内容合乎逻辑的理解，又是表达形式的领悟。

8.《和时间赛跑》是“链接生活法”的例子，如文中的“我要比太阳更快的回家……”这是孩子日常生活的真实写照，完全采用白描的手法，不作任何修饰，让读者感受到真实的生活场景，引人回味。另外文中的祖母、飞鸟、太阳来自于生活，将课堂与现实生活有效整合，缩短了文本和学生生活的时空距离，通过句式训练和学生真情实感的表达，使学生在言语实践中感悟惜时的重要。

9.《和时间赛跑》采用“平和简朴”的笔调。整篇文章笔调平和简朴，就像讲述一个简单的故事，娓娓道来中带上一抹隐隐的哀伤，透出人对时间的无力感。虽然无奈，但是我们能在有限的时间里把握自己，不让我们的时间、我们的生命白白度过。用简单的笔调却阐明了一个深刻的道理，使读者的感受更加真实、深刻。

10.《和时间赛跑》是“用事例说明道理”的例子，如第二、

六、七、八自然段。对三年级孩子来说，时间是非常抽象的概念，很难理解，作者用这些生活中常见的事例让抽象的东西变得具体，让难以理解的东西变得容易理解，充分体现了举例的优点。

11.《和时间赛跑》是“联系上下文理解重点词句”的例子，如：“所有的时间里的事物，都永远不会回来了……”“假若你一直和时间赛跑，你就可以成功!”可以说全文都在诠释这两句话的意思。作者本人用了一生的经历来诠释这两句话。哲理深刻的句子可以让人受到启发，甚至受益终生。我们应该抓住这些句子，通过联系上下文和生活实际来理解文中的景与情，反复朗读，从而领悟文中的哲理。

12.《和时间赛跑》是“选材训练”的例子，如该文对时间具有代表性的事物进行了取舍，能代表时间的事物很多，但作者选取了看起来没有变化，实际上有变化的太阳、飞鸟、西北风，让读者知道时间就在我们不经意的时候悄悄溜走了，从而更加珍惜时间，达到写作的目的。因此选材要典型，要具有代表性。

13.《和时间赛跑》是“学生练笔”的例子，如第六、七自然段的叙述方法简单明了，内容来自于生活，语言明白如话，在生活中类似的事物有很多，学生也很熟悉，学生完全有能力仿写，以此进行写作训练。

14.《和时间赛跑》是“读悟法”的例子。《课标》指出：“阅读是学生的个性化行为，不应该以教师的分析来代替学生的阅读实践。”因此，要引导学生在具体的语境中自主阅读，抓住关键词句自由交流，领会词义，在自悟表达中感悟文本意义。

15.《和时间赛跑》是“想象法”的例子。充分挖掘教材空白处，让学生开启想象的闸门，想象作者还会如何跟时间赛跑，在富有个性的丰富想象中抒发内心情怀，产生情感共鸣。

点位论证

在众多的可能的教学点位中，我们主要应该教什么呢？我们主要应该用《和时间赛跑》教关于“联系上下文理解重点词句”。如：“所有时间里的事物，都永远不会回来了。”“虽然我知道人永远跑不过时间，但是可以比原来跑快一步，如果加把劲，有时可以快好几步。那几步虽然很小很小，用途却很大很大。”“假若你一直和时间赛跑，你就可以成功。”全文都在教育学生时间过去了就永远不会回来了，你要珍惜时间。理由有五，其一，“联系上下文理解重点词句”，即必须是关于语文的知识能力。其二，“联系上下文理解重点词句”“字不离词，词不离句，句不离章”。课文中的词句出现在一定的语言环境中，学生只有联系上下文理解，才能准确把握词意，领会作者的写作意图。其三，“联系上下文理解重点词句”符合《课标》要求。《课标》要求小学三年级学生能联系上下文理解词句的意思，体会课文中关键词句表达情意的作用。其四，“联系上下文理解重点词句”，这些词句是构成文章的细胞，词句的理解离不开它所在的特定语境，一旦离开它，词句就如同搁浅在沙滩上的小鱼，便会失去生命力。其五，“联系上下文理解重点词句”，这些词句用于文中，总有特定的语言环境，上下文中往往有某种信息，为理解词句提供线索，甚至，它前后的语句就是对这个词句最准确最恰当的解释和说明。其六，课后思考和练习中的第三题，要求读句子，结合课文和自己的实际体会句子的含义。理解深刻的句子可以让人受到启发，甚至受益终生。由此可见，“联系上下文理解重点词句”既是编者的意图，也是本文的重点和难点。我们应该抓住这些句子，反复朗读，体会其中的含义。同时，还要把它们积累下来，丰富自己的语言。

训练设计

第一步，接触案例。

通读课文，在语境中理解下面几句话的句义，从朗读中品味情感。

1. 以后，我每天放学回家，在庭院里看着太阳一寸一寸地沉进了山头，就知道一天真的过完了。

2. 虽然明天还会有新的太阳，但永远不会有今天的太阳了。

3. 我看到鸟儿飞到天空，它们飞得多快呀。明天它们再飞过同样的路线，也永远不是今天了。或许明天飞过这条路线的，不是老鸟，而是小鸟了。

第二步，探究规律。

这几句话，都是说时间在流逝，一去不复返，从中可以体会到时间的珍贵。仿说、仿写句子应该是比较好的训练方式。在此，可以把其中代表时间变化的词换掉，让学生根据生活的经验填上自己认为合适的词语。

以后，我每天放学回家，在庭院里看着（　　），就知道一天真的过完了。

虽然明天还会有（　　），但永远不会有（　　）了。

我看到（　　），它们（　　）呀。明天它们再（　　）同样的路线，也永远不是今天了。或许明天（　　）这条路线的，不是（　　），而是（　　）了。

第三步，训练能力。

1. 通过这样的训练，相信学生能够比较准确地理解句子的含义，懂得时间过去就不会回来，要珍惜时间的道理了。

如果时间停止，外祖母（　　　　　　）；

如果时间停止，爸爸（　　　　　　）；

如果时间停止，太阳（　　　　　　）；
如果时间停止，飞鸟（　　　　　　）；
如果时间停止，流水（　　　　　　）；
如果时间停止，植物（　　　　　　）。

【资料】如果时间能停下来：

如果时间能停下来，外祖母就不会离去；如果时间能停下来，爸爸还会拥有童年，“我”也会回到昨天，“我”更不会有一天也像外祖母一样永远不能回来；如果时间能停下来，明天还会看到今天的太阳，鸟儿还会飞过今天的路线，然而这一切都是不可能的。

2. 请读下面诗歌，说说时间还能是什么？

有的人说，
时间是一只蝴蝶，
想去捉它，
它已经飞走了。
有的人说，
时间是海里的游鱼，
想去捕它，
它已经游走了。
有的人说，
时间是一条彩虹，
想去摸它，
它已经消失了。
我说，
时间是一团薄雾，
想去碰它，
它已经散了，
啊！时间是来也匆匆！去也匆匆！

时间是（　　　　），去（　　　）它，它（　　　　）了；
时间是（　　　　），去（　　　）它，它（　　　　）了；
时间是（　　　　），去（　　　）它，它（　　　　）了；
时间是（　　　　），去（　　　）它，它（　　　　）了。

3. 读读小故事，联系上文理解成功从什么开始。这里的时间指的是什么？

在美丽的草原上，曙光刚刚划破夜空，一群羚羊从睡梦中惊醒。“新的一天开始了，我们得抓紧时间奔跑，如果被猎豹发现了，就可能被吃掉！”于是，羚羊群起身向着太阳升起的方向飞奔而去……

几乎在羚羊群奔向远方的同时，一只猎豹也惊醒了，它起身摇摆了几下壮实的身躯以抖去身上的灰尘，“已经有两天没吃东西了，我得立即开始寻找昨晚没有追上的猎物，如果今天还追不上它，我可能会饿死！”猎豹望着太阳升起的方向，大吼一声，狂奔而去……

就这样，每当一天刚刚开始，地球上便出现了一幅壮观的景象：猎豹紧紧追赶着羚羊群，它们各自拼命地奔跑，在它们身后扬起滚滚黄尘……

这场追逐的结局只有两种情况——羚羊快，猎豹可能会饿死；猎豹快，羚羊就会被吃掉……但是，哪怕羚羊只比猎豹早跑上 30 秒，就有可能保全性命，这 30 秒就意味着羚羊或猎豹是活着还是死去……

4. 完成下面的填空：

对于医生来说，时间就是（　　　）；
对于学生来说，时间就是（　　　）；
对于工人来说，时间就是（　　　）；
对于赛场上的运动员来说，时间就是（　　　）。

08 文章不是无情物，情到深处才“反复”

——《凡卡》的语文资源开发与训练设计

经典推荐

《凡卡》是语文S版小学《语文》五年级下册的一篇课文，它同时也被人教版《语文》第十一册、北师大版《语文》第十册、长春版《语文》第十一册等7家出版社作为经典课文使用多年。

本文作者是19世纪后期俄国的伟大作家契诃夫。他出身于小商人家庭，他家的小杂货店内有两个小学徒，常受他父亲的虐待。契诃夫从小就熟悉学徒生活，同情他们的不幸遭遇，所以《凡卡》写得真实感人。课文通过凡卡给爷爷写信这件事，反映了沙皇统治下俄国社会中穷苦儿童的命运，揭露了当时社会制度的黑暗。

本文主要有两个特点：第一，讲凡卡的悲惨遭遇时，作者的叙述、凡卡的信和他在写信过程中的回忆三部分内容穿插起来，互相映衬。第二，采用了对比、反衬、暗示的表达方法。文中以引用写信的内容为主，凡卡向爷爷倾诉当学徒所受的虐待欺凌，基调是“苦”；文中插叙回忆的内容，主要讲在乡下生活的快乐，基调是“乐”。诉苦为主，以“乐”相衬，形成内容、情感上的对比，再加上作者对凡卡写信环境、动作、神态的描写，使读者更加深刻地感受到凡卡内心的“痛”。最后，课文以凡卡的梦结尾，暗示了他的愿望即将破灭，给人留下深刻的思考，激起人们对凡卡的深切同情和对黑暗社会的愤怒。

凡 卡（节选）

凡卡叹了口气，蘸了蘸笔尖，接着写下去。

“昨天晚上我挨了一顿打，因为我给他们的小崽子摇摇篮的时候，不知不觉睡着了。老板揪着我的头发，把我拖到院子里，拿皮带揍了我一顿。这个礼拜，老板娘叫我收拾一条青鱼，我从尾巴上弄起，她就捞起那条青鱼，拿鱼嘴直戳我的脸。伙计们捉弄我，他们打发我上酒店去打酒，他们叫我偷老板的黄瓜，老板随手捞起个家伙就打我。吃的呢，简直没有。早晨吃一点儿面包，午饭是稀粥，晚上又是一点儿面包；至于菜啦，茶啦，只有老板自己才大吃大喝。他们叫我睡在过道里，他们的小崽子一哭，我就别想睡觉，只好摇那个摇篮。亲爱的爷爷，发发慈悲吧，带我离开这儿回家，回到我们村子去吧！我再也受不住了！……我给您跪下了，我会永远为您祷告上帝。带我离开这儿吧，要不，我就要死了……”

凡卡撇撇嘴，拿脏手背揉揉眼睛，抽噎了一下。

“我会替您搓烟叶，”他继续写道，“我会为您祷告上帝。要是我做错了事，您就结结实实地打我一顿好了。要是您怕我找不着活儿，我可以去求那位管家的，看在上帝面上，让我擦皮鞋；要不，我去求菲吉卡答应我帮他放羊。亲爱的爷爷，我再也受不住了，只有死路一条了！……我原想跑回我们村子去，可是我没有鞋，又怕冷。等我长大了，我会照应您，谁也不敢来欺负您。”

“亲爱的爷爷，老爷在圣诞树上挂上糖果的时候，请您摘一颗金胡桃，藏在我的绿匣子里头。”

凡卡伤心地叹口气，又呆呆地望着窗口。

爷爷把砍下来的树拖回老爷家里，大家就动手打扮那棵树。

“快来吧，亲爱的爷爷，”凡卡接着写道，“我求您看在基督的面上，带我离开这儿。可怜可怜我这个不幸的孤儿吧。这儿的人都打我。我饿得要命，又孤零零的，难受得没法说。我老是哭。有一天，老板拿楦头打我的脑袋，我昏倒了，好容易才醒过来。我的生活没有指望了，连狗都不如！……帮我问候阿辽娜，问候独眼的艾果尔，问候马车夫。别让旁人拿我的小风琴。您的孙子伊凡·茹科夫。亲爱的爷爷，来吧！”

凡卡把那张写满字的纸折成四折，装进一个信封里，那个信封是前一天晚上花了一个戈比买的。他想了一想，蘸一蘸墨水，写上地址。

“乡下爷爷收”

然后他抓抓脑袋，再想一想，添上几个字。

“康司坦丁·玛卡里奇”

他很满意没人打搅他写信，就戴上帽子，连破皮袄都没披，只穿着衬衫，跑到街上去了……前一天晚上他问过肉店的伙计，伙计告诉他，信应该丢在邮筒里，从那儿用邮车分送到各地去。邮车上还套着三匹马，响着铃铛，坐着醉醺醺的邮差。凡卡跑到第一个邮筒那儿，把他那宝贝的信塞了进去。

过了一个钟头，他怀着甜蜜的希望睡熟了。他在梦里看见一铺暖炕，炕上坐着他的爷爷，搭拉着两条腿，正在念他的信……泥鳅在炕边走来走去，摇着尾巴……

资源开发

《凡卡》一文以凡卡写信为线索，把作者的叙述、信的内容和凡卡的回忆三部分有机地联系起来。文章值得品味的地方很多，独特的表达方式和局部的细节描写值得欣赏。那么，《凡卡》

可以是语文课程中哪些语文知识与能力点位的例子呢？

1.《凡卡》是“反复修辞手法”的例子，如凡卡的信中，反复出现求爷爷带他回乡下的词语和句子，其中，“亲爱的爷爷”出现了四次，“带我离开这儿”出现了三次，以及在凡卡写信时出现了三次“叹气”。

2.《凡卡》是“插叙写作手法”的例子，如该文运用回忆的方式插叙了爷爷守夜和爷爷带凡卡砍圣诞树等几件事。

3.《凡卡》是“省略号运用”的例子，如：“亲爱的爷爷，发发慈悲吧，带我离开这儿回家，回到我们村子去吧！我再也受不住了！……我给您跪下了，我会永远为您祷告上帝。带我离开这儿吧，要不，我就要死了……”另外文章还有多处出现省略号。

4.《凡卡》是“写信格式教学”的例子，如该文是按写信的过程记叙的。

5.《凡卡》是“联系上下文，体会人物内心活动”的例子，如该文分别在第 2、7、13 自然段出现凡卡“叹气”，这里就要结合上下文来体会凡卡不同的内心活动。

6.《凡卡》是“烘托环境气氛”的例子，如该文第 2 自然段的第一句话，简单的几笔就烘托出了凡卡写信时那种凄凉恐怖的气氛。

7.《凡卡》是“刻画人物性格”的例子，如该文第 12 自然段中“亲爱的爷爷，老爷在圣诞树上挂上糖果的时候，请你摘一颗金胡桃，藏在我的绿匣子里头”。这个描写表现了凡卡是一个特别纯真的孩子，富有儿童情趣。

8.《凡卡》是“课文续写训练”的例子，如课文结尾，凡卡“怀着甜蜜的希望睡熟了”，他的命运究竟如何？学生可以根据课文最后留下的悬念进行大胆想象，对课文进行续写。

9.《凡卡》是“从细节描写中感受人物”的例子，如该文第 8 自然段凡卡挨打的细节描写，从“揪”“拖”“揍”“戳”等动词的描写，去感受凡卡悲惨的学徒生活。

10.《凡卡》是“叙事文写作”的例子，如该文抓住细节描写，使文章写得很感人；采用对比描写，反衬凡卡的凄苦；用插叙的手法，读起来自然、流畅。

11.《凡卡》是“借景抒情”的例子，如该文第 6、13 自然段，它通过景物描写回忆了小山村的夜晚及凡卡和爷爷到树林里砍圣诞树的情景。通过这些美好的回忆来反衬现实的黑暗。

12.《凡卡》是“破折号使用方法”的例子，如该文第 6 自然段中“可是整个村子——白房顶啦，烟囱里冒出来的一缕缕的烟啦，披着浓霜一身银白的树木啦，雪堆啦，全看得见”，可以引导学生学习破折号的使用。

13.《凡卡》是“衬托手法”的例子，如该文通过回忆和爷爷在一起的“快乐”来反衬凡卡在城里当学徒的“悲惨”生活。

点位论证

在众多“可能”的教学点位中，我们应该教什么呢？我们应该用《凡卡》教“反复修辞手法”。理由如下：其一，“反复修辞手法”是关于语文的知识能力，而且是开发学生写作积累的方式。其二，“反复修辞手法”是《凡卡》特有的，而且文中多处出现这种写法，其余语文的知识能力点在其他课文也常遇到。其三，“反复修辞手法”在本文更能加强语势、抒发凡卡强烈的悲苦之情、祈求之愿。其四，“反复修辞手法”，可以迁移训练，举一反三。其五，《课标》也提出了“能联系上下文和自己的积累，推想课文中有关词句的意思，体会其表达效果”的要求，而本文运用“反复修辞手法”的句子是最真、最强、最具感染力和穿透力的生命话语！能让学生产生巨大同情和悲悯。其六，该文课后的思考和练习中，第三题要求找出凡卡三次“叹气”的句子，联系上下文认真体会凡卡每次叹气时都想到了什么，表达了他怎样的心情。由此可见，“反复修辞手法”也是编者的意图和本课的重点。

训练设计

第一步，接触案例。

同学们，读一读下面的句子，结合课文内容找出它们的特点。

（1）亲爱的爷爷，发发慈悲吧，带我离开这儿回家，回到我们村子里去吧！我再也受不住了！……

（2）带我离开这儿吧，要不，我就要死了！……

（3）亲爱的爷爷，我再也受不住了，只有死路一条了！……

（4）快来吧，亲爱的爷爷，我求您看在基督的面上，带我离开这儿。

（5）亲爱的爷爷，来吧！

第二步，探究规律。

体会这些句子的特点：

1. 句子中“亲爱的爷爷”反复出现了四次，“带我离开这儿”反复出现了三次。

2. 句子所表达的意思都是凡卡求爷爷接他回乡下。

3. 这些句子更能表达凡卡的强烈愿望：让爷爷接他回到乡下去。

对于“反复修辞手法”的使用，我们还能举出其他例子来吗？

【资料】体会关于“长江之歌”一文的反复修辞手法：

长江之歌

你从雪山走来，春潮是你的丰采；
你向东海奔去，惊涛是你的气概。
你用甘甜的乳汁，哺育各族儿女；
你用健美的臂膀，挽起高山大海。
我们赞美长江，你是无穷的源泉；
我们依恋长江，你有母亲的情怀。
你从远古走来，巨浪荡涤着尘埃；
你向未来奔去，涛声回荡在天外。
你用纯洁的清流，灌溉花的国土；
你用磅礴的力量，推动新的时代。
我们赞美长江，你是无穷的源泉；
我们依恋长江，你有母亲的情怀。
啊，长江！啊，长江！

第三步，训练能力。

1. 读读下面的句子，说说你喜欢哪一句，为什么？

（1）盼望着，东风来了，春天的脚步近了。

盼望着，盼望着，东风来了，春天的脚步近了。

（2）南国的红豆啊，红得活泼，红得艳丽。

南国的红豆啊，红得活泼，像泉水的叮咚，让人清爽；南国的红豆啊，红得艳丽，像朝阳的初生，让人神往。

【参考答案】

（1）喜欢第二句。理由如下：该句运用连续反复修辞手法，两个“盼望着”更能表现作者对春天的期盼。

（2）喜欢第二句。理由如下：其一，这个句子分别用了两个比喻句形象生动地写出了红豆“红”的特点。其二，它运用间断反复的修辞手法更能表达作者对南国红豆的喜爱之情。

2. 运用“反复修辞手法”仿写下列句子。

（1）周总理，我们的好总理，你在哪里啊，你在哪里？

仿写：____

（2）回来啦，回来啦！王老师学习回来啦！

仿写：____

（3）再见了，亲人！再见了，亲爱的土地！列车呀，请慢一点儿开，让我们再看一眼朝鲜的亲人，让我们在这曾经洒过鲜血的土地上再停留片刻。再见了，亲人！我们的心永远跟你们在一起。

仿写：____

____

____

____

【参考答案】

（1）你永远和我们在一起，在一起，在一起……

（2）走吧，走吧！这回又没希望了。

（3）如果我拥有一片绿洲，我就用我的汗水去开垦它；如果我拥有一片绿洲，我就用我的诚心去改造它；如果我拥有一片绿洲，我就用我的智慧去播种它。

3. 我跟名著学练笔。

大堰河——我的保姆

艾　青

大堰河，为了生活，
在她流尽了她的乳液之后，
她就开始用抱过我的双臂劳动了；
她含着笑，洗着我们的衣服，
她含着笑，提着菜篮到村边的结冰的池塘去，
她含着笑，切着冰屑悉索的萝卜，

她含着笑，用手掏着猪吃的麦糟，
她含着笑，扇着炖肉的炉子的火，
她含着笑，背了团箕到广场上去晒好那些大豆和小麦。

小练笔：欣赏了《大堰河——我的保姆》这首诗歌，同学们一定被诗文所感染。请同学们运用“反复修辞手法”也写一写吧！

09 学习动静结合之美，领悟语言运用之妙

——《锡林郭勒大草原》的语文资源开发与训练设计

经典推荐

锡林郭勒大草原位于我国内蒙古自治区中部，既是蒙古族发祥地之一，又是成吉思汗及其子孙走向中原、走向世界的地方。这里既有一望无际、空旷幽深的壮阔美，也有风吹草低见牛羊的动态美，还有蓝天白云、绿草如茵、牧人策马的人与自然的和谐美。2005 年 10 月 23 日，锡林郭勒草原被评为中国最美六大草原之一。

《锡林郭勒大草原》这篇课文是对锡林郭勒大草原美丽的自然景色和欢腾的场面描写。这篇课文既能让人感受到大自然的神奇之美，又能让人感受到语言表达的优美。

这篇课文是语文S版小学《语文》三年级上册的课文，也是北京版小学《语文》三年级下册的课文，语文教科版小学《语文》三年级上册也有这篇课文。

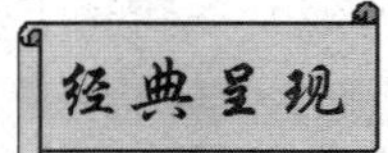

锡林郭勒大草原

内蒙（měng）古锡林郭勒草原是广阔（kuò）而又美丽的。

蓝天下面，满眼绿色，一直铺向远方。平原上、山岭上、深谷里，覆（fù）盖着青青的野草，最深的地方可以没（mò）过十来岁的孩子，能让他们在里面捉迷藏。高低不平的草滩上，嵌（qiàn）着一洼洼清亮的湖水，水面映出太阳的七彩光芒，就像神话故事里的宝镜一样。草丛中开满了各种各样的野花。鲜红的山丹丹花，粉红的牵牛花，宝石蓝的铃铛（dāng）花，散（sàn）发着阵阵清香。

草原不仅（jǐn）美丽，还是个欢腾的世界。

矫（jiǎo）健的雄鹰（xióngyīng）在自由地飞翔，百灵鸟在欢快地歌唱。成群的牛羊悠闲（xián）地嚼（jiáo）着青草。小马驹（jū）蹦蹦跳跳地撒（sā）欢儿，跟着马群从这边跑到那边。偶尔（ǒuěr）还会看到成群的黄羊，它们跑起来快极了，像一阵风。一碧千里的草原上，还散（sǎn）落着一个个圆顶的蒙古包。牧（mù）民骑（qí）在高高的马背上，神气地挥（huī）舞着鞭（biān）子，放声歌唱：“蓝蓝的天上白云飘，白云下面马儿跑……”

资源开发

《锡林郭勒大草原》是一篇写景状物的抒情散文。作者通过对我国内蒙古自治区锡林郭勒大草原美丽的自然景色和欢腾的场面描写，表现了作者赞美大自然、热爱祖国的宽阔胸怀。课文向我们展示了大自然的美丽与神奇，我们不仅要从中感悟到这些优美的自然景色，更要感受到语文之美，开发《锡林郭勒大草原》的语文教育资源。那么，《锡林郭勒大草原》可以是语文课程中哪些语文知识与能力点位的例子呢？

1.《锡林郭勒大草原》是“先总后分”的例子，如该文第一自然段“内蒙古锡林郭勒草原是广阔而又美丽的”，这一句话总写了草原的美，第二自然段就分别通过描述野草、湖水、野花的美丽来展示草原的美。

2.《锡林郭勒大草原》是“过渡句”的例子，如该文的第三自然段“草原不仅美丽，还是个欢腾的世界”这句话就是一个过渡句，自成一段便成了过渡段，起着承上启下的作用。

3.《锡林郭勒大草原》是“比喻手法”的例子，如该文第二自然段写草原上的湖水，运用了比喻的修辞手法，把湖水比成了神话故事里的宝镜。第四自然段中写黄羊的样子也运用了比喻的手法，把黄羊跑的样子比作一阵风。

4.《锡林郭勒大草原》是“省略号运用”的例子，如课文最后一句写牧民唱歌只引用了一句，没有写完的歌词就用省略号。

5.《锡林郭勒大草原》是“多音字”的例子，如该文中的多音字非常多，如蒙、没、撒、散，要让学生充分地掌握和运用。

6.《锡林郭勒大草原》是“举例描写”的例子，如该文第三自然段为了表现草原是个欢腾的世界，第四自然段就选取了雄鹰、百灵鸟、牛羊、小马驹、黄羊、牧民的动作进行描写来表现草原的欢腾。

7.《锡林郭勒大草原》是“利用多种方法，理解词语意思”的例子，如该文第二自然段中“嵌着”和“映出”这两个词语平常用得少，学生难理解，可以运用多媒体出示锡林郭勒草原的图片来帮助学生理解。“一碧千里”这个词语还可以运用联系上下文或者是展示图片来帮助学生理解。

8.《锡林郭勒大草原》是“选材训练”的例子，如该文对草原上各种各样的野花进行了取舍，选取了三种颜色不一样的花朵。选材典型，有代表性。

9.《锡林郭勒大草原》是“关联词语”的例子，如该文中第三自然段作为过渡段就使用了关联词语“不仅……还……”学生要学会运用这个词语，并进行造句练习。

10.《锡林郭勒大草原》是“静态描写”的例子，如该文第二自然段抓住了草原的野草、湖水、野花进行描写，这些东西都是不动的，描写这些不动的物体，我们把这种描写叫作静态描写。

11.《锡林郭勒大草原》是“动态描写”的例子，如该文第四自然段抓住了草原上的雄鹰、百灵鸟、牛羊、小马驹、黄羊、牧民的动作进行描写，这些东西都在运动，描写这些动的物体，我们把这种描写叫作动态描写。

12.《锡林郭勒大草原》是“学习草原动静结合之美，领悟语言运用之妙”的例子，如该文在第二自然段描写野草，抓住了“满眼绿色”“一直铺向”等词语；描写湖水的样子，抓住了“嵌着”“映出”等词语；描写野花的样子，抓住了“各种各样”等词语。第四自然段抓住了动物与人物的动作进行动态描写，写出了草原欢腾的景象。

13.《锡林郭勒大草原》是“展开合理想象，理解句子”的例子，如该文在第二自然段中有“高低不平的草滩上，嵌着一洼洼清亮的湖水，水面映出太阳的七彩光芒，就像神话故事里的宝镜一样”这样一句话，它是比喻句，把湖水比喻成了宝镜，可以让学生展开合理想象，看水面映出太阳的七彩光芒，还映出了（　　），映出了（　　），映出了（　　）……这样来扩展思维，引导学生知道清澈的湖水还映出了——蓝天白云的倒影，小草的身影，牛羊喝水时的身影……那么这一洼洼湖水不就正像宝镜了吗?

14.《锡林郭勒大草原》是“抓住事物特点进行描写”的例子，如该文在第二自然段中描写野花，就抓住了野花的种类、颜色、味道对它进行了描写。

15.《锡林郭勒大草原》是“拟人手法”的例子，如该文在第四自然段中写动物的样子运用了拟人的手法，“百灵鸟在欢快地歌唱。成群的牛羊安闲地嚼着青草。小马驹蹦蹦跳跳地撒欢儿……”

16.《锡林郭勒大草原》是“观察要素”的例子，如该文在

二、四自然段中所选取的例子都是作者仔细观察草原后所得。

点位论证

在众多“可能”的教学点位中，我们应该教什么呢？我们应该用《锡林郭勒大草原》教“学习动静结合，领悟语言运用之妙”。理由如下：其一，动静结合描写事物是《锡林郭勒大草原》特有的，第二自然段和第四自然段对此表现得很突出，其余语文的知识能力点在其他课文也常遇到。其二，文中的过渡句对静态描写和动态描写进行了连接，前半句话写“草原不仅美丽”，是对静态描写的总结，后半句话说“还是个欢腾的世界”是对动态描写的开启。这一句话，就将草原的静态美与动态美很巧妙地连接起来，这也是全文的写作方法。其三，文中第二、四自然段利用重点词句对草原进行了静态描写与动态描写，把物体描写得更加形象、生动，而且这种写法可以迁移，如可以写学校的景色、写四季的景色等。其四，《课标》也提出“第二学段侧重考察通过重要词句帮助理解文章，体会其表情达意的作用，以及对文章大意的把握”的要求。文中的静态美和动态美都是通过重点词句来表现的。其五，学生想象丰富，善用比喻，在老师的引导下，他们会有许多童话般的说法，会用优美的语言来表达事物的静态美和动态美。其六，本单元的单元导读也讲到了要读本单元的课文，抓住重点句子和段落，了解作者是怎样描绘和赞美祖国的壮丽山河的。其七，课后的思考和练习中，第一题要求把第二自然段背下来。这一段就是对草原的静态描写，写得非常美，学生大多会不约而同地喜欢上第二自然段的内容。第二题是要求默读课文，想想从哪些地方可以看出锡林郭勒大草原“不仅美丽，还是个欢腾的世界”，这也是让学生学习动静结合描写的写法来感悟草原的美丽。由此可见，“学习草原动静结合之美，领悟语言运用之妙”也是编者的意图和本课的重点。

训练设计

第一步，接触案例。

请完成下面两道题的填空。

1. 课文的第二自然段作者先写了无边无际的茂盛的（　　），接着又描写了一洼洼清亮的（　　），最后描写了各种各样的（　　），让我们感受到了锡林郭勒大草原的广阔和美丽。

2. 雄鹰（　　）地（　　）

百灵鸟（　　）地（　　）

牛羊（　　）地（　　）

小马驹（　　）地（　　）

黄羊（　　）地（　　）

牧民（　　）地（　　）

【参考答案】

1. 野草　湖水　野花

2. 自由　飞翔

欢快　歌唱

安闲　嚼着青草

蹦蹦跳跳　撒欢儿

飞快　奔跑

神气　挥鞭

第二步，探究规律。

这里的第一题作者抓住了野草、湖水、野花，运用了比喻的修辞手法，描写了草原的静态美，这段文字非常优美，这样的填空题可以让学生理清思路、了解内容，帮助记忆。

第二题是根据课文第四自然段的内容进行填空，作者抓住了草原上动物和牧民的动作进行描写，体现了草原的动态美。

这样动静结合的描写让我们体会到草原不仅美丽，它还是个欢腾的世界。课文用了“不仅……还……”这个关联词语把静态描写和动态描写结合在了一起，我们能不能也观察我们周围的事物，抓住它们的静态美和动态美进行仿说、仿写呢？

【资料】美丽的秋天：

秋天来了，桂花香味芬芳扑鼻，菊花仙子撑起了五彩缤纷的小伞，落叶纷纷奔向大地母亲的温软怀抱。秋天不仅美丽，还是个收获的季节。打谷场上，农民伯伯挥动着双手收获粮食；公路上，运粮食的汽车来回奔跑着；田间地头，房前屋后，到处都能听到人们的笑声。

第三步，训练能力。

1. 仿说一个片断：校园是个美丽的地方。（静态描写）

【参考答案】

我们的校园非常美丽。校园花儿开得那么灿烂。花坛里，开着各种各样的菊花，那些菊花你追我赶，争先恐后地开放，它们红的似火，黄的赛金，白的如雪，粉的像霞，真是千姿百态、五彩缤纷。还有一串红，红得那么引人注目，阳光一照，花瓣上还有无数的星星在闪烁。它们摆在一起，连成了一块红绸，将校园装扮得无比娇媚。

2. 仿说一个片断：校园是个欢腾的世界。（动态描写）

【参考答案】

我们的校园是个欢腾的世界。早上，同学们兴高采烈地走进校园，操场上，运动员们正在训练，晨扫的同学在认认真真地扫着地上的落叶。上课了，教室里传来了朗朗的读书声。下课了，同学们来到操场上，有的跳绳，有的打沙包，有的打球……放学以后，鼓号队、篮球队、田径队开始训练了，瞧！同学们一个个生龙活虎的样子！校园成了欢乐的海洋。

3. 仿照课文，从两方面来描写校园不仅美丽，还是个欢腾的世界。

（要求抓住事物的特点，运用平时或在课堂中积累的词语说出校园的静态美或动态美）

【参考答案】

校园的花儿开得那么灿烂。花坛里，开着各种各样的菊花，那些菊花你追我赶，争先恐后地开放，它们红的似火，黄的赛金，白的如雪，粉的像霞，真是千姿百态、五彩缤纷。还有一串红，红得那么引人注目，阳光一照，花瓣上还有无数的星星在闪烁。它们摆在一起，连成了一块红绸，将校园装扮得无比娇媚。

我们的校园不仅美丽，还是个欢腾的世界。

早上，同学们兴高采烈地走进校园，操场上，运动员们正在训练，晨扫的同学在认认真真地扫着地上的落叶。上课了，教室里传来了朗朗的读书声。下课了，同学们来到操场上，有的跳绳，有的打沙包，有的打球……放学以后，鼓号队、篮球队、田径队开始训练了，瞧！同学们一个个生龙活虎的样子！校园成了欢乐的海洋。

4. 小练笔：要求抓住事物的特点，写出“春天不仅美丽，而且是个生机勃勃的世界”，利用过渡句来连接静态描写与动态描写。

10 多种方式抒情怀，字里行间有大爱

——《“精彩极了”和“糟糕透了”》的语文资源开发与训练设计

经典推荐

《“精彩极了”和“糟糕透了”》是美国著名作家巴德·舒尔伯格小时候写的一首诗，父亲和母亲对他作品的截然不同的评价，这两种评价对他产生的巨大影响，以及作者从这两种评价中感悟到的爱。

《“精彩极了”和“糟糕透了”》是人教版小学语文五年级上册的课文，语文S版《语文》六年级上册、西师版《语文》六年级上册、小学《语文》（人教现行版）六年级上册、鲁教版《语文》第八册均选编了本篇课文。这篇课文的对话很多，这些对话简洁明快，有鲜明的个性色彩。选编这篇课文，要让学生在阅读中抓住人物动作、语言和神态描写的语句，第一部分的心理活动描写也很生动，同学们可体会作者怎样逐渐理解了父母两种不同评价中饱含的爱，感受爱的不同表达方式。

经典呈现

“精彩极了”和“糟糕透了”

记得七八岁的时候，我写了第一首诗。母亲一念完那首诗，眼睛亮亮地，兴奋地嚷着：“巴迪，真是你写的吗？多美的诗啊！精彩极了！”她搂住了我，赞扬声雨点般落到我身上。我既腼腆又得意扬扬，点头告诉她这首诗确实是我写的。她高兴得再次拥抱了我。

“妈妈，爸爸下午什么时候回来？”我红着脸问。我有点迫不及待，想立刻让父亲看看我写的。“他晚上七点钟回来。”母亲摸着我的脑袋，笑着说。

整个下午我都怀着一种自豪感等待父亲回来。我用最漂亮的花体字把诗认认真真地誊写了一遍，还用彩色笔在它的周围描上一圈花边。将近七点钟的时候，我悄悄走进饭厅，满怀信心地把它放在餐桌父亲的位置上。

七点。七点一刻。七点半。父亲还没有回来。我实在等不及了。我敬仰我的父亲。他是一家影片公司的重要人物，写过好多剧本。他一定会比母亲更加赞赏我这首精彩的诗。

快到八点钟时，父亲终于推门而入。他进了饭厅，目光被餐桌上的那首诗吸引住了。我紧张极了。

“这是什么？”他伸手拿起了我的诗。

“亲爱的，发生了一件美妙的事。巴迪写了一首诗，精彩极了……”母亲上前说道。

“对不起，我自己会判断的。”父亲开始读诗。

我把头埋得低低的。诗只有十行，可我觉得他读了几个小时。

“我看这首诗糟糕透了。”父亲把诗扔回原处。

我的眼睛湿润了，头也沉重得抬不起来。

“亲爱的，我真不懂你是什么意思！”母亲嚷道，“这不是在你的公司里。巴迪还是个孩子，这是他写的第一首诗。他需要鼓励。”

“我不明白，”父亲并不退让，“难道世界上糟糕的诗还不够多么？”

现在我已经有了很多作品，出版了一部部小说、戏剧和电影剧本。我越来越体会到我当初是多么幸运。我有个慈祥的母亲，她常常对我说：“巴迪，这是你写的吗？精彩极了。”我还有个严厉的父亲，他总是皱着眉头，说：“这个糟糕透了。”一个作家，应该说生活中的每一个人，都需要来自母亲的力量，这种爱的力量是灵感和创作的源泉。但是仅有这个是不全面的，它可能会把人引入歧途。所以还需要警告的力量来平衡，需要有人时常提醒你：“小心，注意，总结，提高。”

这些年来，我少年时代听到的这两种声音一直交织在我的耳际：“精彩极了”“糟糕透了”，“精彩极了”“糟糕透了”……它们像两股风不断地向我吹来。我谨慎地把握住我生活的小船，使它不被哪一股风刮倒。我从心底里知道，“精彩极了”也好，“糟糕透了”也好，这两个极端的断言有一个共同的出发点——那就是爱。在爱的鼓舞下，我努力地向前驶去。

资源开发

《“精彩极了”和“糟糕透了”》一文是美国著名作家巴德·舒尔伯格的作品，他道出了一个永恒的爱之道：“我”对母亲“精彩极了”的赞扬声和父亲“糟糕透了”的批评声，都有一个正确的认识，那就是父母共同的出发点，一个“爱”字。正因为“我”明白了父母的爱，所以在成长的过程中能够谨慎地把握住生活的小船，使它不被哪一股风刮倒，不会产生自傲和自卑。平常有父母时常的提醒，在爱的鼓舞下，不断前进。

我们要从课文中悟出“语文之道”，开发《“精彩极了”和“糟糕透了”》的语文教育资源。那么《“精彩极了”和“糟糕透了”》可以是语文课程中哪些语文知识与能力点位的例子呢？

1.《“精彩极了”和“糟糕透了”》是“对话朗读训练的”例子。本文大量的对话，分角色朗读，再现父母吵架的情景。

2.《“精彩极了”和“糟糕透了”》是比喻句：“母亲雨点般的赞扬使巴迪既腼腆又得意洋洋，既自豪又信心满怀，怀着这样的心情，巴迪在等待着父亲的回来。”

3.《“精彩极了”和“糟糕透了”》是各种描写的例子。文中使用了大量的语言、神态、动作描写，第一部分的心理描写也很生动。

4.《“精彩极了”和“糟糕透了”》是按时间顺序作文的例子：七八岁时；几年后，似乎还未满 12 岁；现在……

5.《“精彩极了”和“糟糕透了”》利用繁笔、简笔联系现实生活体会等待的滋味：“七点。七点一刻。七点半。父亲还没有回来。我实在等不及了。”表现了巴迪“迫不及待”的心情。

6.《“精彩极了”和“糟糕透了”》体会文中用词的准确性——爸爸为什么不说“一般”“普通”，却硬要说“糟糕透了”。

7.《“精彩极了”和“糟糕透了”》利用关键词概括课文的主要内容——精彩极了，糟糕透了。

8.《“精彩极了”和“糟糕透了”》引号的作用：①表示直接引用的话；②表示突出强调；③表示讽刺和否定；④表示特定称谓。

9.《“精彩极了”和“糟糕透了”》选材的典型性——同一首诗，得出截然不同的结论。

10.《“精彩极了”和“糟糕透了”》直述句变转述句的练习——爸爸对我说：“我晚上要七点钟才能回来。”

11.《“精彩极了”和“糟糕透了”》反问句变陈述句的练习——难道世界上糟糕的诗还不够多么？

12.《“精彩极了”和“糟糕透了”》关联词的运用——（ ）我的诗写得很糟糕，（ ）母亲仍一如既往地鼓励我。

13.《“精彩极了”和“糟糕透了”》第一人称的写作——“我”可以是作者本人，也可以不是作者本人。

14.《“精彩极了”和“糟糕透了”》“省略号运用”的例子：“亲爱的，发生了一件美妙的事。巴迪写了一首诗，精彩极了……”

15.《“精彩极了”和“糟糕透了”》破折号运用的例子——这两个极端的断言有一个共同的出发点——爱。

16.《“精彩极了”和“糟糕透了”》冒号的运用——表示提示下文或总括上文。“这些年来，我少年时代听到的这两种声音一直交织在我的耳际：‘精彩极了’‘糟糕透了’。”

17.《“精彩极了”和“糟糕透了”》是“联系上下文，理解词句意思”的例子：“我越来越体会到我当初是多么幸运。”作者体会儿时的幸运是因为，一是“我”有个常常鼓励我的慈祥的母亲，她常常肯定“我”，给“我”力量。母亲的爱是“我”创作的灵感和源泉；二是“我”还有一个严厉的父亲，他的警告和教育，使我不走向歧途，“我”写了很多作品，出版、发行了一部部作品的力量来自于父母两方面，所以我是多么的幸运。

点位论证

在众多“可能”的教学点位中，我们应该教什么呢？我们应该用《“精彩极了”和“糟糕透了”》来教写内心感受。理由如下：其一，“使用大量的语言、神态、动作、心理描写来展现作者的内心感受”是关乎语文的知识能力，而且是开发学生语言智慧的方式。其二，“使用大量的语言、神态、动作、心理描写来展现作者的内心感受”是《“精彩极了”和“糟糕透了”》特有的，其余语文的知识能力点在其他课文中也常遇到。其三，本单元的单元提示，要求学生品味文章精彩的语句，揣摩作者是怎样把自己的真情实感表达出来的。其四，我们还可以迁移训练，举一反三。其五，课后的思考和练习中，第一题要求背诵自己感受最深刻的段落，许多的学生都选择了课文的第一部分。由此可见，“使用大量的语言、神态、动作、心理描写来展现作者的内心感受”也是编者的意图和本课的重点。

训练设计

第一步，接触案例。

同学们，请读下面一段文字，用不同的符号勾画出表动作、语言、神态、心理描写的词句。

母亲一念完那首诗，眼睛亮亮地，兴奋地嚷着：“巴迪，真是你写的吗？多美的诗啊！精彩极了！”她搂住了我，赞扬声雨点般落到我身上。我既腼腆又得意扬扬，点头告诉她这首诗确实是我写的。她高兴得再次拥抱了我。

第二步，探究规律。

当“我”写了第一首诗后，母亲是怎样评价的，“我”的表现怎样？

1. 语言、动作、神态描写的使用，让文章生动形象。

2. 学生感悟效果好。“精彩极了”是母亲的评价，这句评价是感情化了的。因为母亲对待子女比较重视感情，为了鼓励子女，常会说些感情色彩强烈却与事实并不十分相符的话。“精彩极了”就是这样：母亲看到七八岁的“我”能写诗，就会为写诗这件事动情，并不多想诗本身的质量如何，而是借此机会，赞赏“我”。

第三步，训练能力。

1. 巴迪父母对他的爱体现在哪些地方，说一两处，联系生活实际说说自己的想法。

2. 根据材料，请把作者的内心活动写具体。

语文课开始了，今天，老师要把考试试卷分发下来。在拿到试卷之前，我紧张得要命，在拿到试卷后，一看，没有及格，我伤心死了！

3. 拓展阅读。

父爱，在拐弯处

一天，弟弟在郊游时脚被尖利的石头割破，到医院包扎后，几个同学送他回家。在家附近的巷口，弟弟碰到了爸爸。于是一边翘起扎了绷带的脚给爸爸看，一边哭丧着脸向他诉苦，满以为会收获一点同情与怜爱，不料爸爸并没有安慰他，只是简单交代几句，便走了。

弟弟很伤心，很委屈，也很生气，他觉得爸爸一点都不关心他。在他大发牢骚的时候，有个同学笑着劝道：“别生气，大部分老爹都这样，其实他很爱你，只是不善于表达罢了，不信你看，等会儿爸爸走到前面拐弯的地方，他一定会回头看你。”弟弟半信半疑，其他同学也很感兴趣，于是他们不约而同地停下脚步，站在那儿注视着爸爸远去的背影。

爸爸依然笃定地一步一步向前走，好像没有什么东西会让他回头。可是当他走到拐弯处时，就在他侧身拐弯的一刹那，他好像不经意似的悄悄地回过头来，很快地瞟了弟弟一眼，然后才消失在拐弯处。

虽然这一切都只发生在一瞬间，但却打动了在场所有的人。弟弟的眼里还闪着泪花，当弟弟把这件事告诉我时，我有一种想哭的感觉。很久以来我都在寻找一个能代表父爱的动作，现在终于找到了，那就是——拐弯处的回头。

1. 能表明弟弟伤得不轻的文字有两处，分别是__________、__________。

2. 在文中，“我”对爸爸的感情是通过弟弟的心情变化而逐渐升华的。试找出能够反映弟弟心情变化的语句填在下面横线上。①弟弟碰见爸爸时______。②爸爸自己走了后______。③爸爸在拐弯处回头时______。

【参考答案】

①一边翘起扎了绷带的脚给爸爸看，一边哭丧着脸向他诉苦，满以为会收获一点同情与怜爱。②弟弟很伤心，很委屈，也很生气。③眼里闪着泪花。

3. 本文写父爱，抓住了爸爸回头的动作和神态来写，真切感人。请用横线在课文中勾画出这句话来，并说说从这句话中你感受到父亲是一个怎样的人。

【参考答案】

可是当他走到拐弯处时，就在他侧身拐弯的一刹那，他好像不经意似的悄悄地回过头来。很快地瞟了弟弟一眼，然后才消失在拐弯处。

11 在文章中寻所知，字里行间觅所感

——《记金华的双龙洞》的语文资源开发与训练设计

经典推荐

《记金华的双龙洞》是我国著名教育家叶圣陶先生，在1957年游览了金华的双龙洞和冰壶洞，写下的一篇游记。作者记叙了游览金华双龙洞的情景。作者是按游览顺序记叙的。先写沿途所见的美景，继而写外洞的洞口、外洞，再写孔隙，最后写内洞。文章表达了作者对祖国山川景物的热爱。

作者描写手法十分细致，看出作者感受颇深。课文是按两条线索写的。一条是作者的游览顺序，抓住景物特点来写，是“顺”的线索；另一条是泉水、溪水的来路，是“逆”的线索。两条线索巧妙地交织在一起，不仅使全文脉络清楚，而且使事物的方位、方向和作者观察的移动线索及角度都非常清晰。

《记金华的双龙洞》分别被人教版小学《语文》四年级下册、苏教版小学《语文》六年级下册、北京版小学《语文》五年级上册、鲁教版小学《语文》四年级上册编入教材，用作课文。

经典呈现

记金华的双龙洞

4月14日，我到浙江金华，游北山的双龙洞。

出金华城大约五公里到罗店，过了罗店就渐渐入山。公路盘曲而上。山上开满了映山红，无论花朵和叶子，都比盆栽的杜鹃显得有精神。油桐也正开花，这儿一丛，那儿一簇，很不少。山上沙土呈粉红色，在别处似乎没有见过。粉红色的山，各色的映山红，再加上或浓或淡的新绿，眼前一片明艳。

一路迎着溪流。随着山势，溪流时而宽，时而窄，时而缓，时而急，溪声也时时变换调子。入山大约五公里就来到双龙洞口，那溪流就是从洞里出来的。

在洞口抬头望，山相当高，突兀（wù）森郁，很有气势。洞口像桥洞似的，很宽。走进去，仿佛到了个大会堂，周围是石壁，头上是高高的石顶，在那里聚集一千或是八百人开个会，一定不觉得拥挤。泉水靠着洞口的右边往外流。这是外洞。

在外洞找泉水的来路，原来是从靠左边的石壁下方的孔隙流出。虽说是孔隙，可也容得下一只小船进出。怎样小的小船呢？两个人并排仰卧，刚合适，再没法容第三个人，是这样小的小船。船两头都系着绳子，管理处的工人先进内洞，在里边拉绳子，船就进去，在外洞的工人拉另一头的绳子，船就出来。我怀着好奇的心情独个儿仰卧在小船里，自以为从后脑到肩背，到臀部，到脚跟，没有一处不贴着船底了，才说一声“行了”，船就慢慢移动。眼前昏暗了，可是还能感觉左右和上方的山石似乎都在朝我挤压过来。我又感觉要是把头稍微抬起一点儿，准会撞破额角，擦伤鼻子。大约行了二三丈的水程吧，就登陆了，这就到了内洞。

内洞一团漆黑，什么都看不见。工人提着汽油灯，也只能照见小小的一块地方，余外全是昏暗，不知道有多么宽广。工人高高举起汽油灯，逐一指点洞内的景物。首先当然是蜿蜒在洞顶的双龙，一条黄龙，一条青龙。我顺着他的指点看，有点儿像。其次是些石钟乳和石笋，这是什么，那是什么，大都依据形状想象成神仙、动物以及宫室、器用，名目有四十多。这些石钟乳和石笋，形状变化多端，再加上颜色各异，即使不比作什么，也很值得观赏。

在洞里走了一转，觉得内洞比外洞大得多，大概有十来间房子那么大。泉水靠着右边缓缓地流，声音轻轻的。上源在漆黑的石洞里。我排队等候，又仰卧在小船里，出了洞。

资源开发

《记金华的双龙洞》是一篇游记，在游览过程中表达了作者热爱祖国秀丽山河的思想感情和欣赏大自然的情趣，激发学生对祖国锦绣河山的热爱。那么，《记金华的双龙洞》可以是语文课程中哪些语文知识与能力点位的例子呢?

1.《记金华的双龙洞》是“运用列数字，进行准确描写”的例子，如第二自然段中的五公里，第三自然段中的两个人、二三丈等。

2.《记金华的双龙洞》是“动词运用贴切”的例子，如第二自然段中写公路“盘曲而上”，第三自然段开头“迎着”“贴着”“撞破”“擦伤”这些动词运用非常传神。

3.《记金华的双龙洞》是“设问”的例子，如第三自然段中“怎样小的小船呢?”通过设问激发读者的阅读兴趣。

4.《记金华的双龙洞》是“同一个意思可以有不同的表达”的例子，如第二自然段中写油桐花“一丛”和“一簇”都是指很多花聚在一起的意思，换了一个词来表达，避免了累赘、单调之感。这就是语言的魅力。

5.《记金华的双龙洞》是排比句运用的例子，如“时而……时而……时而……时而……”写出了溪流的变化，句式工整，读起来朗朗上口。

6.《记金华的双龙洞》是“同一事物使用不同名字”的例子，如第二自然段中映山红和杜鹃其实是同一种植物，使用了不同的名字，读起来很有趣味，不会觉得单调、乏味。

7.《记金华的双龙洞》是“换算描写”的例子，如第三自然段中写外洞大，聚集一千或是八百人开个会，一定不觉得拥挤；写内洞大，大概有十来间房子那么大。把这些换算成具体可感的东西，使没有去过的人能够感知到洞的具体大小。

8.《记金华的双龙洞》是“心理活动描写”的例子，如在写双龙洞的内洞入口处矮狭窄时，使用了心理活动描写，把奇异景象非常生动地反映出来。

9.《记金华的双龙洞》是“过渡句”的例子，如在第三段中过孔隙到内洞时，有一句过渡句，很自然地把镜头从孔隙切到了内洞，而不会让读者感到突兀。

10.《记金华的双龙洞》是“按游览顺序记叙”的例子，在整篇游记中，作者按照游览顺序描写，条理清楚，一条线索贯穿全文。

11.《记金华的双龙洞》是“拟人手法”的例子，如在第二自然段中，写映山红比杜鹃显得有精神，写出了映山红的美丽，让人看着更舒服。

12.《记金华的双龙洞》是“按身体部位从上到下写”的例子，如第三自然段中，写我乘船的时候“从后脑到肩背，到臀部，到脚跟”，语言简洁而有条理。

13.《记金华的双龙洞》是“比喻句”的例子，如第二自然段中写外洞，比喻成一个大会堂。

14.《记金华的双龙洞》是“即使……也……”句式的例子，在文中起到了更深一层的表达意思。

15.《记金华的双龙洞》是“特殊的表现手法——借用具体化的事物和感觉到的情况去描画观察到的情况”的例子，如写孔隙情况，作者不直接说孔隙多大、多高、多宽、多长，里面的情况怎么样，而是用人们常见的东西作比喻说明。

点位论证

依据《课标》的要求和单元目标要求，在众多“可能”的教学点位中，我们应该教什么呢？我们应该用《记金华的双龙洞》教学生特殊的表现手法——借用具体化的事物和感觉到的情况去描画观察到的情况，把它表现出来，让其他的人也可知、可感。其一，本课最传神的地方就是在这里，将外洞和内洞的大，“像桥洞似的”“走进去，仿佛到了个大会堂……在那里聚集一千或是八百个人开个会，一定不会觉得拥挤”，这样的描写，把许多抽象的东西都形象化、具体化了。其二，抓住了孔隙的“小”，用经过的“险”来写，表达的时候紧紧抓住特点，让读者屏息凝气，不敢乱动。其三，让学生抓住重点，在浏览过程中，有很多景物，如何才能抓住重点进行描写？作者抓住了内洞、外洞和孔隙来写，其余的简单地写。其四，语文教学就是要培养学生的语言表达能力。其五，《课标》明确要求学生能运用一些特殊的表现手法，具体明确、文从字顺地表述自己的意思。由此可见，学习“不同的表现手法”是编者的意图和本课的重点。

训练设计

第一步，接触案例。

读下列文字，与课文第五自然段比较一下。

到了七花广场，我第一眼就看到了几棵高大的树挺立在路旁，地上还有几颗大石头，而且那里是人山人海。那里有许多玩的，比如投篮，打地鼠，转转木马……我和妈妈就一起去玩海盗船。海盗船开始了，海盗船越摇越高，我和妈妈就大叫了起来。之后，海盗船结束了，我就和妈妈一起回家了。

第二步，探究规律。

比较一下，两段文字有什么异同?

1. 两段文字都是游记，上段文字简单的几句文字就把在七花广场快乐的时光写完了。简洁的文字并没有打动读者。

2. 效果不同。上段文字，单调乏味；课文第五自然段作者运用了比喻的修辞手法，用了自己的感受来告诉读者他乘船钻过孔隙的感受，让读者去感受“惊、惧、险”。

第三步，训练能力。

1. 小伙伴们，叶圣陶先生用描写的方式，让我们感受到了孔隙的窄与矮，我们也来用描写的方式，让人感受到天气的冷与热。

(1) 今天的天气真冷啊……

(2) 今天的天气真热啊……

【参考答案】

(1) 今天的天气真冷啊！北风呼呼地刮着，路上的一些小树也被刮断了，小河里结了厚厚的冰。大家都穿上了冬装。小朋友尽管穿上了棉袄、棉鞋，还戴上了手套和围巾，仍然冻得瑟瑟发抖。(选编自著名小学语文特级教师贾志敏的教学片断)

(2) 今天的天气真热啊！火辣辣的太阳当头照着，小河里的水快晒干了。小伙伴们都穿着单衣，有的甚至光着上身，尽管这样，还是满头大汗。老年人拿着蒲扇在大树下乘凉。柳树上的知了在不停地嘶叫着。(选编自著名小学语文特级教师贾志敏的教学片断)

2.《桂林山水》：

“漓江的水真静啊，静得让你感觉不到它在流动；漓江的水真清啊，清得可以看见江底的沙石；漓江的水真绿啊，绿得仿佛那是一块无瑕的翡翠。”

请大致模仿这个句子，运用描写，写人的高矮胖瘦，让人有所感。

（有的人很高啊，……；有的人很矮啊，……；有的人很胖啊，……；有的人很瘦啊，……）

【参考答案】

有的人很高啊，进一般的门，他要弯腰九十度，才能进去；有的人很矮啊，坐一尺高的凳子，他必须跳一下，才能坐上去；有的人很胖啊，门都大打开了，他还只能侧身挤进去；有的人很瘦啊，门刚开了个缝，他就走进去了。

3. 改写《“死”了十二次》：

在校园的篱笆旁边，
有两个小朋友在说话。
一个说：
前天，爸爸给我买了一辆小汽车，
我高兴死了。
一个说：
昨天，同学给我讲鬼的故事，
把我吓死了。
一个说：
今天，回家的作业，我别想早做完，
题目难得要死。
一个说：
这个游戏，我玩过好多次了，
简单得要死。

一个说：
我有本笑话集，
好看得要死。
一个说：
我有一盒曲奇饼干，
真是好吃得要死。

两个人谈话不到十分钟，
已经整整“死”了十二次。
有什么办法能不“死”呢？
还是请他们多学会一些形容词吧。

【资料】有趣的对话：

在校园的篱笆下，
有两个小朋友在说话——
一个说：
昨天晚上，
爸爸送我一副军棋，
我高兴得一蹦三尺高。
一个说：
前天夜里，
有只老鼠爬上床，
把我吓得快尿裤子了。
一个说：
今天的算术测验，
我别想得到好成绩，
题目难得让我的头都变大了。
一个说：
这几道题目，
正巧我都复习过，

一下子就搞定了。
一个说：
我有本连环画，
真是好看得让人眼睛都舍不得眨一下。
一个说：
我有盒巧克力，
真是好吃得停不了嘴……

4. 运用描写，写老师真漂亮或这节课收获真大，让人有所感。

12 识字教学多样，学习字词乐无穷

——《小蝌蚪找妈妈》的语文资源开发与训练设计

经典推荐

《小蝌蚪找妈妈》作者是特伟，中国水墨画创始人。记得自己上小学时就学习过这篇课文，至今已好几十年了。这是一篇非常富有童趣的课文。一群天真活泼的小蝌蚪在寻找妈妈的过程中，不知不觉变成了小青蛙，并帮助妈妈一起捉害虫。

教材以童话故事的形式呈现了青蛙生长过程的科学知识，蕴含了从小能独立生活、遇事主动探索的道理。本课的巧妙在于将一个科学知识很自然地蕴涵于一个生动的小故事中，其特点如下：（1）思路清晰，主线分明。（2）语言优美，生动形象。（3）情节生动，趣味性强。（4）插图精美，有助于教学。在目前使用的16个版本小学语文教材中，有7个版本均选用了该篇课文。它们分别是鲁教版小学《语文》第二册第八单元34课、语文S版小学《语文》第二册第六单元17课、沪教版小学《语文》第二册第四单元24课、浙教版小学《语文》第四册13课、长春版小学《语文》第二册第二单元第2课、人教版小学《语文》第四册第三单元5课，北京版小学《语文》教材将其列为选读课文。

经典呈现

池塘里有一群小蝌蚪，大脑袋，黑灰色的身子，甩着长长的尾巴，快活地游来游去。

小蝌蚪游哇游，过了几天，长出两条后腿。他们看见鲤鱼妈妈在教小鲤鱼捕食，就迎上去，问："鲤鱼阿姨，我们的妈妈在哪里?"鲤鱼妈妈说："你们的妈妈有四条腿，宽嘴巴。你们到那边去找吧!"

小蝌蚪游哇游，过了几天，长出两条前腿。他们看见一只乌龟摆动着四条腿在水里游，连忙追上去，叫着："妈妈，妈妈!"乌龟笑着说："我不是你们的妈妈。你们的妈妈头顶上有两只大眼睛，披着绿衣裳。你们到那边去找吧!"

小蝌蚪游哇游，过了几天，尾巴变短了。他们游到荷花旁边，看见荷叶上蹲着一只大青蛙，披着碧绿的衣裳，露着雪白的肚皮，鼓着一对大眼睛。

小蝌蚪游过去，叫着："妈妈，妈妈!"青蛙妈妈低头一看，笑着说："好孩子，你们已经长成青蛙了，快跳上来吧!"他们后腿一蹬，向前一跳，蹦到了荷叶上。

不知什么时候，小青蛙的尾巴已经不见了。他们跟着妈妈，天天去捉害虫。

资源开发

1.《小蝌蚪找妈妈》是引导学生们关注生活，引导日常识字的例子，如本课的"池""食"两字，生活中是非常常见的。课堂中可以让学生们回忆一下，在哪些地方能够看见这两个字呢?如学校的食堂、商店卖的猫食、狗食；家乡的池塘边常常挂一牌子"池塘水深，禁止游泳"，游泳池边会写上"游泳池"三个字。

2.《小蝌蚪找妈妈》是学习独立识字，借助汉语拼音识字的例子。第一学段的课文，基本上都是标注了拼音的，学生有了一年级上册的拼音基础，在识字方面，一定要给学生充分的实践机会，一方面能巩固前一阶段的拼音，另一方面也给学生提供自主识字的能力锻炼，让他们树立起识字的自信心与识字的兴趣，养成良好的识字习惯。在进行识字教学时，老师们真的可以放手让学生们自己去大胆地读课文，遇上不会读的字，可以采取借助拼音识字、请教自己的同学等方法，实在解决不了，用铅笔圈出来，其他小朋友读课文时仔细听听，还是不会，待会再问老师等等，总有解决问题的办法。长此以往，相信学生们一定会养成良好的识字习惯与识字兴趣。

3.《小蝌蚪找妈妈》是学习熟字加减法识字的例子，如本课的蝌、蚪、哪、披、肚：

虫＋科＝蝌　虫＋斗＝蚪　口＋那＝哪　扌＋皮＝披

月＋土＝肚

4.《小蝌蚪找妈妈》是引导学生学习加强运用，联系生活领悟词义识字的例子。学生会读会写，这只是识字最最基础的一步。学习生字，应该做到，字不离词，词不离句。运用汉字应该是识字的最终目的。在运用汉字时，不是让学生把汉字当作一个个毫无生命的符号，而是让学生把这些字词当作是他们新结识的朋友，而这些朋友又将是他们今后学习、生活、工作的重要帮手。因此，在认识了生字后，还应让学生扩扩词，找找与他们长得很像的小伙伴（形近字）；找找与自己意思差不多的词（近义词）；有些词语还可以让小朋友找出与这个词意思相反的词（反义词）。这样，一个个词语的朋友就会很多很多，你说这样多的朋友在一起该是一件多开心的事情呀！这样的训练还远远不够，我们还可以让孩子们学完词语后再造造句，甚至可以让小朋友写写小片段。这样，不仅巩固了识字，还考察了学生对意思的理解，也为今后学习写作打下了良好的基础。总之，低年级儿童识字数量多，做到耳听、眼看、口读、手写、脑想、心记，就能掌握各种识字方法，减轻学生的识字负担，提高识字效率。

5.《小蝌蚪找妈妈》是学习仔细观察，激发兴趣，读准字音识字的例子。一二年级的小孩子都喜欢看动画片，单纯的笔画，单调的颜色当然吸引不了孩子们的眼球，也容易使孩子们产生视觉疲劳，因此，我们进行识字教学时还可以设计一些课件或者识字卡片。借助一些漂亮有趣的画面，设计一些故事创设情境教孩子认生字。让孩子们仔细观察，找一找这些生字宝宝读音上的特点，然后给它们排排座位，把字宝宝有规律地排列在一起，再进行认读，先易后难，先平舌后翘舌，先前鼻音后后鼻音。这样的安排，使孩子们在认读中降低了字音读错的概率。如本课的生字："池""甩""食""迎"这四个字，读音相对较难，可以把这四个字单独罗列出来，制成动画课件或者识字卡片以加强记忆，提高兴趣。

6.《小蝌蚪找妈妈》是培养学生养成良好的写字习惯，正确的写字姿势，书写规范、端正、整洁的例子。课文的田字格中呈现了八个字，可以让学生观察—书空—描红—练写以达到写字训练的目的。(关键是一定要培养孩子们养成良好的写字习惯)

7.《小蝌蚪找妈妈》是朗读能力训练的例子，《课标》指出，要使学生喜欢阅读，感受阅读的乐趣。这篇课文对话较多，分角色朗读最能引发学生的阅读兴趣。如果给学生戴上头饰进行表演朗读，他们的兴趣会更浓。

8.《小蝌蚪找妈妈》是教师准确运用词语教学的例子。本课"迎上去""追上去""游过去"这三个词语的运用十分准确，但可以不必做过多讲解，只需要让学生根据蝌蚪与鲤鱼、蝌蚪与乌龟、蝌蚪与青蛙妈妈之间的位置，进行表演，在表演中理解。让孩子们从中感悟准确运用词语是多么的重要。

9. 《小蝌蚪找妈妈》是教学"多音字"的例子，如长(zhǎng cháng)

10. 《小蝌蚪找妈妈》是“近义词”的例子，如课文第一、三自然段换词语“快活、连忙”。

11. 《小蝌蚪找妈妈》是学习“对话中引号的用法”的例子。课文中多处出现对话，孩子们可以仔细观察对话中标点符号的用法，并学着写写对话。

12. 《小蝌蚪找妈妈》是学习“动词”并在表演中学习词语的例子。本课出现的动词比较多，让学生从课文中找出动词并加以表演。如课文中出现的“蹲着”“披着”“露着”“鼓着”等词语。

13. 《小蝌蚪找妈妈》是进行“口语交际，看图说话写话”训练的例子，如课文中呈现了四幅图，可以用来教学看图说话写话。

14. 《小蝌蚪找妈妈》是“积累词语”的例子，如课文第一自然段中的“游来游去”，让孩子们说说结构类似的词语，“走来走去”“跑来跑去”……

15. 《小蝌蚪找妈妈》是引导学生想象说话，培养想象力的例子，如小蝌蚪看到妈妈后会说什么？

16. 《小蝌蚪找妈妈》是学习“问号、感叹号”教学的例子，如文中第二自然段有一句问话，全文出现五次感叹号。

17. 《小蝌蚪找妈妈》是“仿写动物样子”的例子，如课文第一自然段，寥寥几笔就把小蝌蚪的样子介绍得清清楚楚。

点位论证

在众多“可能”的教学点位中，我们应该主要教什么呢？我们主要用《小蝌蚪找妈妈》进行识字、写字、词语教学。理由如下：第一，万丈高楼平地起，第一学段生字、词语尤为重要，学生如果连字都认不了，理解、阅读、写作从何而谈。第二，一个好习惯使学生终身受益。学习之路那么长，只要养成了良好的识字写字习惯，第二学段、三学段乃至今后一生的学习都是受益匪浅的。第三，兴趣是最好的老师。第一学段就是让学生扫清阅读、写作的障碍，让他们慢慢喜欢上语文，喜欢上祖国的语言文字。第四，孩子的年龄特征决定了其注意力不可能坚持太久，理解力也不够发达，讲多了也是事倍功半，没几天就忘了。第五，别荒了自己的田，毁了别人的地，一二年级就大肆讲三四年级甚至五六年级的内容，那到了三四年级又学什么呢？第六，识字写字教学应该是第一学段的首要事情。第七，《课标》中也提出了第一学段使学生“喜欢学习汉字，有主动识字的愿望”；“掌握汉字的基本笔画和常用的偏旁部首，能按笔顺规则用硬笔写字，注意间架结构，初步感受汉字的形体美”；“写字姿势要正确，字要写得规范、端正、整洁，努力养成良好的写字习惯”。

训练设计

第一步，接触案例。

本课要求学生掌握的生字为以下 13 个：

蝌　蚪　池　甩　食　迎　阿　姨　哪　龟　披　肚　向

第二步，探究规律。

1. 字音：难点音、读准字音、进入拼音迷宫。

翘舌音：甩 shuai　　食 shi

后鼻韵母：向 xiang

鼻音：哪 na

整体认读音：食 shi　　池 chi　　迎 ying

将以上难点音设计成一些能反复运用的课件：借助一些漂亮有趣的画面，利用故事创设情境教孩子认识生字！画面上各种各样的房子、大树、花朵、动物，它们多漂亮！看，上面还有拼音、生字呢！他们都是来跟我们小朋友交朋友的，如果谁能很快地叫出它们的名字，谁就是它们的好朋友。让孩子们仔细观察，找一找这些生字宝宝读音上的特点，然后给它们排排座位，把字宝宝有规律地排列在一起，再进行认读，先易后难，先平舌后翘舌，先前鼻音后后鼻音。

2. 运用谜语，快乐识字。

如“蝌蚪”：“大脑袋，长尾巴，儿时无腿水中游。后腿伸，前腿到，跳来跳去找妈妈。”

第三步，训练能力。

1. 将以下生字按结构分类。

蝌　蚪　池　甩　食　迎　阿　姨　哪　龟　披　肚　向

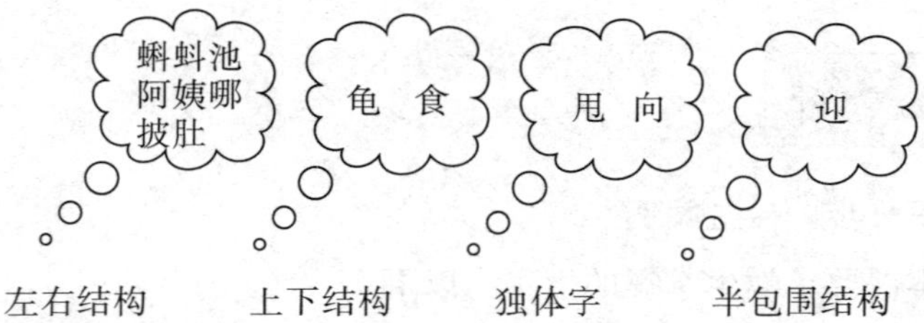

左右结构　　上下结构　　独体字　　半包围结构

2. 说说你有什么好办法记住这些字呢？

寻找小帮手，请教小老师：既帮助孩子认识了生字，又培养了孩子团结、合作的精神。

随文识字：根据课文注音，边读课文，边学习生字。

“蝌蚪”的“蝌”和“科学”的“科”读音一样，只是蝌蚪是虫子，所以这两个字都是“虫”字旁。

“蚪”方法一样。

“池”对比识字。将“池”与学过的“地”“她 ”“他 ”进行比较，编成儿歌 ：“也”字有土种庄稼（地），“也”字有水养鱼虾（池），“也”字有人不是你我而是（他）。

将“甩”与“用 ”区分记忆——不用的东西甩出去。

加一加识字：人＋良＝食　　虫＋科＝蝌　　虫＋斗＝蚪

口＋那＝哪　　扌＋皮＝披　　月＋土＝肚

区分识字：如何区分“那”与“哪”？编儿歌“不知道东西在哪儿，不清楚做哪些作业，就得张口问一问。因此，有口是‘哪’，没口是‘那’”。

情景识字：将所学字词，放在一定的语境中，达到识字目的。

当然，识字方法很多，如：会意识字、演示识字、查字典识字、游戏识字……

3. 选字词填空。

那　　哪

(1)（那）边是什么地方？

(2)（哪）位同学喜欢（那）支钢笔？

池　　她　　地

(3)（她）在清清的游泳（池）快乐地游泳。

(4)（地）里的禾苗长得可好了！

4. 和同学交流一下，说说自己区分下面几组字的小窍门。(语文 S 版《语文》第二册 70 页课后习题)

爪——瓜　　人——入　　王——玉

欢——吹　　外——处　　已——己

5. 观察下面的字说说你发现了什么？(语文 S 版《语文》第二册《百花园五：汉字真有趣》)

床　底　房　国　回　问　间　过　进

13 情景结合悟意境，以情动人意更明

——《语言的魅力》的语文资源开发与训练设计

经典推荐

《语言的魅力》是一篇讲述语言的神奇的文章，出现在语文课本的版本有人教版小学《语文》六年级下册、语文S版小学《语文》四年级下册、北师大版小学《语文》四年级下册、鄂教版小学《语文》四年级上册。

《语言的魅力》一文贴近学生的生活，展现出一种成全善良的美好感情。《课标》指出："语文课程应致力于学生语文素养的形成与发展。"语文素养的形成，不是一蹴而就的事情，它是通过文章的学习、感悟逐渐形成和发展起来的，是在自主学习、探究学习和实践中逐步提高的。

《语言的魅力》一课的教学，围绕着提高学生的语文素养，展开语文教学活动和语文实践活动。培养学生的阅读能力，鼓励学生主动去阅读，引导学生在阅读中积累、感悟，发展思维能力，陶冶思想情操。学生通过朗读"春天到了，可是我什么也看不见!"理解语言，通过对比"我什么也看不见"积极地思考，表述自己的观点，激发情感，认识语言的巨大力量，体会语言的魅力，真正成为学习的主人，从课文中感受语言的魅力。

语言的魅力

在繁华的巴黎大街的路旁，站着一个衣衫褴（lán）褛（lǚ）、头发斑白、双目失明的老人。他不像其他乞丐（gài）那样伸手向过路行人乞讨，而是在身旁立一块木牌，上面写着：“我什么也看不见！”不用说，他是为生活所迫才这样做的。街上过往的行人很多，那些穿着华丽的绅（shēn）士、贵妇人，那些打扮漂亮的少男少女们，看了木牌上的字都无动于衷，有的还淡淡一笑，便姗姗（shān）而去了。

这天中午，法国著名诗人让·彼浩勒也经过这里。他看看木牌上的字，问盲老人：“老人家，今天上午有人给你钱吗?”

“唉！”那盲老人叹息着回答，“我，我什么也没有得到。”脸上的神情非常悲伤。

让·彼浩勒听了，把木牌悄悄翻过来，拿起笔写上：“春天到了，可是我什么也看不见”几个字，就匆匆地离去了。

晚上，让·彼浩勒又经过这里，问那个盲老人下午的收入情况，那盲老人笑着对诗人说：“先生，不知为什么，下午给钱的人多极了！”让·彼浩勒听了，也摸着胡子满意地笑了。

“春天到了，可是我什么也看不见！”这富有诗意的语言，能产生这么大的作用，就在于它有非常浓厚的感情色彩。是的，春天是美好的，那蓝天白云，那绿树红花，那莺歌燕舞，那流水人家，怎么不叫人陶醉呢？但这良辰美景，对于一个双目失明的人来说，只是一片漆黑。这是多么令人心酸呀！当人们想到这个盲老人一生连万紫千红的春天都不曾看到，怎能不对他产生同情之心呢？

资源开发

1.《语言的魅力》是教学生通过语境了解，再查字典了解词语的意思的例子，让学生对“魅力”一词进行了解再查字典或根据课文前后意思理解词语的含义。

2.《语言的魅力》是教学生汉字书写规范的例子，会写“衣衫褴褛”和“乞丐”这两个词语，注意字的写法。“衣衫褴褛”这个词语中三个字都是“衣”字旁，不要写成“衤”字旁。理解“褴褛”二字的意思，且会造句。“乞丐”的“丐”字，注意第四画是“竖横折弯钩”。

3.《语言的魅力》是“AABC”的例子，如“姗姗而去”，还可以拓展其他类型的词语，如“津津有味”“津津乐道”“勃勃生机”。

4.《语言的魅力》是教学生外貌描写方法的例子，从“衣衫褴褛，头发斑白，双目失明”这几个词语可以看出。在这里，可以教学生对身边的同学进行外貌描写，注意抓住衣服、脸以及身体等其他部位的特征进行描写。同时拓展其他的描写方法，如语言、动作、神态、心理描写。

5.《语言的魅力》是造句训练的例子：“他不像其他乞丐那样伸手向路边行人乞讨，而是在身旁立一块木牌。”可以用其中的“不像……而是……”造句；进而拓展“不是……而是……”造句。

6.《语言的魅力》是理解词语“无动于衷”“淡淡一笑”“姗姗而去”，做一做这几个动作，同学示范，在表演中释词，让学生对词语的理解更为深刻。

7.《语言的魅力》是教学生使用提示语的例子：“这天中午，法国著名诗人让·彼浩勒也经过这里。他看看木牌上的字，问盲老人：‘老人家，今天上午有人给你钱吗？’‘唉！’那盲老人叹息着回答，‘我，我什么也没有得到。’脸上的神情非常悲伤。”这个地方可以教学生提示语的用法，提示语前置的运用（他看看木牌上的字，问盲老人：“老人家，今天上午有人给你钱吗?”）、提示语在中间的用法（“唉!”那盲老人叹息着回答，“我，我什么也没有得到。”）。另外还可关注这个句子当中的神态描写，提示学生神态描写关注的是面部表情。

8.《语言的魅力》是教学生排比句+反问句的用法的例子，如“那蓝天白云，那绿树红花，那莺歌燕语，那流水人家，怎么不叫人陶醉呢?”了解排比句的作用以及反问句变陈述句、陈述句变反问句的方法，并仿写这段话，让所知变成所感。

9.《语言的魅力》是教学生使用感叹句的例子，会写感叹句，知道感叹句的句式，句后要有感叹词，要有感叹号。感叹词有啊、啦、呀。

10.《语言的魅力》是教学生将引用句变为第三人称转述句的例子：“他不像其他乞丐（gài）那样伸手向过路行人乞讨，而是在身旁立一块木牌，上面写着：‘我什么也看不见!’”在引号里面的第一人称变为陈述句时，要变成第三人称，引号里第三人称变为陈述句时要变为第二人称，第二人称直接变成名字。

11.《语言的魅力》是教学生省略号的用法的例子，如“春天到了，可是……”理解省略号的各种含义，包括表示语言的省略部分，语气的断续、延续，表示重复词语的省略，表示静默或思考。

12.《语言的魅力》是教学生引号运用的例子。

13.《语言的魅力》是教学生以境动人的例子，如“可是我什么也看不见”和“春天到了，可是，我什么也看不见”这两句话的差别在于后一句是以境动人，前一句没有境，不能让人有所感。

14.《语言的魅力》是教学生“文眼”的例子，感受标题语言的魅力，中心词是魅力，抓住“文眼”能更好地理解文章。

点位论证

在众多“可能”的教学点位中，我们应该教什么呢？我们应该用《语言的魅力》教“以境动人”。理由如下：其一，“以境动人”是关于语文的知识与能力，是开发学生语言智慧的方式。其二，围绕着“春天到了，可是我什么也看不见”这句话，行人的感情在变，老人的心情在变，在这些变化之中，展示了语言所特有的魅力。运用小练笔，写写哪些“境”更容易打动人，让人动情，让人用心感受，这样学生更容易理解，更容易明白其中的感情变化。学生能不拘形式地写下自己的见闻、感受和想象，能够把自己觉得新奇有趣或印象最深、最受感动的内容写清楚。其三，课后的思考和练习中，第一题要求把最后一个自然段落背下来。学生大多会不约而同地喜欢上这一自然段描写春天美景的内容。第二题：展示春天到了，可是__________；____________，可是____________；____________，可是____________。前半句是让人有所感，后半句是让人从所知到所感。

训练设计

第一步，接触案例。

同学们，请读下面一段文字，并与课文最后一个自然段对照。

“春天到了，可是我什么也看不见！”这富有诗意的语言，产生了这么大的作用，就在于它有非常浓厚的感情色彩。是的，春天是美好的，但这良辰美景，对于一个双目失明的人来说，只是一片漆黑。这多么令人心酸呀！当人们想到这个盲老人一生连万紫千红的春天都不曾看到，怎能不对他产生同情之心呢？

第二步，探究规律。

上段文字和文章最后一个自然段的区别：

1. 上段文字对春天的描述没有合适的语境，语言平淡没有波澜，课文最后一个自然段却有不同的说法。可见，丰富的情境能够让文章更加生动。

2. 效果不同。上段文字，单调乏味；课文最后一个自然段因为语言富于变化，用清晰的情境把读者带入意境，而且运用其他修辞手法，是作者想要表达的东西，生动形象，富有情趣，充满智慧。

3. 朗读，感受下面两段文字“境”所表达的情感。

春的神奇，展示了一个十三岁孩子的心思。十三岁的春天充满了梦的色彩与涟漪，是心灵的触动，是拼搏的冲动，是成长的感动，也是岁月为我们留下的撼动。十三岁的春天更是充满了希望，人生能有几次拼搏，面对心中的目标，要明白今日不搏何时搏。为之奋斗，舍我其谁。在这个明媚的春天，我们一起携着心中的梦，伴着拂耳的春风，走出一片芬芳的园地，携着春天的希冀，去梦想每一片蓝天。

春姑娘踏着轻快的脚步，悄悄地来到人间。她给大地披上了一层厚厚的绿垫子，让小虫在上面尽情玩耍；给小树穿上了绿装，佩戴了五彩的小花饰品；给小河脱去了大棉袄，穿上了薄薄的蓝衣裳；还给人们带走寒意，送来了丝丝温暖。早上我告别城市汽车的轰鸣声，来到了宁静的乡村。乡村的景色真美啊！

第三步，训练能力。

本文的关键句子“春天到了，可是我什么也看不见”看似简单，是一个简单复句，同时也是一个转折句（“可是”表示转折），在这篇文章中这句话起着关键作用。这句话的关键是用适当的语境来阐述表达的内容，根据这个教学点位我设计了以下问题：

1. 用合适的语境把下列句子写得更加具体。

鸟飞了：________________

河水流：________________

【参考答案】

（1）在面对森林被砍伐殆尽的现实后，可怜的小鸟沉默地飞走了。

（2）清澈的河水哗哗地流，像一群调皮的孩子。

2. 比较下面两段话的表达效果。

（1）爸爸太坏了，他又忘记了我的生日，但是听了爸爸的电话，我流下了感动的眼泪。

（2）爸爸太坏了，他又一次欺骗了我，他明明答应我的，怎么可以再次爽约，爸爸是大坏蛋，难道工作比我更重要吗？今天是我的生日，你答应我，陪我度过我 16 岁的生日的。11 点 30 分了，爸爸，你真的忘了吗？我的 16 岁生日即将过去了，爸爸，我有点恨你了，你一点都不关心我，整天把我丢在家，不闻不问的。11 点 50 分了，“叮……”咦，电话，我颤抖的手拿起话筒，“我亲爱的女儿，16 岁生日快乐，对不起，爸爸本想赶回去的，但机场因大雪封闭了，刚刚电话也因天气打不通……”话筒中传来你焦急又慈祥的声音，我的眼泪夺眶而出……（第一句没有合适的“境”不能打动读者，不能使读者与之产生共鸣；第二段话用合适的“境”道出小作者内心的痛苦，随着时间的逼近，读者的心紧紧悬着，直到最后一刻才放松。就是“境”带给文章表达的作用。）

3. 动手写一写在我们的身边运用“以境动人”的例子。

【参考答案】

什么嘛，她是什么意思嘛，都那么久的朋友了，她怎么可以这样误解我？她生气，我可以理解，毕竟快高考了，那本资料又是如此的重要，但她怎么可以在同学前中伤我，说我妒忌她，偷了她的资料。这难道就是多年的朋友？家门前，一道单薄的身影在寒风中瑟瑟发抖。那不是倩吗？我的脚步慢了，她来干吗，又来骂我吗？她转过头来，发现了我，快步跑了过来，她张开口，欲言又止，过了一会才说："雪，对不起，是我不好，我不该这样的，我是复习复糊涂了，才这样误会你，我不配做你的朋友……"忍了许久的泪终于落了下来，冬天的风是暖的，你知道吗？

14 妙笔生花传情意，比喻生动更精彩

——《五彩池》的语文资源开发与训练设计

经典推荐

《五彩池》在人教版小学《语文》四年级上册、语文 S 版小学《语文》四年级下册、语文 A 版小学《语文》三年级上册、北师大版小学《语文》四年级上册等不同版本中都有选编，是一篇文质兼美的优秀散文。课文讲的是“我”到四川旅游时，在藏龙山上看到五彩池的情景。全文共有五个自然段，生动地描写了五彩池美丽、奇异的景色，赞美了大自然的神奇，表达了作者对祖国山河无比热爱的思想感情。课文重点讲述了五彩池的数量、颜色、大小、深浅和形状以及池水显出不同颜色的原因。课文运用了大量的比喻句，描写生动形象。这篇课文既能让人感受到大自然的神奇之美，又能让人感受到语言表达的优美。

经典呈现

五彩池

我小时候听奶奶讲，西方有座昆仑山，山上有个瑶池，那是天上的神仙住的地方。池里的水好看极了，有五种颜色，红的、黄的、绿的、蓝的、紫的。奶奶是哄着我玩儿，我却当作了真

的，真想有一天能遇上神仙，跟着他们腾云驾雾，飞到那五彩的瑶池去看看。没想到今年夏天去四川松潘旅游，在藏龙山上，我真的看到了像瑶池那样神奇的五彩池。

那是个晴朗的日子，只见藏龙山漫山遍野都是大大小小的水池。无数的水池在灿烂的阳光下，闪耀着各种不同颜色的光辉，好像是铺展着的巨幅地毯上的宝石。水池大的面积不足一亩，水深不过一丈；小的像个菜碟，水很浅，用小拇指就能触到池底。池边是金黄色的石粉凝成的，像一圈圈彩带，把大大小小的水池围成各种不同的形状，有像葫芦的，有像月牙的，有像盘子的，有像莲花的……

更使我惊奇的是，所有的池水来自同一条溪流，溪水流到各个水池里，颜色却不同了。有些水池的水还不止一种颜色，上层是咖啡色的，下层却成了柠檬黄；左半边是天蓝色的，右半边却成了橄榄绿；可是把水舀起来看，又跟普通的清水一个样，什么颜色也没有了。

明明是清水，为什么在水池里会显出不同的颜色来呢？原来池底长着许多石笋，有的像起伏的丘陵，有的像险峻的山峰，有的像矗立的宝塔，有的像成簇的珊瑚。石笋表面凝结着一层细腻的透明的石粉。阳光透过池水射到池底，石笋就像高低不平的折光镜，把阳光折射成各种不同的色彩。水池周围的树木花草长得很茂盛，五光十色的倒影使池水更加瑰丽。

原来五彩的瑶池就在人间，不在天上。

资源开发

《五彩池》是一篇文质兼美的优秀散文，课文生动、形象地描写了五彩池美丽的景色，体现了大自然的神奇，也让我们感受到了语言之美。那么，《五彩池》可以是语文课程中哪些语文知识与能力点位的例子呢？

1. 《五彩池》是“运用比喻使句子更生动、更精彩的”例子，课文第二、四自然段中运用了大量的比喻来描写五彩池的颜色、形状、大小等。如：“池边是金黄色的石粉凝成的，像一圈圈彩带，把大大小小的水地围成各种不同的形状，有像葫芦的、有像月牙的、有像盘子的、有像莲花的……”这样更能让我们感受到池子的特点。

2. 《五彩池》是“首尾照应”的例子，如文章开篇引用奶奶所讲的神话传说中的五彩瑶池，是那么神奇美妙，引起“我”的无限遐想；等到“我”实地游览了四川松潘的五彩池之后，才感觉到五彩瑶池就在人间。这样结尾，巧妙地呼应开头，从虚幻无稽的神话传说过渡到实实在在的美好人间，显得圆活自如，结构相当严密。

3. 《五彩池》是“对比映衬”的例子，如文章开头极力渲染神仙境界的五彩瑶池如何奇特瑰丽，使“我”心驰神往，正是用来陪衬后来描写人间世界的五彩池更加美丽神奇。虚拟和实写形成对比，映衬出人间的五彩池形态奇特，色彩各异，更加令人觉得美不胜收。

4. 《五彩池》是“传情达意”的例子，天上的五彩瑶池只是神话传说，虚无缥缈的，谁也没见过，人间的五彩池才是实在的，远远胜过了传说中的五彩瑶池，表达了作者对大自然的赞美和热爱之情。古人说过：“结尾当如撞钟，清音有余。”本文的结语“原来五彩的瑶池就在人间，不在天上”，尽管只是平实质朴的一句话，却含意深长，我们阅读时要联系全篇，仔细体味，从中领会出深刻的意蕴来。

5. 《五彩池》是“抓重点词句理解句子”的例子，如：“水池周围的树木花草长得很茂盛，五光十色的倒影使池水更加瑰丽。”一个“更”字突出了倒影的作用，衬托了五彩池的美。

6. 《五彩池》是“总分总结构”的例子，如课文先概括了五彩池的美丽，然后就五彩池做了详细的介绍，最后一句“原来五彩的瑶池就在人间，不在天上”总结全文。

7.《五彩池》是“抓关键字词分段”的例子，如“更使我惊奇的……”一个“更”字起到了承上启下的作用，可以引导学生在此分段。

8.《五彩池》是“以读为本”的例子。《五彩池》一课的教学，课文的理解，采取的主要办法就是引导学生读书。采取默读、朗读、自由读、指名读、范读、快速读、引读等多种形式，重语言的感悟、积累，淡化内容的分析。如阅读第三自然段，先读后交流感受，再通过有感情地朗读表达自己的感受，使学生通过不同要求读的训练，感受越来越深，情感得到陶冶，不知不觉中还将课文语言内化为学生自己的语言。

9.《五彩池》是“培养学生想象力”的例子，如在教学五彩池的形状、颜色一部分时，可以引导学生发挥想象补充省略号的内容。

10.《五彩池》是“抓住事物不同角度进行描写”的例子，如作者在描写五彩池时就抓住了五彩池的形状、颜色、大小、深浅等不同方面。

11.《五彩池》是“培养学生认真观察”的例子，如本文作者把五彩池描写得如此美丽，与其游览时的仔细观察是分不开的，这是一篇很好的写景方面的范文。

12.《五彩池》是“学生灵活运用积累的知识”的例子，如文中对五彩池的描写运用了大量的比喻修辞手法，学生用词的准确是与平时的积累分不开的。

13.《五彩池》是“运用设问”的例子，如第四自然段，作者先提出问题，然后做出了相应的回答。

14.《五彩池》是“情境教学法”的例子，如教学中采用情境教学法，运用多媒体教学手段，调动学生的视听感官，使学生身临其境，感受大自然的神奇和美丽。

15.《五彩池》是“培养学生写作”的例子，如教学完本课后，可以指导学生以对五彩池的描写为例，去描写自己观察的一类事物。

16.《五彩池》是“省略号运用”的例子，如“有像葫芦的，有像月牙的，有像盘子的，有像莲花的……”说明五彩池的形状很多，没有一一列出。

点位论证

在众多“可能”的教学点位中，我应该教什么呢？《五彩池》在语文S版中是《语文》四年级下册的课文，根据阶段目标，我确定教学点位：运用比喻对景物展开描写。理由如下：其一，运用比喻对景物展开描写是对学生思维能力的培养，是提高学生写作能力的方式。其二，用比喻对景物的描写是本单元的训练重点之一，也是本课课后练习的要求。其三，修辞手法的运用是让文章更生动精彩的基本方式之一。本文运用了大量的比喻句，把《五彩池》的美丽描写得淋漓尽致，跃然纸上，这是其他描写方式体现不出来的。其四，修辞手法的运用能让抽象的变得具体，孩子们学习兴趣更高，乐于接受。其五，《课标》中对习作的要求是留心周围事物，乐于书面表达，增强习作的自信心。尝试在习作中运用自己平时积累的语言材料，特别是有新鲜感的词句，所以本课也是一篇优秀的习作例文，对指导孩子写作有很大的帮助。

训练设计

第一步，接触案例。

读读下面两段话，你看出了什么？

a. 只见藏龙山到处都是水池，在阳光下，很美丽。水池大小不一；池底长着许多石笋，形态各异。

b. 只见藏龙山漫山遍野都是大大小小的水池。无数的水池在灿烂的阳光下，闪耀着各种不同颜色的光辉，好像是铺展着的巨幅地毯上的宝石。水池大的面积不足一亩，水深不过一丈；小的像个菜碟，水很浅，用小拇指就能触到池底。池边是金黄色的石粉凝成的，像一圈圈彩带，把大大小小的水地围成各种不同的形状，有像葫芦的，有像月牙的，有像盘子的，有像莲花的……

第二步，探究规律。

1. 上面两段话有什么不同？

上面两段都是在写五彩池，a 段写得简单、笼统，没有表现水池的美；b 段大量运用比喻的修辞手法给人以直观形象的感觉，生动地表现出了五彩池的美。

可见我们对事物进行描写时修辞手法的运用可以使句子更生动精彩，更能体现出特点。

2. 感受下文运用比喻的修辞手法对景物展开描写的效果。

秋悄悄地飞进田野了。看，到处是一片片丰收的景象，一阵阵风吹过，像是掀起了一层层金黄色的波浪，又像稻海中掀起一片片稻浪。在一望无垠的稻田上，农民伯伯正在收割稻子，一声声镰刀割稻声，打稻机声，组成了一首秋的曲子，悦耳动听。

暮色悄然而至，天边的一抹红晕渐渐散开，染了一整片天，如殷红的丝绸披肩，如潇湘的桃花暖雨，如江南的夕阳红河。一只鸳鸟孤单的身影划过天际，在红色的幕布上划出一道裂痕，那痕迹渐渐愈合，追随着孤鸟的身影消失在视线尽头。绵延的湖水，倒映着天的颜色，如一杯咖啡，时而浓醇，时而清爽，鸳鸟的影子映在水里，跟岸边的苇子的倒影相映衬着，恍如一幅唯美的山水画卷。

第三步，训练能力。

1. 发挥想象，我能行。

（1）池边是金黄色的石粉凝成的，像一圈圈彩带，把大大小小的水地围成各种不同的形状，有像葫芦的，有像月牙的，有像盘子的，有像莲花的……

五彩池还可以像什么？有像（马蹄状）的、有像（镰刀）的、有像（圆圆的脸盆）的、有像（花生）的、有像（树叶）的。

（2）雕塑喷泉的周围，布满了各种盛开的鲜花：白的，像（扑着粉、落了霜）；红的，像（披着霞、染了丹）；绿的，像（裹着玉、抹了油）；黄的，像（涂着蜡、镀着金）……各色的鲜花，形状也各不相同：有的（吹起红色的喇叭），有的（撑开蓝色的小伞），有的（戴上粉嫩的花冠），有的（甩开金亮的丝绒）……

2. 把下面句子改写成比喻句，并体会改写后有什么好处。

（1）秋天到了，树叶纷纷往下落。

——秋天到了，树叶（像毛毛细雨一样）往下落。

（2）深蓝的天空上布满了星星。

——深蓝的天空上布满了（像宝石一样的）星星。

（3）弯弯的月亮挂在天上。

——弯弯的月亮（像小船一样）挂在天上。

（4）池塘里的荷叶在微风中摇动着。

——池塘里的荷叶（像一把把绿伞）在微风中摆动着。

（5）老师亲切的教导滋润了同学们的心田。

——老师亲切的教导（像甘甜的雨露一样）滋润了同学们的心田。

（6）李刚跑得很快，一路领先，夺得了冠军。

——李刚跑得很快，（像一阵风一样），一路领先，夺得了冠军。

3. 我会填。

（1）岸边的华灯倒映在湖中，（宛如无数的银蛇在游动）。

（2）那里的天空总是那么湛蓝、透亮，（好像用清水洗过的蓝宝石一样）。

（3）山坡上，大路边，村子口，榛树叶子全都红了，（红得像一团团火，把人们的心也给燃烧起来了）。

（4）夜幕四合，周围的群山，（像高大的山神，像神秘的古堡，像沮丧的巨人，像一条连绵不断的地毯）。

（5）小河清澈见底，（如同一条透明的蓝绸子，静静地躺在大地的怀抱里）。

（6）岸边的华灯倒映在湖中，（宛如颗颗宝石缀在湖面之上）。

4. 仔细阅读下面一段话，完成题后的作业。

进入天山，戈壁滩上的炎暑就被远远地抛在脑后，迎面送来的雪山寒气，会使你感到像秋天似的凉爽。蓝天衬着高耸的巨大的雪峰，阳光下，雪峰间的云影就像白缎上绣了几朵银灰色的花。融化的雪水，从高悬的山涧、峭壁断崖上飞泻下来，像千百条闪耀的银链，在山脚下汇成冲激的溪流，浪花往上抛，形成千万朵盛开的白莲。每到水势缓慢的洄水涡，都有鱼儿在欢快地跳跃。这个时候，饮马溪边，你骑在马上，可以俯视阳光透射到的清澈的水底，在五彩斑斓的溪水和石子之间，鱼群闪闪的鳞光映着雪水清流，给寂静的天山增添了无限的生机。

（1）找出这段话中的比喻句，并说说是把什么比作什么。

（2）仿照上面这段话用比喻的手法描写一处景物。

15 运用精彩的语言，刻画人物的形象

——《詹天佑》的语文资源开发与训练设计

经典推荐

《詹天佑》这篇课文编入小学教材已经很多年了。人教版《语文》六年级上册第五课、苏教版《语文》六年级上册第二十课、浙教版《语文》六年级下册第二十课、冀教版《语文》第十册第二十五课、北京版《语文》十二册第二十二课、语文A版《语文》十一册第三课、语文S版《语文》十一册第十七课等多种版本都有选用，这足以证明这篇课文的广度性。

这篇文章的作者虽然不是很出名，但作为中国第一位主持修筑铁路成功的工程师詹天佑却是尽人皆知，如果评选感动中国世纪人物，詹天佑，绝对是其中一个有力的竞争者。整篇课文内容也非常具有典型性，它是高段的课文，对于学生句、段、篇的训练有很大的帮助。高段教学目标要求学生能准确把握课文的主要内容，理清文章的叙述顺序，学会浏览课文，提高阅读速度。这篇文章既能让人感受到中国人民的智慧和勇气，又能让人感受到语文之美。

经典呈现

詹天佑（节选）

詹天佑是我国杰出的爱国工程师。从北京到张家口这条铁路，最早是在他的主持下修筑成功的。这是第一条完全由我国的工程技术人员设计施工的铁路干线。

京张铁路，是联结华北和西北的交通要道。当时，清政府提出修筑计划，帝国主义就出来阻挠。他们最后提出一个条件要挟清政府。

1905 年，清政府任命詹天佑为总工程师，修筑从北京到张家口的铁路。消息一传出来，全国都轰动了。帝国主义者却认为这是个笑话。

詹天佑不怕困难，也不怕嘲笑，毅然接受了任务，马上开始勘测线路。哪里要开山，哪里要架桥，哪里要把陡坡铲平，哪里要把弯度改小，都要经过勘测，进行周密计算。詹天佑经常勉励工作人员说："我们的工作首先要精密，不能有一点儿马虎。'大概''差不多'这类说法不应该出自工程人员之口。"他亲自带着学生和工人，扛着标杆，背着经纬仪，在峭壁上定点、测绘。塞外常常狂风怒号、黄沙满天，一不小心还有坠入深谷的危险。不管条件怎样恶劣，詹天佑始终坚持在野外工作。白天，他攀山越岭，勘测线路；晚上，他就在油灯下绘图、计算。为了寻找一条合适的线路，他常常请教当地的农民。遇到困难，他总是想：这是中国人自己修筑的第一条铁路，一定要把它修好；否则，不但惹外国人讥笑，还会使中国的工程师失掉信心。

铁路要经过很多高山，不得不开凿隧道，其中数居庸关和八达岭两个隧道的工程最艰巨。居庸关地势高，岩层厚，詹天佑决定采用从两端同时向中间凿进的办法。山顶的泉水往下渗，隧道里满是泥浆。工地上没有抽水机，詹天佑就带头挑着水桶去排水。他常常跟工人们同吃同住，不离开工地。八达岭隧道长一千一百多米，有居庸关隧道的三倍长。他跟老工人一起商量，决定采用中部凿井法。先从山顶往下打两口竖井，再分别向两头开凿，两头也同时施工，大大缩短了工期。

铁路经过青龙桥附近，坡度特别大。火车怎么才能爬上这样的陡坡呢？詹天佑顺着山势，设计了一种“人”字形线路。北上的列车到了南口就用两个火车头，一个在前边拉，一个在后边推。过青龙桥，列车向东北前进，过了“人”字形线路的岔道口就倒过来，原先推的火车头拉，原先拉的火车头推，使列车折向西北前进。这样一来，火车上山就容易得多了。

这条铁路不满四年就全线竣工了，比原来的计划提早两年。这件事给了藐视中国的帝国主义者一个有力的回击。今天，我们乘火车去八达岭，过青龙桥车站，可以看到一座铜像，那就是詹天佑的塑像。

资源开发

《詹天佑》这篇文章写了詹天佑一生中最主要的事迹——主持修筑京张铁路，表现了詹天佑的爱国主义精神和卓越才能，反映了中国人民的智慧和力量。本组课文的单元训练重点是“注意把握文章的主要内容”。教师要抓住课文的拓展点，扩大阅读面，加深对课文的感悟。那么，《詹天佑》可以是语文课程中哪些语文知识与能力点位的例子呢？

1.《詹天佑》是“近义词训练”的例子，如课文中的“轻蔑”“藐视”“回击”“反击”“讥笑”“嘲笑”。

2.《詹天佑》是“学习语言表达”的例子，课文语言非常具有特色：①体会用词精准，很多词句都细致地刻画了詹天佑的精神，体会关键词在表情达意方面的作用，如“第一条”“完全”“轰动”“轻蔑”等词语。②生动、形象，如“狂风怒号”“黄沙满天”“高山深涧”“悬崖峭壁”等。

3.《詹天佑》是“重点句子训练”的例子。

（1）对比理解。把“他们认为这样艰巨的工程，连外国的工程师都不敢轻易尝试，至于中国人，是无论如何也完成不了的”与“这条铁路不满四年就全线竣工了，比原来的计划提早两年”，两者对比起来理解。

（2）重点品读。

①詹天佑不怕困难，也不怕嘲笑，毅然接受任务，马上开始勘测线路（随文理解“毅然”，抓住总述句体会詹天佑坚定的爱国思想。）

②“遇到困难，他总是想：这是中国人自己修筑的第一条铁路，一定要把它修好；否则，不但那些外国人要讥笑我们，而且会使中国工程师失掉信心。”这句话讲的是詹天佑克服困难的动力。

（3）句式训练。

①双重否定句：“铁路要经过很多高山，不得不开凿隧道。”

②用“否则”造句。

③直接引语改间接引语，詹天佑说：“我们的工作首先要精密，不能有一点儿马虎。”

4.《詹天佑》是“运用换位、删减”的例子，运用换位、删减两种比较方法，让学生在读中辨词，读中悟道。例如“阻挠、要挟、嘲笑”在文章第二自然段可以交换顺序吗？文章第二自然段没有写詹天佑，可以删掉吗？

5.《詹天佑》是“通过人物语言刻画人物品质”的例子，如课文第四自然段，詹天佑经常勉励工作人员说：“我们的工作首先要精密，不能有一点儿马虎。‘大概’‘差不多’这类说法不应该出自工程人员之口。”人们可以从这句来体会詹天佑认真严谨的态度。

6.《詹天佑》是“训练概括小标题”的例子，通过具体事例，体会詹天佑是“杰出的爱国工程师”，学习他的创新精神。速读课文，找出文中的具体事例，作简要概括。

7.《詹天佑》是“训练把语言文字的理解通过示意图表达出来”的例子，如在“开凿隧道”这个部分，可以请学生当工程师，根据不同山势，画出隧道示意图。同样，在第六自然段，可以指导学生对照插图，做个“小火车司机”，用自己的笔做火车，在“人”字形线路上行驶。

8.《詹天佑》是“常见修辞手法运用”的例子：①排比句：“哪里要开山，哪里要架桥，哪里要把陡坡铲平，哪里要把弯度改小，都要经过勘测，进行周密计算。”②设问句：“火车怎么才能爬上这样的陡坡呢？詹天佑顺着山势，设计了一种‘人’字形线路。”

9.《詹天佑》是“拓展思维训练”的例子，如课文学习后，引导学生给这条路取名，并说出理由。

10.《詹天佑》是“学习写作方法”的例子：①作者在文章的开头就开门见山、提纲挈领地给我们点明文章中心。②文章采用先总写后分写的写作方法。③首尾照应。④过渡句的使用。

点位论证

在众多“可能”的教学点位中，我们应该教什么呢？我们应该用《詹天佑》教“通过人物的语言来刻画人物的品质”。理由如下：其一，“通过人物的语言来刻画人物的品质”是关于语文的知识能力，而且是开发学生语言智慧的方式。其二，“通过人物的语言来刻画人物的品质”是《詹天佑》这篇课文很明显的，第四自然段对此表现得很突出。其三，詹天佑说的话是该文的重点，也是课文的主要内容，具有主导性，这对反映詹天佑的品质起到了画龙点睛的作用。其四，《课标》也提出了“通过人物的语言来刻画人物的品质”的要求。其五，课后的思考和练习的第一题要求把第四自然段背下来，这正是描写詹天佑语言的段落。第三题读句子思考这句话，詹天佑经常勉励工作人员说："我们的工作首先要精密，不能有一点儿马虎。'大概''差不多'这类说法不应该出自工程人员之口。"（为什么"大概""差不多"不应该出自工程人员之口?）这也是编者的意图和本课的重点。

训练设计

第一步，接触案例。

"啊，是吗? 哼，当然我也料到了你没有带零钱。我看像你这样的阔人是只会带大票子的。"

"您说得很对，先生，您说得很对。您请稍等一会儿——我送您出去，先生。好吧——再见，先生，再见。"

第二步，探究规律。

上面选自马克·吐温的短篇小说《百万英镑》的文字与课文第四自然段有什么异同之处?

这两段话都是对人物的语言描写，通过语言描写揭示了人物的性格特征。人物语言是作者重点刻画人物特点的手段，人物语言尤其能反映人物当时的心理，细细品读这些人物语言，对理解人物特点有着至关重要的作用。课文第四自然段写詹天佑在勘测线路过程中是怎样说的，怎样做的，怎样想的。语言丰富，表达精准。特别是"精密""马虎""大概""差不多"这些词语更能反映詹天佑对工作的严肃认真、一丝不苟。

而上面这段文字是托德面对"我"胆怯地请求通融时说的一句话。这句话比较集中地反映了托德起初对"我"的态度。话说得很刻薄，充满了歧视与轻蔑。"料到了你没有带零钱。我看像你这样的阔人是只会带大票子"，说的是反话，意指你根本没有钱，充满了挖苦和讽刺。透过这句话，一个藐视穷人，在穷人面前傲慢无礼的形象跃然纸上。

当老板知道“我”是一个百万富翁时，见钱眼开的老板已语无伦次，极尽奉承之能事，反反复复，啰啰唆唆，透过这些言语，不难看出老板那副奴才相。

【资料】人物对话描写：

1. 鲁提辖又问道：“你姓甚么？在那个客店里歇？那个镇关西郑大官人在那里住？”老儿答道：“老汉姓金，排行第二；孩儿小字翠莲；郑大官人便是此间状元桥下卖肉的郑屠，绰号镇关西。老汉父子两个，只在前面东门里鲁家客店安下。”鲁达听了道：“呸！俺只道哪个郑大官人，却原来是杀猪的郑屠。这个腌臜泼才，投托着俺小种经略相公门下做个肉铺户，却原来这等欺负人！”回头看着李忠、史进道：“你两个且在这里，等洒家去打死了那厮便来。”史进、李忠抱住劝道：“哥哥息怒，明日却理会。”两个三回五次劝得他住。

2. 这时，妈妈从厨房里走出来，一见我还在床上，就开腔了：“哎呀，你怎么还不起来？快点。”我边穿衣服边批评妈妈：“妈，您又开后门了，调一下工作还得请领导吃饭，你就不能凭自己的真本事？”妈妈有点火了：“你小孩子懂什么，快穿衣服？”我只好不作声了。

第三步，训练能力。

1. 语言描写也叫对话描写，为了使对话形式更活泼生动，可以交替使用不同的对话形式，如提示语在前面，提示语在后面，提示语在中间，如果读者能从人物的语言中体会到是谁说的话，也可以把提示语省掉。请举出相关的例子。

【资料】提示语位置不同举例：

提示语在前：①妈妈纠正说：“你说得对，他是人，人没有翅膀。”②麻雀妈妈看见了，有些不放心，就说：“孩子，小心，会摔下去的！”

提示语省掉：“为什么？”“人是高一等的动物，他们不是用翅膀飞，而是用双脚走。”“不对！谁都该有翅膀。我长大了，要让所有东西都能飞。”

提示语在中：①“怎么啦?”墨林问，“为什么愁眉苦脸呢?”②“奶奶!”小女孩叫起来，“啊！请把我带走吧！我知道，火柴一灭，你就会像那温暖的火炉，喷香的烤鹅，美丽的圣诞树一样，就会不见的。”

提示语在后：①“是啊，金奖章非大王莫属!”大伙儿七嘴八舌地说。②“我在屋里，什么也没看见!”雨来摇摇头说。

2. 人物语言描写一般有两大类，直接引语和间接引语。请分别举出例子。

【资料】两种引语举例：

直接引语：妈妈对小红说：“我把你的书包缝好了。”

间接引语：语文老师说，他开会去了，让我们上自习。

3. 请写一段话，描写人物的语言，体现人物性格。

【参考答案】

中午吃完饭，妈妈叫我洗碗，我不肯洗，妈妈用婉转的语气说：“我的小洗碗机，快去洗碗吧!”我就高高兴兴去洗碗了。我一边洗一边说：“妈妈，那你是小天鹅洗衣机啦!”因为妈妈常常给我们洗衣服。爸爸不甘落后地说：“我是电饭锅，因为我天天给你们烧饭。”我笑着说：“啊，我们都是家用电器了!”

16 抓住关键性动词，进行多角度描写

——《武松打虎》的语文资源开发与训练设计

经典推荐

《武松打虎》这篇课文多年来都被选入小学语文课本，如人教版第七册、语文版第九册、北京版第十册、长春版第十一册、沪教版第七册等在用。本文选自中国古典四大名著之一《水浒传》，作者施耐庵。本文符合学生生活实际，虽然现在老虎是受保护的动物，但武松不畏强暴、机智勇敢的精神值得我们学习，尤其是在目前中国周边环境如此复杂的情况下，我们更应学习这种精神。

经典呈现

武松打虎

武松乘着酒兴，只管走上冈子来。走不到半里多路，见一个败落的山神庙。行到庙前，见这庙门上贴着一张印信榜文。武松住了脚读时，上面写道：

阳谷县示：为这景阳冈上新有一只大虫，近来伤害人命，见今杖限各乡里正并猎户人等行捕未获。如有过往客商人等，可于巳午未三个时辰结伴过冈；其余时分，及单身客人，不许过冈，

恐被伤害性命。各宜知悉。

武松读了印信榜文，方知端的有虎；欲待转身再回酒店里来，寻思道："我回去时须吃他耻笑不是好汉，难以转去。"存想了一回，说道："怕甚么！且只顾上去，看怎地！"

武松正走，自言自说道："那得甚么大虫！人自怕了，不敢上山。"

……却待要睡，只见发起一阵狂风。那一阵风过了，只听得乱树背后扑地一声响，跳出一只吊睛白额大虫来。

武松见了，叫声"阿呀！"从青石上翻将下来，便拿那条哨棒在手里，闪在青石边。那大虫又饿，又渴，把两只爪在地上略按一按，和身望上一扑，从半空里撺将下来。武松被那一惊，酒都作冷汗出了。说时迟，那时快；武松见大虫扑来，只一闪，闪在大虫背后。那大虫背后看人最难，便把前爪搭在地下，把腰胯一掀，掀将起来。武松只一闪，闪在一边。大虫见掀他不着，吼一声，却似半天里起个霹雳，振得那山冈也动，把这铁棒也似虎尾倒竖起来只一剪。武松却又闪在一边。原来那大虫拿人只是一扑，一掀，一剪；三般捉不着时，气性先自没了一半。那大虫又剪不着，再吼了一声，一兜兜将回来。

武松见那大虫复翻身回来，双手轮起哨棒，尽平生气力，只一棒，从半空劈将下来。只听得一声响，簌簌地，将那树连枝带叶劈脸打将下来。定睛看时，一棒劈不着大虫，原来打急了，正打在枯树上，把那条哨棒折做两截，只拿得一半在手里。那大虫咆哮，性发起来，翻身又只一扑扑将来。武松又只一跳，却退了十步远。那大虫恰好把两只前爪搭在武松面前。武松将半截棒丢在一边，两只手就势把大虫顶花皮胳嗒地揪住，一按按将下来。那只大虫急要挣扎，被武松尽力气捺定，那里肯放半点儿松宽？武松把只脚望大虫面门上、眼睛里只顾乱踢。那大虫咆哮起来，把身底下爬起两堆黄泥做了一个土坑。武松把大虫嘴直按下黄泥坑里去。那大虫吃武松奈何得没了些气力。武松把左手紧紧地揪住顶花皮，偷出右手来，提起铁锤般大小拳头，尽平生之力只顾打。打到五七十拳，那大虫眼里，口里，鼻子里，耳朵里，都迸出鲜血来，更动弹不得，只剩口里兀自气喘。武松放了手来，松树边寻那打折的哨棒，拿在手里；只怕大虫不死，把棒橛又打了一回。眼见气都没了，方才丢了棒，寻思道："我就地拖得这死大虫下冈子去？……"就血泊里双手来提时，那里提得动。原来使尽了气力，手脚都苏软了。

资源开发

《武松打虎》这篇课文表现了武松不畏强暴、机智勇敢的精神，值得我们学习，尤其是在目前中国周边环境如此复杂的情况下我们更应学习这种精神。我们从文中悟出了一个"人生之道"：人应该不畏强暴。我们更要从课文中悟出"语文之道"，开发《武松打虎》的语文教育资源。那么，《武松打虎》可以是语文课程中哪些语文知识与能力点位的例子呢？

1.《武松打虎》是"帮助学生认识生字"的例子，如帮助学生会认"杖、耻、梁、肋、袒、迸"6个生字。

2.《武松打虎》是"帮助学生写特殊生字"的例子，如"脊"是书写的难点，要引导学生认真观察，上半部的笔顺为"先两边再中间"，即"点、提、撇、点、撇、捺"；"梁"是上下结构，不要写成左右结构，最后一笔是捺不是点。

3.《武松打虎》是"帮助学生掌握词语"的例子。本文由于时代原因须弄明白以下词语的意思，如掌握"景阳冈""时辰""耻笑""脊梁""胸膛""寻思""踉踉跄跄""咆哮""酥软""杖限"等词语。

4.《武松打虎》是"帮助学生复述课文"的例子，如指导学生朗读课文，学生能用自己的话讲述武松打虎的经过。

5.《武松打虎》是"帮助学生拓展课文"的例子，如学生读课后“学习链接”，了解《水浒传》及相关人物。

6.《武松打虎》是“动作描写训练”的例子，如仔细阅读下列段落，找出描写老虎和武松动作的词语，并分析其作用。想象武松打虎时的精彩场面。

那大虫又饿，又渴，把两只爪在地上略按一按，和身望上一扑，从半空里撺将下来。武松被那一惊，酒都作冷汗出了。说时迟，那时快；武松见大虫扑来，只一闪，闪在大虫背后。那大虫背后看人最难，便把前爪搭在地下，把腰胯一掀，掀将起来。武松只一闪，闪在一边。大虫见掀他不着，吼一声，却似半天里起个霹雳，振得那山冈也动，把这铁棒也似虎尾倒竖起来只一剪。武松却又闪在一边。

7.《武松打虎》是“心理描写训练”的例子，如课文第三自然段描写武松看了榜文的心理活动的句子。正是武松的这种自负和爱面子的性格特点，最终将他推向了景阳冈，成就了一代打虎英雄。

8.《武松打虎》是“表达思路训练”的例子，如该文第五自然段以打虎先后为序写武松赤手空拳痛打老虎，最后打死老虎，思路很清晰。

9.《武松打虎》是“场面描写训练”的例子，如仔细阅读课文第五自然段，想象武松打虎时的精彩场面并仿写。

10. 《武松打虎》是“冒号训练”的例子，如课文里多处出现。

11.《武松打虎》是“反问句训练”的例子，如“那只大虫急要挣扎，被武松尽气力捺定，哪里肯放半点儿松宽?”

12.《武松打虎》是“顿号训练”的例子，如打“到五十七拳，那大虫眼里、口里、鼻子里、耳朵里都迸出鲜血来，更动弹不得，只剩口里兀自气喘”。

点位论证

在众多“可能”的教学点位中，我们应该教什么呢？我们应该用《武松打虎》教“精彩的动作描写表现人物性格”。理由如下：其一，“精彩的动作描写表现人物性格”是关于语文的知识能力，而且能训练学生的阅读能力。其二，“精彩的动作描写表现人物性格”是《武松打虎》特有的，第五自然段对此表现得很突出，其余语文的知识能力点在其他课文也常遇到。其三，“武松打虎”的过程是本文的主要内容，也是本文的重点，因而成为该文的亮点。其四，由武松针对老虎的进攻连用四个“闪”表达，可以得出规律：“精彩的动作描写可揭示文章主旨，反复运用一个动词也可以深刻表达中心。”我们还可以迁移训练，举一反三。其五，《课标》也提出了“表达力求有创意”的要求。其六，学生想象丰富，善用动词，在老师的引导下，他们的能力训练会达到出奇制胜的效果。其七，课后的思考和练习中，第二题就是要求学生“仔细阅读下列段落，找出描写老虎和武松动作的词语，想象武松打虎时的精彩场面”。由此可见，“精彩的动作描写表现人物性格”也是编者的意图和本课的重点。

训练设计

第一步，接触案例。

同学们，请读下面几段文字，并与课文第五自然段对照。

扑的只一拳，正打在鼻子上，打得鲜血迸流，鼻子歪在半边，却便似开了个油铺：咸的，酸的，辣的，一发都滚出来。郑屠挣不起来，那把尖刀也丢在一边，口里只叫：“打得好！”鲁达骂道：“直娘贼！还敢应口！”提起拳头来就眼眶际眉梢只一拳，打得眼棱缝裂，乌珠迸出，也似开了个彩帛铺的：红的，黑的，紫的，都绽将出来。

两边看的人惧怕鲁提辖，谁敢向前来劝？郑屠当不过，讨饶。

鲁达喝道："咄！你是个破落户！若只和俺硬到底，酒家便饶你了！你如今对俺讨饶，酒家偏不饶你！"又只一拳，太阳上正着，却似做了一全堂水陆的道场：磬儿，钹儿，铙儿，一齐响。

第二步，探究规律。

上面文字与课文第五自然段有什么相同之处？

1. 两处文字都写"打"的精彩场面，上面文字全用的是"打"了，课文第五自然段都用"闪"字。可见，同一个动词在特定场合反复运用可以深刻地表现人物形象。

2. 效果相同。两处文字都分别有同一个动词在特定场合反复运用，起到了意想不到的效果。

精彩的动作描写表现人物形象，我们还能举出例子来吗？

【资料】动作描写举例：

1. 蔺相如退后几步，双手捧着璧，靠着柱子站定。

2. 跑到跳高架的横杆前，双脚踏地，双臂猛摆，身体就像小燕子一样飞过了横杆。

3. 中午由于下雪，我不能回家吃饭了。正当我要写作业的时候，突然一个香喷喷的包子塞到了我的嘴里，我回头一看是小明正调皮地眨着眼看着我。

4. 我看见他戴着黑布小帽，穿着黑布大马褂，深青布棉袍，蹒跚地走到铁道边，慢慢探身下去，尚不大难。可是他穿过铁道，要爬上那边月台，就不容易了。他用两手攀着上面，两脚再向上缩；他肥胖的身子向左微倾，显出努力的样子。这时我看见他的背影，我的泪很快地流下来了。

5. 刘姥姥……到了荣府大门前石狮子旁边，只见满门口的轿马。刘姥姥不敢过去，掸掸衣服，又教了板儿几句话，然后溜到角门前，只见几个挺胸叠肚、指手画脚的人坐在大门上，说东谈西的。刘姥姥只得蹭上来问："太爷们纳福。"

第三步，训练能力。

请用精练的动词分别描写人物、运动和劳动场面。

【资料】运用动词描写的人物、运动和劳动场面：

小姨将双袖向上一挽，裤脚也被卷到了大腿。她在小溪水里慢慢移动着，左脚轻轻地抬起一点，向前迈了一小步，右脚再慢慢拖向前，好像穿着千斤重的鞋。她把帽子扭了扭正，躬着背，低着头，眯着眼，双手做出捧东西的样子。这时，她停下脚步，不再东张西望，对着右边的一个地方目不转睛，猛然把手向水中一扎，将一条小鱼捧在手中了。

百米短跑运动员已来到了起跑地点，他们各自都在做准备活动，我仔细观察着我们班的短跑猛将423号运动员，她先双手叉腰，右脚后根抬起，脚尖着地用力转自己的脚腕，她又用同样的方法活动了右脚腕。紧接着她又原地高抬腿跑步。最后，她前腿弓后腿绷双手按住膝盖，活动膝关节。"各运动员做准备"，423号运动员马上来到自己的起跑地点，身子成蹲姿前曲，左脚尖顶住起跑线右膝盖着地，双手四指并拢，拇指叉开在腿的两侧压住起跑线。这时发令员高喊"各就各位"，机灵的423号运动员立刻抬起臀部，两腿伸直，身子成弓形。随着"砰"的一声枪响423号运动员像离弦的箭冲向前方。

教室里，同学们干得热火朝天，每个人都认真地劳动着。扫地的同学猫着腰，细心地扫着，不放过每一个小纸片儿；擦桌椅的同学拿着抹布，擦去桌边蹬腿上的每一块儿污渍；擦黑板的同学把抹布抖干净，一下一下地擦着黑板，一点粉笔印都没留下。

17 美文美读体美意，佳作佳诵入佳境

——《瀑布》的语文资源开发与训练设计

经典推荐

《瀑布》是我国著名的教育大师叶圣陶的一首短诗。

《瀑布》是语文S版小学《语文》三年级下册课文、语文A版小学《语文》二年级下册课文、西师版小学《语文》三年级上册课文、人教版小学《语文》三年级上册课文、沪教版小学《语文》三年级下册课文、新世纪小学语文实验教材北师大版小学《语文》二年级下册课文。

叶圣陶从近处对庐山瀑布进行描写，由于体裁为新体诗，显得自由活泼，画面幽静迷人。《瀑布》主要是从声、形、色三方面生动刻画出瀑布恢弘的气势、柔美的景致。

《瀑布》是一首小诗，其语言的文学性强，很精美。这篇课文既能让人感受到大自然的神奇之美，又能让人感受到语言表达的优美。

经典呈现

瀑　布

叶圣陶

还没看见瀑布，
先听见瀑布的声音，
好像叠叠的浪涌上岸滩，
又像阵阵的风吹过松林。

山路忽然一转，
啊！望见了瀑布的全身！
这般景象没法比喻，
千丈青山衬着一道白银。

站在瀑布脚下仰望，
好伟大呀，一座珍珠的屏！
时时来一阵风，
把它吹得如烟，如雾，如尘。

资源开发

《瀑布》是一篇文质兼美的课文，是叶圣陶先生的作品。这首诗语言简练，韵味十足，比喻生动，词句贴切，描绘了瀑布的雄伟壮丽，抒发了作者对大自然的热爱之情。由于诗词在表达上极其凝练、丰厚，如果用传统的教学方法授课，不容易引起学生在情感上的共鸣。利用多媒体，集图、文、声、像于一体，将它丰富的表现力、快速的信息传递、充分的资源共享性等优势整合语文教学，有利于学生获得直观丰富的欣赏角度，有利于学生自主阅读。我们更要从课文中悟出“语文之道”，开发《瀑布》的语文教育资源。那么，《瀑布》可以是语文课程中哪些语文知识与能力点位的例子呢?

1.《瀑布》是“在朗读中感受诗歌意境”的例子，如“好伟大呀，一座珍珠的屏”。

2.《瀑布》是“比喻修辞”的例子，如“像叠叠的浪涌上岸滩，又像阵阵的风吹过松林”等句。

3.《瀑布》是“用词准确”的例子，如一个“啊”加上感叹，把令人惊喜的感情表达得淋漓尽致。“一座珍珠的屏”，一个“屏”字再加上“珍珠”两字使一座晶莹透明，酷似珍珠，在阳光下熠熠闪耀的壮观瀑布跃然纸上。最后的“如烟，如雾，如尘”更是把风中的瀑布写得白茫茫、轻飘飘的一片。

4.《瀑布》是“叠词运用”的例子，如“叠叠的”“阵阵的”。

5.《瀑布》是“表达思路训练”的例子，如“还没”“望见”“仰望”。

6.《瀑布》是“抓住事物特征进行描写”的例子，如瀑布的形状——千丈青山衬着一道白银，一座珍珠的屏；瀑布的声音——好像叠叠的浪涌上岸滩，又像阵阵的风吹过松林。

7.《瀑布》是“移步换景”的例子，如远听——还没看见瀑布，先听见瀑布的声音；远望瀑布的全身——千丈青山衬着一道白银；仰望——一座珍珠的屏！时时来一阵风，把它吹得如烟，如雾，如尘。

8.《瀑布》是“朗读训练”的例子，如反复朗读可以体会诗歌的节奏美、音韵美。

9.《瀑布》是“比较阅读”的例子，与《望庐山瀑布》进行对照描写，远近特点鲜明。

10.《瀑布》是“精彩语句积累”的例子，如“好像叠叠的浪涌上岸滩”“千丈青山衬着一道白银”“一座珍珠的屏”“又像阵阵的风吹过松林”“时时来一阵风，把它吹得如烟，如雾，如尘”等。

11.《瀑布》是“在阅读中体会语言文字之美”的例子，如“好像叠叠的浪涌上岸滩”“千丈青山衬着一道白银”“一座珍珠的屏”“又像阵阵的风吹过松林”“时时来一阵风，把它吹得如烟，如雾，如尘”等。

12.《瀑布》是“笔画较多的汉字书写教学”的例子，如“瀑”“叠”“滩”“喻”。

13.《瀑布》是“经典诗文积累”的例子，要求学生能背诵、运用它。

点位论证

在众多“可能”的教学点位中，我们应该教什么呢？我们应该用《瀑布》教学生“在朗读中感受诗歌意境”。理由如下：其一，本单元的训练重点是引导学生在朗读、背诵时体会诗的意境，强调学生独立认识一部分生字。本课以描写景物而见长，比喻手法的运用尤具特色。其二，“在朗读中感受诗歌意境”是《瀑布》的一大特色。其三，瀑布的壮美是主要事项，是课文的主要内容，具有主导性。恰当比喻的运用是该诗歌的亮点。其四，《课标》对第二学段也提出了“注意在诵读过程中体验情感，展开想象，领悟诗文大意”的建议。其五，课后的思考和练习中，第一题要求朗读课文、背诵课文。第二题要求边读边想象瀑布美在哪里——声音美、远看美、近看美，由此可见，“感受诗歌意境 ”也是编者的意图和本课的重点。

训练设计

第一步，接触案例。

同学们，请读下面这篇文章，边读边想，文中景物美吗？

黄果树瀑布

黄果树瀑布，真是一部大自然的杰作！

刚进入黄果树风景区，我们便听到“哗哗”的声音从远处飘来，就像是微风拂过树梢，渐近渐响，最后像潮水般涌上来，盖过了人喧马嘶，天地间就只存下一片喧嚣的水声了。

透过树的缝隙，便看到一道瀑布悬挂在岩壁上，上面折为三叠，好像一匹宽幅白练正从织布机上泻下来。那“哗哗”的水声便成了千万架织布机的大合奏。

瀑布激起的水花，如雨雾般腾空而上，随风飘飞，漫天浮游，高达数百米，落在瀑布右侧的黄果树小镇上，形成了远近闻名的“银雨洒金街”的奇景。

黄果树瀑布泻落在一片群山环抱的谷地里。我们自西面顺着石阶往下走，一直来到谷底。坐在水边一块岩石上，离那道瀑布近得很，中间只隔着一口小小的绿潭，仿佛一伸手便可以撩过来洗洗脸。瀑布泻入谷底溅起的水珠直洒到我们的脸上，凉丝丝的，舒服极了。

黄果树瀑布虽不如庐山瀑布那样长，但远比它宽，所以显得气势非凡，雄伟壮观。瀑布从岩壁上直泻下来，如雷声轰鸣，山回谷应。坐在下面，仿佛置身于一个圆形的乐池里。四周乐声奏鸣，人就像漂浮在一片声浪之中，每个细胞都灌满了活力。

我们久久地坐着，任凉丝丝的飞珠扑上火热的脸庞，打湿薄薄的衣衫。聆听着訇然作响的瀑布声，只觉得胸膛在扩展，就像张开的山谷，让瀑布飞流直下，挟来大自然无限的生机。

离开潭边，我们循着石径登上溪旁的一个平台。绿树掩映间，有一座徐霞客的塑像。他遥对瀑布，仿佛在凝神谛听远处的瀑布声。他完全沉醉了。此时此刻的我们，也完全沉醉了。

再请读下面这首诗，与本文对照。

望庐山瀑布

〔唐〕 李白

日照香炉生紫烟，遥看瀑布挂前川。
飞流直下三千尺，疑是银河落九天。

第二步，探究规律。

以语文S版《语文》教材课后思考题为例：上首诗与本文有什么不同？

1. 两首诗都写瀑布，《望庐山瀑布》与本文却有不同的写法（完成课后第二题）。边读边想，瀑布美在哪里？瀑布的声音美……（声）远看瀑布美……（形）近看瀑布美……（色）

2. 朗读时感情色彩不同：《望庐山瀑布》是唐代诗仙李白脍炙人口的佳作。作者以质朴的语言和夸张的手法，生动地勾画出香炉峰瀑布在阳光照耀下飞奔直下的动人情景，表现了他对祖国河山的深切热爱。把瀑布的流势之速、声响之洪、气势之磅礴、色泽之鲜明完全地呈现在读者面前。全诗气势雄伟壮阔，格调豪放明快，可谓古今之绝唱。《瀑布》是新体诗，显得自由活泼。诗的开端先写未见其形先闻其声，那瀑布的声音“好像叠叠的浪涌上岸滩，又好像阵阵的风吹过松林”。这声音给人以昂扬振奋、心旷神怡的感觉。听到它，怎不令人急于目睹其形！接着诗人笔锋一转，“啊！望见了瀑布的全身！”望见了，这又是何等的兴奋，诗人却无法比喻“这般景象”，只觉得“千丈青山衬着一道白银”。诗人对瀑布的爱慕之情油然而生。望见了，还没来得及细致地欣赏，这是诗人初见瀑布的感受。乃至“站在瀑布脚下仰望”，这才饱览无余，“好伟大呀，一座珍珠的屏！”诗人的情感进一步升发开去，由衷地发出慨叹。看看吧！这，就是瀑布。多壮观呀！然而，诗人由激昂兴奋又回到情意缠绵。这是因为“时时来一阵风，把它吹得如烟，如雾，如尘”。多优美、多惬意呀！这种境界又是多么令人心情舒畅、流连忘返。

本课重点是培养学生正确、流利、有感情地朗读课文，在朗读中感受诗歌的韵律美，体会瀑布的雄伟、壮观。

在朗读中感受意境，我们还能举出例子来吗？

【资料】景物描写：帮助大家在朗读中感受意境。

五彩池（节选）

那是个晴朗的日子，我乘汽车来到藏龙山，只见漫山遍野都是大大小小的水池。无数的水池在灿烂的阳光下，闪耀着各种不同颜色的光辉，好像是铺展着的巨幅地毯上的宝石。水池大的面积不足一亩，水深不过一丈；小的像个菜碟，水很浅，用小拇指就能触到池底。池边是金黄色的石粉凝成的，像一圈圈彩带，把大大小小的水池围成各种不同的形状，有像葫芦的，有像镰刀的，有像盘子的，有像莲花的……

更使我惊奇的是，所有的池水来自同一条溪流，溪水流到各个水池里，颜色却不同了。有些水池的水还不止一种颜色，上层是咖啡色的，下层却成了柠檬黄；左半边是天蓝色的，右半边却成了橄榄绿。可是把水舀起来看，又跟普通的清水一个样，什么颜色也没有。

明明是清水，为什么在水池里会显出不同的颜色来呢？原来池底长着许多石笋，有的像起伏的丘陵，有的像险峻的山峰，有的像矗立的宝塔，有的像成簇的珊瑚。石笋表面凝结着一层细腻的透明的石粉。阳光透过池水射到池底，石笋就像高低不平的折光镜，把阳光折射成各种不同的色彩。水池周围的树木花草长得很茂盛，五光十色的倒影使池水更加瑰丽。

朗读上面这段文字，你能从中感受到些什么？

第三步，训练能力。

1. 还没有看见瀑布，先听到了瀑布的声音，然后远远地看到青山衬着一道白银，站在瀑布脚下，一座珍珠的屏，不但叶圣陶被这美景陶醉，我们也被陶醉了，让我们带着陶醉的情感一起读读《瀑布》这首小诗，能背诵的可以不看书。朗读后，把你喜欢的段落背下来。

2. 朗读下面诗句，感受意境美，说说自己对诗文的理解。

（1）春色满园关不住，一枝红杏出墙来。——叶绍翁

（2）日出江花红胜火，春来江水绿如蓝。——白居易

（3）不知细叶谁裁出，二月春风似剪刀。——贺知章

【参考答案】

（1）柴门虽然不开，满园春色却难以关住，你看一枝红杏探出墙头，不正在向人们炫耀着春天的美丽吗？“关不住”“出墙来”，简单的几个字，写出的不仅仅是园中美丽的春色，还写出了春天的勃勃生机，写出了一片春意盎然。作者的心灵已经被这动人的早春景色完全占满了！

（2）“日出江花红胜火”一句刻画在初日映照下的江畔春花，红得胜过火焰，表现出了春天花卉的生机勃勃之态，使人感到江南春色浓艳、热烈之美。“春来江水绿如蓝”一句写春水荡漾，碧波千里，诗人夸张地形容它比蓝草还要绿，这深浓的碧绿色，与上句“日出江花”的火红色相映照，更加绚丽夺目。

需要注意的是“绿如蓝”中的“蓝”不是蓝色，是一种植物染料——蓝草，它是做青绿色的染料的。

（3）不知这绿叶是谁剪裁出，原来是二月的春风在细细剪裁。二月的春风被诗人比作一把剪刀，细细地剪裁出那些嫩绿的柳叶。

3. 请读下面诗文，完成练习。

小小的船

叶圣陶

弯弯的月儿小小的船，
小小的船儿两头尖，
我在小小的船里坐，
只看见闪闪的星星蓝蓝的天。

(1) 朗读。
(2) 用自己的话描述你想象到的美景。
(3) 自己动手画一画你想象到的画面。

18 人物形象要突出，外貌描写显奇功

——《少年闰土》的语文资源开发与训练设计

经典推荐

《少年闰土》出自中国近现代最伟大的文学家、思想家和革命家，也是世界著名作家之一——鲁迅的笔下。课文节选自鲁迅的短篇小说《故乡》，通过“我”对少年闰土的回忆，刻画了一个机智勇敢、聪明能干、知识丰富、见多识广的农村少年形象，表达了“我”与闰土的友谊以及对他的怀念之情。

《少年闰土》是人教版课标本小学《语文》第十一册课文、语文S版小学《语文》第十册课文、人教版小学《语文》第九册课文、语文A版小学《语文》第十二册课文、浙教版小学《语文》第十一册课文、鄂教版小学《语文》第十二册课文、西师版小学《语文》第九册课文、冀教版小学《语文》第十册课文。

《少年闰土》这篇文章既能让人们了解少年闰土的美好形象，又能让人们感受到运用外貌、语言、行动描写来刻画人物个性特征的妙处。

经典呈现

少年闰土（节选）

深蓝的天空中挂着一轮金黄的圆月，下面是海边的沙地，都种着一望无际的碧绿的西瓜。其间有一个十一二岁的少年，项带银圈，手捏一柄钢叉，向一匹猹用力地刺去。那猹却将身一扭，反从他的胯下逃走了。

……

我于是日日盼望新年，新年到，闰土也就到了。好容易到了年末，有一日，母亲告诉我，闰土来了，我便飞跑地去看。他正在厨房里，紫色的圆脸，头戴一顶小毡帽，颈上套一个明晃晃的银项圈，这可见他的父亲十分爱他，怕他死去，所以在神佛面前许下愿心，用圈子将他套住了。他见人很怕羞，只是不怕我，没有旁人的时候，便和我说话，于是不到半日，我们便熟识了。

我们那时候不知道谈些什么，只记得闰土很高兴，说是上城之后，见了许多没有见过的东西。

第二日，我便要他捕鸟。他说："这不能。须大雪下了才好。我们沙地上，下了雪，我扫出一块空地来，用短棒支起一个大竹匾，撒下秕谷，看鸟雀来吃时，我远远地将缚在棒上的绳子只一拉，那鸟雀就罩在竹匾下了。什么都有：稻鸡，角鸡，鹁鸪，蓝背……"

我于是又很盼望下雪。

闰土又对我说："现在太冷，你夏天到我们这里来。我们日里到海边捡贝壳去，红的绿的都有，鬼见怕也有，观音手也有。晚上我和爹管西瓜去，你也去。"

"管贼吗？"

"不是。走路的人口渴了摘一个瓜吃，我们这里是不算偷的。要管的是獾猪，刺猬，猹。月亮地下，你听，啦啦地响了，猹在咬瓜了。你便捏了胡叉，轻轻地走去……”

我那时并不知道这所谓的猹是怎么一件东西——便是现在也没有知道——只是无端地觉得状如小狗而很凶猛。

“它不咬人吗？”

“有胡叉呢。走到了，看见猹了，你便刺。这畜生很伶俐，倒向你奔来，反从胯下窜了。它的皮毛是油一般的滑……”

我素不知道天下有这许多新鲜事：海边有如许五色的贝壳；西瓜有这样危险的经历，我先前单知道它在水果店里出卖罢了。

“我们沙地里，潮汛要来的时候，就有许多跳鱼儿只是跳，都有青蛙似的两只脚……”

啊！闰土的心里有无穷无尽的希奇的事，都是我往常的朋友所不知道的。他们不知道一些事，闰土在海边时，他们都和我一样只看见院子里高墙上的四角的天空。

可惜正月过去了，闰土须回家里去。我急得大哭，他也躲到厨房里，哭着不肯出门，但终于被他父亲带走了。他后来还托他的父亲带给我一包贝壳和几支很好看的鸟毛，我也曾送他一两次东西，但从此没有再见面。

资源开发

《少年闰土》通过“我”对少年闰土的回忆，刻画了一个机智勇敢、聪明能干、知识丰富、见多识广的农村少年形象，表达了“我”与闰土的友谊以及对他的怀念之情。我们从文中认识了一个惹人喜爱的少年闰土，感受到了作者对他的深厚情谊。我们更要从课文中悟出“语文之道”，开发《少年闰土》的语文教育资源。那么，《少年闰土》可以是语文课程中哪些语文知识与能力点位的例子呢？

1.《少年闰土》是“指导用普通话正确、流利、有感情地朗读课文”的例子，如该文第一自然段，描写画面清新、色彩鲜明，用词讲究。

2.《少年闰土》是“指导分角色朗读”的例子，如该文的第六到十三自然段，“我”问闰土答，对话中我们分明可以感受得到“我”多么崇拜闰土，闰土又是怎样的聪明能干、知识丰富。

3.《少年闰土》是“选材训练”的例子，如该文“我”和闰土的故事应该有很多，而只选择了雪天捕鸟、夏日拾贝、月夜刺猹、潮汛看鱼四个很有表现力的事例。

4.《少年闰土》是“外貌描写”的例子，如该文第四自然段，“我”初见闰土时的外貌描写，把一个健康、经常劳作的江南海边的少年形象刻画得准确到位。

5.《少年闰土》是“动作描写”的例子，如该文第六自然段——雪地捕鸟，动词的连用为我们塑造了一个聪明能干的少年闰土。

6.《少年闰土》是“以景烘托人物形象”的例子，如该文第一自然段，在“蓝天”与“碧绿”的西瓜地之间，勾画出一轮“金黄”的圆月，作者生动地描绘了“蓝”“绿”“黄”三色交相辉映的一幅彩图，对描写勇敢、机智的少年的出场起了烘托作用。

7.《少年闰土》是“营造气氛，设下悬念”的例子，如该文开头营造一种气氛，留下悬念：这十一二岁的少年是谁？家住在何处？“我”怎样和他相识的？他为什么见识那么广？吸引读者迫不及待地把故事读完。

8.《少年闰土》是“埋下伏笔，照应后文”的例子，如该文开头细致描写，表明了闰土是个海边长大的农村孩子，见多识广、知识丰富，他的生活经历是“只看见院子高墙上的四角的天空”的“我”闻所未闻的。这为后文闰土丰富的农村生活经验，知道无穷无尽的希奇事埋下了伏笔。文章前后照应，结构严谨，给人以深刻的印象。

9.《少年闰土》是“省略号运用”的例子，如闰土捕的鸟有很多种，不可能一一交代，就用了省略号。

10.《少年闰土》是“倒叙”的例子，如该文先交代“我”印象最为深刻的事——月夜刺猹，再按顺序写“我”和闰土相识、相伴、离别的过程。

11.《少年闰土》是“该用顿号而用逗号”的例子，如该文“什么都有：稻鸡，角鸡，鹁鸪，蓝背……”和“要管的是獾猪，刺猬，猹”两句，因为是闰土边想边说的所以用逗号。

12.《少年闰土》是“事例详略安排”的例子，如该文选择了雪天捕鸟、夏日拾贝、月夜刺猹、潮汛看鱼四个很有表现力的事例，依据“我”感兴趣的程度，在安排上有详有略。

13.《少年闰土》是“同一字语境不同意义不同”的例子，如：“正月里供祖像，供品很多，祭器也很讲究，拜的人也很多，祭器也很要防偷去”和“走路的人渴了，摘一个瓜吃，我们这里是不算偷的”两句中的一个“偷”字反映的是两种心态。第一句中的“偷”字，展现的是“有钱人家”的一种心态。在旧社会，“有钱人家”担心供品和祭器被偷走，显示出对带着诚意“拜的人”的多余的担心，而这正道出了他们心灵深处的委琐与丑恶。第二句中的“偷”字，展现了农民的一种心态，摘个瓜吃，算不上偷，说明了当地农民心胸开阔、纯朴，极富同情心。

14.《少年闰土》是“古今汉语用词不同”的例子，如该文中的“项带银圈”用“带”而不用“戴”，正表现了古今汉语语汇书面形式的不同。在古代汉语书面语语汇里，作为动词使用的“戴”和“带”，其词义和用法都有明显的不同。“戴”的主要意义是“加在头上或用头顶着”，如“披星戴月”；“带”的主要意义是“佩带、佩挂”，“带”表示的动作具有装饰的意味和某种特殊的含义。“项带银圈”的“带”义同“佩带”，闰土的父亲给儿子套上一个银项圈，不是为了实用，而是为了祈求神明保佑儿子长命百岁，也带有装饰意味和特殊的含义，所以用“带”。

15.《少年闰土》是“双破折号使用”的例子，如“我那时不知道这所谓的猹是怎么一件东西——即使现在也无法知道——只是无端地觉得犹如小狗而很凶猛”，就运用了双破折号。

16.《少年闰土》是“分号运用”的例子，如该文第三自然段的第一句。

17.《少年闰土》是“冒号运用”的例子，如“什么都有：稻鸡，角鸡，鹁鸪，蓝背……”列举诸多事物之前就可用冒号。

点位论证

在众多“可能”的教学点位中，我们应该教什么呢？我们应该用《少年闰土》教学生“学习外貌描写，突出人物形象”。理由如下：其一，“学习外貌描写，突出人物形象”是关于语文的知识能力，而且是开发学生语言智慧的方式。其二，“学习外貌描写，突出人物形象”是作者展示人物形象的重要手段。其三，“学习外貌描写，突出人物形象”是《课标》第三学段就阅读教学提出的要求，要能体会作者的思想感情，初步领悟文章基本的表达方法。而本文表现人物的重要手法是外貌描写。其四，课文所在单元目标指出：学习本单元课文，注意把握文章的主要内容，想想名家是怎样叙述故事、刻画人物的。其五，本课课后有这样一个练习：试着学习课文抓住人物特点的写法，写写身边的一个小伙伴。由此可见，“学习外貌描写，突出人物形象”也是编者的意图和本课的重点。

训练设计

第一步，接触案例。

1. 教师引导学生找出课文中描写少年闰土外貌的句子：“他正在厨房里，紫色的圆脸，头戴一顶小毡帽，颈上套一个明晃晃的银项圈。”读一读，然后进行讨论：“你觉得从这段对少年闰土的外貌描写中，可看出少年闰土是一个什么样的人?”

2. 教师再点拨学生，懂得我们对少年闰土的形象身份的认识和概括都是从少年闰土的外貌描写中体会出来的，说明外貌描写能让读者准确地认识人物。

3. 教师提问：“课文中没有写出我的外貌，那么你能根据‘我’当时的年龄和身份想象出我的外貌吗?”

4. 要求根据刚才的讨论，有条理地口述出“我”的外貌特征。

第二步，探究规律。

外貌描写：一定要抓住身份和性格的特点。

【资料】关于“外貌描写，突出人物形象”的名家经典案例：

1. 鲁迅笔下的杨二嫂：一个凸颧骨，薄嘴唇，50岁上下的女人站在我面前，两手搭在髀间，没有系裙，张着两脚，正像一个画图仪器里细脚伶仃的圆规。

2. 朱自清笔下的爸爸：我看见他戴着黑布小帽，穿着黑布大马褂，深青布棉袍，蹒跚地走到铁道边，慢慢探身下去，尚不大难。可是他穿过铁道，要爬上那边月台，就不容易了。

第三步，训练能力。

1. 选一位你身边的老师或同学进行观察，描写他（她）的外貌。[文中不能出现人物的姓名。写好后让同桌读读并猜猜他（她）是谁。]

【资料】班里的一个小男孩：

在我们班里有这样一个小男孩，他个子不高，身体就像一棵小树，四肢就像刚长出的小树枝。他瘦瘦的身体却撑着一个大大的脑袋，真让人担心弱小的身体能撑得住吗？他的脸白白的，最引人注目的要属他那双水汪汪的大眼睛了，瞪得圆圆的，有时候真能让人想起西游记中孙悟空的火眼金睛。人们都说：“眼睛是心灵的窗户。”他那大大的脑袋中装满了丰富的知识，让人羡慕。

他还有一张灵巧的小嘴，红红的，唱出来的歌非常动听呢！大家了解他了吧？想知道他是谁吗？

2.（1）猜一猜：教师出示资料，请一部分同学任意选择一张图片，用2~3句话描述人物外貌特征，另一部分同学猜测其姓名。

（2）说一说：请说出生活中给自己留下深刻印象的人的外貌。

（3）读一读：请朗读下面几例经典的外貌描写，并且总结外貌描写的方法。

最使我难忘的，是我小学时候的语文老师，女教师，蔡芸芝先生。现在回想起来，她那时有十八九岁，右嘴角边有榆钱大小一块黑痣，在我的记忆里，她是一个温柔和美丽的人。

我看见他戴着黑布小帽，穿着黑布大褂，深青布棉袍，蹒跚地走到铁道边，慢慢探下身。

他的面孔黄里带白，瘦得叫人担心，好像大病新愈的人，但是精神很好，没有一点颓唐的样子。头发约莫一寸长，显然好久没剪了，却一根根精神抖擞地直竖着。胡须很打眼，好像浓墨写的隶体“一”字。

（4）写作训练：

片段训练作业：

回家好好地观察一下自己的父亲或者母亲，做一次外貌描写，然后向父亲母亲讨一张他们结婚时或年轻时的照片，再做一次外貌描写，将两次描写加以比较，写一篇随感，题目自拟。

成篇训练作业：

自拟一个题目或参考下面题目，结合提示写一篇写人文章，600字以上。

A. 我的自画像　B. 同桌　C. 爷爷的照片。D. 老师的眼睛

【资料】我的爸爸：

我的爸爸是一幽默的人。我的爸爸身材矮小，瘦瘦的，白白的皮肤，黑黑的头发，那一头自来卷儿的“大波浪”发型，谁见了都会以为他是在理发店烫的。他的同事们都说他是缩小了的费翔，我也这样认为。他是搞美术的，是中南五省小有名气的装帧艺术家，他的个人画展得到过很多知名人士的好评。他又是个顶顶滑稽的人，特别爱开玩笑，我不知道是不是所有搞艺术的人都非常幽默，反正我觉得我爸爸身上充满了幽默细胞。不管他上班有多忙多累，只要一进家门，确切地说，只要一见到我，他就立刻眉开眼笑，我也跟着手舞足蹈起来。

3. 模仿描写闰土外貌的写作方法，用一段话描写你身边一个人的外貌，写在作文练习本上。

19 借物喻人显智慧，体会表达正品格

——《落花生》的语文资源开发与训练设计

经典推荐

《落花生》是我国现代著名作家、学者许地山的散文名篇，以其淳厚朴实的风格著称。他真实地记录了作者小时候的一次家庭活动和从此次活动中所受到的教育。

《落花生》是人教版课标实验教材《语文》五年级上册课文。北师大版、浙教版、长春版均选入了此文。课文着重讲了一家人过花生收获节的情况，通过谈论花生的好处，借物喻人，揭示了花生不图虚名、默默奉献的品格，说明人要做有用的人，不要做只讲体面而对别人没有好处的人。表达了作者不为名利，只求有益于社会的人生理想和价值观。他能使孩子从落花生的品格中受到严格的人格和价值观教育，使孩子终身受益。

《落花生》在语言表达上颇具匠心：其一，语言浅显平实，简明精当，却旨趣深远，寓理于物；其二，布局详略得当，主次分明。因原文的行文不便于小学生读懂和理解，所以在选入课文时做了“翻译式”的改动。修改后的课文更显得简单易懂，学生对课文字面意思的理解不会有什么困难。

经典呈现

落花生

我们家的后园有半亩空地。母亲说："让它荒着怪可惜的，你们那么爱吃花生，就开辟出来种花生吧。"我们姐弟几个都很高兴，买种，翻地，播种，浇水，没过几个月，居然收获了。

母亲说："今晚我们过一个收获节，请你们的父亲也来尝尝我们的新花生，好不好？"母亲把花生做成了好几样食品，还吩咐就在后园的茅亭里过这个节。

那天晚上天色不大好。可是父亲也来了，实在很难得。

父亲说："你们爱吃花生吗？"

我们争着答应："爱！"

"谁能把花生的好处说出来？"

姐姐说："花生的味儿美。"

哥哥说："花生可以榨油。"

我说："花生的价钱便宜，谁都可以买来吃，都喜欢吃。这就是它的好处。"

父亲说："花生的好处很多，有一样最可贵：它的果实埋在地里，不像桃子、石榴、苹果那样，把鲜红嫩绿的果实高高地挂在枝头上，使人一见就生爱慕之心。你们看它矮矮地长在地上，等到成熟了，也不能立刻分辨出来它有没有果实，必须挖起来才知道。"

我们都说是，母亲也点点头。

父亲接下去说："所以你们要像花生，它虽然不好看，可是很有用。"

我说："那么，人要做有用的人，不要做只讲体面，而对别人没有好处的人。"

父亲说："对。这是我对你们的希望。"

我们谈到深夜才散。花生做的食品都吃完了，父亲的话却深深地印在我的心上。

资源开发

《落花生》说明了一个“自然之道”：写了收获花生的整个过程，即种花生、收花生、吃花生、议花生。其中，议花生是课文的重点部分。我们从文中悟出了一个“人生之道”：作者通过花生的特点，赞美了默默奉献、不图虚名的品格。我们更要从课文中悟出“语文之道”，开发《落花生》的语文教育资源。那么，《落花生》可以是语文课程中哪些语文知识与能力点位的例子呢？

1. 《落花生》是“寓理于物，借物喻人”的例子，如作者为孩子的人格引导找到了一个特别具有代表性的物，即落花生，通过落花生的果实深埋在地下的特点体会到它默默奉献、不图虚名的品格并教育孩子们要像落花生一样，做有用的人，不要做只讲体面而对别人没有好处的人。

2. 《落花生》是“布局详略得当，主次分明”的例子，如该文把种花生、收花生、吃花生写得很简略，把议花生作为重点来写，主次分明，突出了花生不图虚名、默默奉献的品格，说明人要做有用的人，不要做只讲体面而对别人没有好处的人。

3. 《落花生》是“通过人物语言刻画课文内容”的例子，如该文从第一自然段开始就大量地描写人物的对话，通过一个场景的刻画深刻地展示了课文的内容。

4. 《落花生》是“引号运用”的例子，如该文在整个人物对话中，采用了直接引用的方法，合理地运用了引号。

5. 《落花生》是“省略主语”的例子，如该文第六自然段父亲的话就把“父亲说”这三个字省略了，但通过上下文的联系，能很清晰地知道是父亲说的，这样就避免了语句的单调，展现了语言魅力。

6.《落花生》是“举例对比方法训练”的例子，如“花生的好处很多，有一样最可贵：它的果实埋在地里，不像桃子、石榴、苹果那样，把鲜红嫩绿的果实高高地挂在枝头上，使人一见就生爱慕之心。你们看它矮矮地长在地上，等到成熟了，也不能立刻分辨出来它有没有果实，必须挖起来才知道”。以桃子、石榴、苹果把果实高高地挂在枝头上和花生把果实埋在地里做了对比，从而赞美了花生默默奉献、不图虚名的品格。

7.《落花生》是“题文呼应”的例子，如该文的题目是“落花生”，让人一眼就知道写的内容不管是写自然生物也好，还是借物喻人也好，都会与花生有关。

8.《落花生》是“按照事情发展顺序写作”的例子，如该文写了收获花生的整个过程，即种花生、收花生、吃花生、议花生。

9.《落花生》是“语言浅显平实，简明精当”的例子，如该文语言简单平实，毫无技巧可言。但无技巧便是大技巧，使学生能够在通俗易懂的语言中感受到深刻的人生道理。

10.《落花生》是“角色朗读训练”的例子，如该文采用了大量的人物语言对话，可以通过分角色的朗读，体会文中人物的思想感情。

11.《落花生》是“运用谈话实录的方式记录一个场景或一件事情”的例子，如课文主要记叙了父亲和我们一起“议花生”的场景，通过对文中人物语言的描写，突出了文本要表达的中心思想。可以通过记录一个谈话场景学写一段话，提高学生的语言描写能力。

点位论证

在众多“可能”的教学点位中，我们应该教什么呢？我们应该用《落花生》教“寓理于物，借物喻人”的写作方法。理由如下：其一，“寓理于物，借物喻人”是关于语文的知识与能力，开发学生语言写作智慧的方式。其二，“寓理于物，借物喻人”是《落花生》特有的，其他的语文知识与能力点位在其他课文也常遇到。其三，“寓理于物，借物喻人”是课文的主要内容，具有主导性，也是该文的一大亮点。其四，“寓理于物，借物喻人”必须要找准所借之物的特点，能引导人们对理、对人的优秀品质的认同，这就需要学生在平时的学习生活中要善于观察和思考，找到事物、事理以及人之间的共同点。其五，我们还可以迁移训练，举一反三，说说“生活中还有哪些如落花生一样默默奉献、不图虚名的人”，从而不仅对学生进行思想价值的引导，还培养学生在生活中积累素材的习惯。其六，《课标》也提出了“初步领悟文章基本的表达方法”的要求。其七，课后的思考和练习中，第二题要求把第十自然段背下来，再说说花生最可贵的是什么。第三题：“下面这两句话有什么含义，你是怎么体会到的？和同学说一说。”（1）你们要像花生，它虽然不好看，可是很有用。（2）那么，人要做有用的人，不要做只讲体面，而对别人没有好处的人。通过这两个句子的分析，体会父亲用花生的可贵品格去教育自己的子女也要像花生一样，具有默默奉献、不图虚名的品质。这也是编者的意图和本课的重点。

训练设计

第一步，接触案例。

同学们，请读下面一段文字，体会父亲的两次议论表达的意思。

父亲说：“花生的好处很多，有一样最可贵：它的果实埋在地里，不像桃子、石榴、苹果那样，把鲜红嫩绿的果实高高地挂在枝头上，使人一见就生爱慕之心。你们看它矮矮地长在地上，等到成熟了，也不能立刻分辨出来它有没有果实，必须挖起来才知道。”

我们都说是，母亲也点点头。

父亲接下去说：“所以你们要像花生，它虽然不好看，可是很有用。”

我说：“那么，人要做有用的人，不要做只讲体面，而对别人没有好处的人。”

父亲说：“对。这是我对你们的希望。”

第二步，探究规律。

父亲一共对花生做了两次议论，这两次议论有什么不同？

1. 兄妹们所说的花生的好处是显而易见的，父亲第一次议论指出的却是花生常常被人忽视的一个特点。（教师帮助学中抓住关键词语“埋在地里”“鲜红嫩绿”“高高地挂在枝头上”“矮矮地长在地上”等进行分析，体会花生默默无闻、朴实无华的特点）

不得不提出：花生的果实长在泥土里，桃子、石榴、苹果将果实挂在枝头，是不是花生故意钻进土里不让人知道，桃子、石榴、苹果故意炫耀自己？为什么？

为了避免学生产生桃子、石榴、苹果没有用处这样的歧义和只做“像花生这样的人”这种不够正确的理解，让学生明白在现代社会，既需要像落花生那样默默无闻、无私奉献的人，也需要像桃子、苹果那样外表美丽、敢于展现自我的人。要尊重学生人格，张扬学生个性，帮助学生树立正确的人生观和价值观。

2. 父亲的第二次议论，是借花生来教育孩子们做有用的人，不要做只讲体面，而对别人没有好处的人。

师生小结：父亲这是在借物喻人。

3. 文中“那么，人要做有用的人，不要做只讲体面，而对别人没有好处的人”这句话充分体现了作者对父亲的话的理解。

【资料】关于“借物喻人”的种种例子：

老师像一支蜡烛。“春蚕到死丝方尽，蜡炬成灰泪始干”这句话用在老师的身上再恰当不过了。他们呕心沥血，甘为人梯，清贫一生为的是什么？为的是给国家培养出更多具有高素质的优秀人才，老师们是一支不起眼的蜡烛，在关键时刻默默奉献的蜡烛，他们牺牲了自己宝贵的青春年华，为国家培养出一批批的栋梁之材。

在百花凋谢之时，唯有梅花生机勃勃，迎着漫天飞舞的雪花，傲然挺立在凛冽的寒风中。数九隆冬，地冻天寒，那傲雪而放的梅花，开得那么鲜丽。股股清香，沁人心脾。难道，这不正是我们的建筑工人么？他们无论严寒酷暑，无论刮风下雨，都在自己的工作岗位上认真地工作着。

牛很普通，但它也很伟大。年轻力壮的牛可以拉犁，奶牛可以产奶，牛皮可以做鞋，牛肉还可以吃。在乡间，随处可见牛的身影。牛把自己的一生奉献给了人们，却不求回报。没有人会注意一头牛的死去，更没有人会在它死去后，想起它曾为人们做过什么。牛就是这样，默默无闻地诞生在世上，又默默无闻地离去，却给人们留下了许多东西。它从不要求什么，只要有堆干草和一个牛棚就足够了。这默默无闻的牛让我想起了，生活中像它那样的人，种地的农民、工厂的工人、学校的老师，他们就像牛一样，默默无闻地工作，却不求回报。

第三步，训练能力。

1. 阅读短文，完成练习。

父亲说：“花生的好处很多，有一样（　　　　）：它的果实（　　　），不像桃子、石榴、苹果那样，把（　　　　）的果实（　　）地挂在枝头上，使人一见就生（　　　　）。你们看它（　　　　）地长在地上，等到成熟了，也不能（　　　）分辨出来它有没有果实，必须挖起来才知道。”

我们都说是，母亲也点点头。

父亲接下去说："所以你们要像花生，它虽然（　　　），可是（　　）。"

我说："那么，人要做（　　　　　），不要做（　　　），而（　　　）。"

（1）把文中的句子补充完整。

（2）理解父亲说的话。

①填空。

父亲把花生和________、________、________相比，说明花生没有____________，却具有____________。

②在正确的答案后打"√"。

A. 父亲不喜欢桃子、石榴、苹果的果实，认为它们比不上花生的果实好吃。（　　）

B. 父亲认为桃子、石榴、苹果只是外表好看，而没有实际用处。（　　）

C. 父亲认为花生不像桃子、石榴、苹果那样把新鲜、美丽的外表露在外面，即使成熟了，也无声无息，不急于表露，这种品格的确很可贵。（　　）

（3）父亲说："所以你们要像花生，它虽然不好看，可是很有用"是教育子女要学习花生的____的精神。

（4）作者在父亲的启发下，由落花生领悟到了做人的道理是人要做____________，不要做____________的人。

（5）用"要……不要……"造句。

【参考答案】

（1）最可贵　埋在地里　鲜红嫩绿　高高地　爱慕之心　矮矮地　立刻　不好看　很有用　有用的人　只讲体面　对别人没有好处的人

（2）①桃子　石榴　苹果　它们外在的美丽　内在的最可贵

之处（朴实无华、默默无闻）　②　C后打“√”

(3) 默默奉献，不图虚名

(4) 有用的人　只讲体面，而对别人没有好处的人

(5) 我要做坚强勇敢的人，不要做胆小怕事的人。

2. 生活中有许多平凡的人，他们就像花生一样默默无闻地做着贡献，说说你看到过的这样的人。

3. 作者由落花生领悟到了做人的道理，你从身边的事物中领悟到了什么？试着选择一种事物写一写。

20 学习语言的表达，矛盾手法见奇妙

——《草原》的语文资源开发与训练设计

经典推荐

《草原》一文是现代著名作家老舍先生的作品。记叙了老舍第一次访问内蒙古大草原时的所见、所闻、所感，字里行间浸润着浓郁的草原风情：一碧千里的草原风光，骑马迎客、把酒联欢、依依话别的动人情景，赞美了草原的美丽风光，表现了蒙古族同胞的纯朴善良、热情好客，以及蒙汉两族人民团结互助的深情厚谊。

《草原》是人教版小学《语文》五年级下册，北师大版小学《语文》四年级上册，苏教版小学《语文》六年级上册都选入的一篇课文。

《草原》是一篇参观访问记。这篇课文既能让人感受到辽阔草原的美丽风光，又能让人了解少数民族的风俗习惯，更能感受到作为“人民艺术家”老舍先生语言表达的优美。

草原（节选）

这次我看到了草原。那里的天比别处的天更可爱。空气是那

么清鲜，天空是那么明朗，使我总想高歌一曲，表示我满心的愉快。在天底下，一碧千里，而并不茫茫。四面都有小丘，平地是绿的，小丘也是绿的。羊群一会儿上了小丘，一会儿又下来，走到哪里都像给无边的绿毯绣上了白色的大花。那些小丘的线条是那么柔美，就像只用绿色渲染，不用墨线勾勒的中国画那样，到处翠色欲流，轻轻流入云际。这种境界，既使人惊叹，又叫人舒服；既愿久立四望，又想坐下低吟一首奇丽的小诗。在这境界里，连骏马和大牛都有时候静立不动，好像回味着草原的无限乐趣。

我们访问的是陈巴尔虎旗。汽车走了一百五十里，才到达目的地。一百五十里全是草原，再走一百五十里，也还是草原。草原上行车十分洒脱，只要方向不错，怎么走都可以。初入草原，听不见一点声音，也看不见什么东西，除了一些忽飞忽落的小鸟。走了许久，远远地望见了一条迂回的明如玻璃的带子。河！牛羊多起来，也看到了马群，隐隐有鞭子的轻响。快了，快到了。忽然，像被一阵风吹来的，远处的小丘上出现了一群马，马上的男女老少穿着各色的衣裳。群马疾驰，襟飘带舞，像一条彩虹向我们飞过来。这是主人来到几十里外欢迎远客。见到我们，主人们立刻拨转马头，欢呼着，飞驰着，在汽车左右与前面引路。静寂的草原热闹起来：欢呼声，车声，马蹄声，响成一片。车跟着马飞过小丘，看见了几座蒙古包。

蒙古包外，许多匹马，许多辆车。人很多，都是从几十里外乘马或坐车来看我们。主人们下了马，我们下了车。也不知道是谁的手，总是热乎乎地握着，握住不散。大家的语言不同，心可是一样。握手再握手，笑了再笑。你说你的，我说我的，总的意思是民族团结互助。

也不知怎的，就进了蒙古包。奶茶倒上了，奶豆腐摆上了，主客都盘腿坐下，谁都有礼貌，谁都又那么亲热，一点儿不拘束。不大会儿，好客的主人端进了大盘的手抓羊肉。干部向我们敬酒，七十岁的老翁向我们敬酒。我们回敬，主人再举杯，我们再回敬。这时候鄂温克姑娘们，戴着尖尖的帽子，既大方，又稍有点羞涩，来给客人们唱民歌。我们同行的歌手也赶紧唱起来。歌声似乎比什么语言都更响亮，都更感人，不管唱的是什么，听者总会露出会心的微笑。

饭后，小伙子们表演套马，摔跤，姑娘们表演民族舞蹈。客人们也舞的舞，唱的唱，并且要骑一骑蒙古马。太阳已经偏西，谁也不肯走。是呀！蒙汉情深何忍别，天涯碧草话斜阳！

资源开发

《草原》一文记叙了作者老舍先生第一次访问内蒙古草原看到的美丽景色以及受到蒙古族同胞热情欢迎的情景。这篇参观访问记既能让人感受到辽阔草原的美丽风光，又能让人了解少数民族的风俗习惯，更能感受到作为“人民艺术家”老舍先生语言表达的优美。学习参观访问记，我们不能停留在文字表面，走马观花，浮光掠影，仅被自然风光所吸引，而要潜心阅读，从课文中读出“语言之美”，悟出“语文之美”，开发《草原》的语文教育资源。那么，《草原》可以是语文课程中哪些语文知识与能力点位的例子呢？

1.《草原》一文是学习写“参观访问记”的例子。这篇访问记按地点转换的顺序写了访问的过程：初入草原→接近公社→蒙古包外→蒙古包里→告别草原。写了一碧千里的草原风光，骑马迎客的热情欢腾，把酒联欢的热闹深情，依依话别的动人场景，赞美了草原的美丽风光，表现了蒙古族同胞的纯朴善良、热情好客，以及蒙汉两族人民团结互助的深情厚谊。

2.《草原》一文是学习“比喻修辞方法”的例子，如：“羊群一会儿上了小丘，一会儿又下来，走到哪里都像给无边的绿毯绣上了白色的大花。”“那些小丘的线条是那么柔美，就像只用绿色渲染，不用墨线勾勒的中国画那样，到处翠色欲流，轻轻流入云际。”“走了许久，远远地望见了一条迂回的明如玻璃的带子。”

3.《草原》一文是学习“动静结合绘美景”的例子，如：首先，抓住色彩写静态，突出碧绿。作者先写草原的主色调——“一碧千里，而并不茫茫”；接着具体写出它绿得有层次——“平地是绿的，小丘也是绿的”；绿得浓烈——“到处翠色欲流”；充满了生机——“像无边的绿毯”，像“中国画”。在这万绿丛中还点缀着白色的羊群、明亮的河流、棕灰色的马群和各色的衣裳，真可谓五彩缤纷、美丽迷人，让人心旷神怡，激情满怀。其次，抓住声音写动态，突出热闹。初入草原，偶尔有“忽飞忽落的小鸟”声；接着“隐隐有鞭子的轻响”；后来“热闹起来：欢呼声，车声，马蹄声，响成一片”。这声音由低到高，由稀到密，使草原变静为动，为草原增添了生机与活力，也带来了欢乐。

4.《草原》一文是学习“观察顺序”的例子，如从天空到地面，按从上到下的顺序写。那里的天比别处的天更可爱。空气是那么清鲜，天空是那么明朗，使我总想高歌一曲，表示我满心的愉快。在天底下，一碧千里，而并不茫茫。

5.《草原》是学习“矛盾手法”的例子，如：（1）在天底下，一碧千里，而并不茫茫。（2）那些小丘的线条是那么柔美，就像只用绿色渲染，不用墨线勾勒的中国画那样，到处翠色欲流，轻轻流入云际。（3）这种境界，既使人惊叹，又叫人舒服；既愿久立四望，又想坐下低吟一首奇丽的小诗。（4）初入草原，听不见一点儿声音，也看不见什么东西，除了一些忽飞忽落的小鸟。

6.《草原》一文是学习“从不同的角度描写绿色”的例子，如“一碧千里”写出了绿的范围广，“翠色欲流”写出了绿的形态美。

7.《草原》一文是学习“前后照应”的例子，如“蒙汉情深何忍别，天涯碧草话斜阳”结尾这句诗照应全篇。结尾的“天涯碧草”与前文的“空气清鲜，天空明朗，草原辽阔，一碧千里”遥相呼应。于是“可爱”“愉快”“惊叹”“舒服”这种种感受油然而生，“景”与“情”融为一体，令人陶醉。而“蒙汉情深”“话斜阳”则与上文所写蒙古族牧民纵马疾驰、远道迎客、盛情款待、歌舞迎宾的内容相关联，同样具有照应之效。

8.《草原》一文是学习“对称句式”的例子，如：“空气是那么清鲜，天空是那么明朗。”“平地是绿的，小丘也是绿的。”“一百五十里全是草原，再走一百五十里，也还是草原。”“蒙古包外，许多匹马，许多辆车。”

9.《草原》一文是学习感叹号的例子，如：“走了许久，远远地望见了一条迂回的明如玻璃的带子。河！”“是呀！蒙汉情深何忍别，天涯碧草话斜阳！”

10.《草原》一文是学习抓住景物的特点具体描述的例子，如草原空气的清鲜，天空的明朗，草地的碧绿，蒙古族人民的热情好客，能歌善舞。

11.《草原》一文是“联系上下文，体会优美的语句”的例子，如：“那些小丘的线条是那么柔美，就像只用绿色渲染，不用墨线勾勒的中国画那样，到处翠色欲流，轻轻流入云际。”“马上的男女老少穿着各色的衣裳。群马疾驰，襟飘带舞，像一条彩虹向我们飞过来。”

12.《草原》一文是培养“想象能力”的例子，展开想象，具体体会“蒙汉情深何忍别，天涯碧草话斜阳”这两句诗所描绘的情景。

点位论证

在众多“可能”的教学点位中，我们应该教什么呢？对于五六年级学生我们能用《草原》教“矛盾手法见奇妙”。理由如下：其一，“矛盾手法”是老舍作品中的一种表现手法，在《草原》

一文中表现得特别突出，其余语文的知识与能力点位在其他课文中也常遇到。其二，老舍先生的“矛盾手法”既有观察描写的矛盾：“在天底下，一碧千里，而并不茫茫。那些小丘的线条是那么柔美，就像只用绿色渲染，不用墨线勾勒的中国画那样，到处翠色欲流，轻轻流入云际。”又有主观感受的矛盾：“这种境界，既使人惊叹，又叫人舒服；既使人愿久立四望，又叫人坐下低吟一首奇丽的小诗。”还有听觉、视觉方面的矛盾：“初入草原，听不见一点儿声音，也看不见什么东西，除了一些忽飞忽落的小鸟。”其三，学习表现手法的好处也是《课标》中对高段学生的要求。其四，从单元导读（把握课文主要内容，联系上下文，体会优美的语句和含义深刻的句子，想想这样写的好处）以及课后作业设计体会句子的表达特点，由此可见学习“矛盾手法”也是编者的意图和本课的重点。

训练设计

第一步，接触案例。

同学们，请认真读读下面这四句话。

1. 在天底下，一碧千里，而并不茫茫。

2. 那些小丘的线条是那么柔美，就像只用绿色渲染，不用墨线勾勒的中国画那样，到处翠色欲流，轻轻流入云际。

3. 这种境界，既使人惊叹，又叫人舒服；既使人愿久立四望，又使人想坐下低吟一首奇丽的小诗。

4. 初入草原，听不见一点儿声音，也看不见什么东西，除了一些忽飞忽落的小鸟。

第二步，探究规律。

上面这几句话有什么共同点？（看似矛盾，实际统一，有着独特的表达功能。）

老舍先生在文中故意将对立和排斥的描写巧妙地融入于一炉，使语言在简洁中见深刻、普通中见哲理，生动而鲜明地表达了复杂的思想感情，矛盾的表现手法很奇妙。

矛盾手法的例子我们还能列举出来吗？

【资料】矛盾手法运用举例：

1. 校园十分宁静，只有窗外的蝉鸣陪伴着我们默默地忙着。（语文S版《语文》四年级下册《萧山杨梅》）

2. 死去原知万事空，但悲不见九州同。（陆游《示儿》）

3. 教室里是多么安静，只听见钢笔在纸上沙沙地响。

4. 万事俱备，只欠东风。（成语）

5. 小山整把济南围了个圈，只是北边缺着点口儿。（老舍《济南的冬天》）

6. 钱不是万能的，但离了钱是万万不能的。

7. 艺术的最高技巧是无技巧。（巴金）

第三步，训练能力。

1. 阅读老舍先生《猫》的片段，赏析“矛盾手法”的奇妙。

我们家的大花猫性格实在古怪。说它老实吧，它有时的确很乖。它会找个暖和的地方，成天睡大觉，无忧无虑，什么事也不过问。可是，决定要出去玩玩，就会出走一天一夜，任凭谁怎么呼唤，它也不肯回来。说它贪玩吧，的确是啊，要不怎么会一天一夜不回家呢？可是它听到老鼠的一点儿响动，又多么尽职。它屏息凝视，一连就是几个钟头，非把老鼠等出来不可！

【参考答案】

猫的性格实在有些古怪：既老实又贪玩，既温柔又倔强，既贪玩又尽职，“什么都怕”，但又那么“勇猛”。这三个方面的表现，看起来好像是相互矛盾的，但却都是事实，所以说“猫的性格实在有些古怪。”细读课文，我们仿佛置身于作者家中，听他津津有味地介绍猫的脾气性格，那“古怪”“淘气”的猫如在眼前，于是，不知不觉中我们受到了作者情绪的感染，深深喜爱上他笔下的猫了。

2. 解说下面各句中矛盾的合理性。

（1）我国有世界上没有的万里长城。

（2）蜜蜂是渺小的，蜜蜂却又是多么高尚啊。（杨朔）

（3）死海不死。

（4）他是一位年轻的老领导。

（5）有的人活着，他已经死了；有的人死了，他还活着。（臧克家《有的人》）

3. 搜集有关“矛盾手法”的语句。

4. 模仿下面例句仿写。

（1）老师不是太阳，但是，他给我温暖、光明和力量，是我心中最美的太阳。

（2）世界上最快而又最慢、最长而又最短、最平凡而又最珍贵、最容易被忽视而又最令人后悔的就是时间。

21 关注词句悟表达，入情入境品“窃读”

——《窃读记》的语文资源开发与训练设计

经典推荐

《窃读记》节选自台湾地区著名作家林海音的同名作品。《窃读记》目前入选人教版《语文》五年级上册和语文 S 版《语文》六年级下册，也曾入选冀教版和北师大版的语文课本。

课文以“窃读”为线索，以放学后急匆匆地赶到书店，到晚上依依不舍离开的时间顺序和藏身于众多顾客、借雨天读书两个场景的插入，细腻生动地描绘了“窃读”的独特感受与复杂滋味，表现了“我”对读书的热爱和对知识的渴望。文章清丽平实，充分表现了林海音善于通过自语式的独白描绘心境，用细致入微的动作描写来表达自己感情的写作风格。文章充满着对读书的热爱，对求知的渴望，能使学生受到感染，激发他们的阅读兴趣。

经典呈现

窃读记

转过街角，看见饭店的招牌，闻见炒菜的香味，听见锅勺敲打的声音，我放慢了脚步。放学后急匆匆地赶到这里，目的地可不是饭店，而是紧邻它的一家书店。

我边走边想：“昨天读到什么地方了？那本书放在哪里？左角第三排，不错……”走到门口，便看见书店里仍像往日一样挤满了顾客。我可以安心了。但我又担忧那本书会不会卖光，因为一连几天都看见有人买，昨天好像只剩下一两本了。

我跨进店门，踮着脚尖，从大人的腋下钻过去。哟，把短头发弄乱了，没关系，我总算挤到里边来了。在一排排花花绿绿的书里，我的眼睛急切地寻找，却找不到那本书。从头来，再找一遍。啊！它在这里，原来不在昨天的地方了。

急忙打开书，一页，两页，我像一匹饿狼，贪婪地读着。我很快乐，也很惧怕——这种窃读的滋味！我害怕被书店老板发现，每当我觉得当时的环境已不适宜再读下去的时候，我会知趣地放下书走出去，再走进另一家。有时，一本书要到几家书店才能读完。

我喜欢到顾客多的书店，因为那样不会被人注意。进来看书的人虽然很多，但是像我这样常常光顾而从不购买的，恐怕没有。因此我要把自己隐藏起来。有时我会贴在一个大人的身边，仿佛我是他的小妹妹或小女儿。

最令人开心的是下雨天，越是倾盆大雨我越高兴，因为那时我便有充足的理由在书店待下去。就像在屋檐下躲雨，你总不好意思赶我走吧？我有时还要装着皱起眉头，不时望着街心，好像说：“这雨，害得我回不去了。”其实，我的心里却高兴地喊着：“大些！再大些！”

当饭店飘来一阵阵菜香时，我已饿得饥肠辘辘，那时我也不免要做白日梦：如果口袋里有钱该多好！去吃一碗热热的面条，回到这里时，已经有人给摆上一张沙发，坐上去舒舒服服地接着看。我的腿真酸哪，不得不交替着用一条腿支撑着，有时又靠在书柜旁，以求暂时的休息。

每当书店的日光灯忽然地亮了起来，我才发觉已经站在这里读了两个多钟头了。我合上书，咽了一口唾沫，好像把所有的智慧都吞下去了，然后才依依不舍地把书放回书架。

我低着头走出书店，脚站得有些麻木，我却浑身轻松。这时，我总会想起国文老师鼓励我们的话："记住，你们是吃饭长大的，也是读书长大的！"

资源开发

《窃读记》是一篇名家作品，品读课文，我们会随着这个怯怯地藏身于大人中间、匆忙而贪婪地阅读着的小女孩，体会到读书时腿酸腰麻、饥肠辘辘的劳苦，经历担忧、恐慌和惧怕的痛苦，体验惊喜、快乐与满足的幸福。这种精神上和身体上的复杂感受，正是窃读的百般滋味。《窃读记》能让爱书的人感同身受，受到感染。《窃读记》语言清新平实，还有自语式的独白和细腻的动作描写，是学生学语习文、激发读书热情的典范之作。

结合课程标准，解决本课的"教什么"，可以从以下方面来进行资源开发：

1.《窃读记》是"联系上下文和自己的积累，推想课文中相关词句的意思"的例子，如"窃"的本义是什么，什么是"窃读"等。重点词语有"贪婪""饥肠辘辘""白日梦"等。

2.《窃读记》是"梳理文章的脉络"的例子。本文是按时间顺序进行叙述的，放学后—跨进店门—急忙打开书—（藏身于众多顾客中，下雨天读书）—书店的灯亮起来—走出书店。

3.《窃读记》是"抓住主要内容，领悟表达方法"的例子。本文的表达方法是顺叙加插叙，作者按时间顺序写了作者到书店窃读的经过，穿插了"藏身于众多顾客中"和"下雨天读书"两个场景。

4.《窃读记》是"进行语言积累，品味描写动作和心理活动的语句"的例子，如用"啊！它在这里，原来不在昨天的地方了”来表达终于发现书并没有卖出去，又可以接着读的惊喜；“就像在屋檐下躲雨，你总不好意思赶我走吧”，利用“下雨天，留客天”这种理所当然的借口，自我安慰，在书店里开心地读下去，有几分童稚，还有几分诡谲。又如：“我跨进店门，踮起脚尖，从大人的腋下钻过去。哟，把短发弄乱了，没关系，我总算挤到里边了。”这其中一系列的动作描写，写出了书店的顾客之多，更表现了“我”对读书的如饥似渴。

5.《窃读记》是“入情入境地进行朗读训练”的例子。文章的语言朴实无华，生动感人。在教学的过程中可以引导学生朗读，通过采用各种各样的读来引导学生绘声绘色地朗读课文。用悟读、赏读、品读等形式引导学生入情入境地读出作者与书相逢的惊喜、匆忙窃读的快乐与惧怕、雨天读书的开心、与书相别的留恋与满足。

6.《窃读记》是“抓住中心句，体会思想感情”的例子。本文的中心句是“我很快乐，也很惧怕——这种窃读的滋味”，集中概括了“窃读”的感受和作者的感情。

7.《窃读记》是“联系上下文，结合生活实际，理解重点，含义深刻的句子”的例子，如“你们是吃饭长大的，也是读书长大的”这句说明了一个知识与智慧不断增长的人，才是真正健康成长的人，对学生颇具教育意义。

8.《窃读记》是“领悟对比描写手法”的例子，如：“我有时还要装着皱起眉头，不时望着街心，好像在说：‘这雨，害得我回不去了。’其实，我的心里却高兴地喊着：‘大些！再大些！’”通过发愁的表情和高兴的心情的对比，写出“我”为雨天能够有充足的理由读书而高兴无比。

9.《窃读记》是“根据表达需要，进行标点符号区别运用”的例子，如文中有两处描写作者心理活动的句子，“我边走边想：‘昨天读到什么地方了？那本书放在哪里？左角第三排，不错……’”“那时我也不免要做白日梦：如果口袋里有钱该多好！

去吃一碗热热的面条，回到这里时，已经有人给摆上了一张沙发，坐上去舒舒服服地接着看。”这两个句子，一处有引号，另一句没有引号，可以思考为什么这样用。

10.《窃读记》是“关注学生言语现象，让学生学‘语’习‘文’”的例子。学习文中的动作描写和心理描写方法，进行写作训练。

11.《窃读记》是“开展综合性学习”的例子，如人教版课文后面的综合性学习要求“搜集名人读书的故事或读书名言”，“找一本喜欢的书阅读，读书时作摘抄或填写阅读记录卡”等，培养学生收集资料的基本方法。

点位论证

在众多“可能”的教学点位中，我们最好教什么呢？我们最好用《窃读记》教“抓住主要内容，理解重点语句，认真体会文章的思想感情”。理由如下：

1. 课程标准中第三学段对阅读的要求：“在阅读中了解文章的表达顺序，体会作者的思想感情，初步领悟文章的基本表达方法。”《窃读记》采用时间顺序叙述和场景插叙相结合的表达顺序，是本文特有的，值得学生学习。

2.《窃读记》是以“窃读”为线索，围绕中心句“我很快乐，也很惧怕——这种窃读的滋味”重点写了“我”是如何“窃读”和“窃读”的独特感受与复杂滋味。这正是“根据文章特点，抓住主要内容，认真体会文章的思想感情”的具体范例。

3.《窃读记》的语言极具特色，抓住重点语句，如心理描写和动作描写，对学生进行习作方法的训练，有利于学生习得语文能力。

4.《窃读记》课后练习题（人教版 2、3、4 题；语文 S 版 2、3 和“★”题）都集中体现了“根据文章的特点，抓住主要内容，理解重点语句，认真体会文章的思想感情”这一语文知识能力训练，说明这也是编者的意图和本文的重点。

5. 人教版《窃读记》的单元训练重点是“引导学生把握主要内容，体会作者对书的深厚情感”；语文S版《窃读记》的单元训练重点是“根据文章的特点，理解重点语句，认真体会文章的思想感情”。

训练设计

第一步，接触案例。

学生阅读下列片段：

我边走边想：“昨天读到什么地方了？那本书放在哪里？左角第三排，不错……”走到门口，便看见书店里仍像往日一样挤满了顾客。我可以安心了。但我又担忧那本书会不会卖光，因为一连几天都看见有人买，昨天好像只剩下一两本了。

我跨进店门，踮着脚尖，从大人的腋下钻过去。哟，把短头发弄乱了，没关系，我总算挤到里边来了。在一排排花花绿绿的书里，我的眼睛急切地寻找，却找不到那本书。从头来，再找一遍。啊！它在这里，原来不在昨天的地方了。

急忙打开书，一页，两页，我像一匹饿狼，贪婪地读着。我很快乐，也很惧怕——这种窃读的滋味！我害怕被书店老板发现，每当我觉得当时的环境已不适宜再读下去的时候，我会知趣地放下书走出去，再走进另一家。有时，一本书要到几家书店才能读完。

第二步，探究规律。

1. 课文主要内容回顾。

课文以________为线索，以放学后________________，到晚上__________________的________顺序和________________、

________两个场景的插入，细腻生动地描绘了________的独特感受。

2. 难句解析。

急忙打开书，一页，两页，我像一匹饿狼，贪婪地读着。

“贪婪”是指________。这句话是一个________句，将________的“我”比作________，写出了“我”强烈的________和对读书的________。

我很快乐，也很惧怕——这种窃读的滋味！

这句话是课文的________句，集中概括了窃读的百般________，也是作者情感的集中____。

我________而又________，因此只好“窃读”。窃：在本文中指“________”

快乐指________，惧怕是指________。这种书中世界的吸引与沉迷，书外世界的担忧与紧张，使快乐与惧怕交织在一起，形成一种复杂的、难以言说的感受，正是窃读的滋味。

3. 写法感悟。

作者善于通过________描绘心境，表达自己的感情。用“______”在文中画出相关语句。这些语句的描写，表现了“我”________的心情。

作者还善于用细致入微的________描写来表达自己的感情，请用波浪线在文中画出相关语句。这些语句的描写，既写出了店里________，更表现了“我”对读书的________。

第三步，训练能力。

窃读记（节选）

我庆幸它居然没有被卖出去，仍四平八稳地躺在书架上，专候我的光临。我多么高兴，又多么渴望地伸手去拿，但和我的手同时抵达的，还有一双巨掌，十个手指大大地分开来，压住了那本书的整个：“你到底买不买？”

声音不算小，惊动了其他顾客，他们全部回过头来，面向着我。我像一个被捉到的小偷，羞惭而尴尬，涨红了脸。我抬起头，难堪地望着他——那书店的老板，他威风凛凛地俯视着我。店是他的，他有全部的理由用这种声气对待我。我用几乎要哭出来的声音，悲愤地反抗了一句：“看看都不行吗？”其实我的声音是多么软弱无力！

在众目睽睽下，我几乎是狼狈地跨出了店门，脚跟后面紧跟着的是老板的冷笑：“不是一回了！”不是一回了？那口气对我还算是宽容的，仿佛我是一个不可以再原谅的惯贼。但我是偷窃了什么吗？我不过是一个无力购买而又渴望读到那本书的穷学生！

1. 请分析上段材料，思考短文有什么特点，有哪些表达方法？

【参考答案】

心理描写：“我是多么高兴，又多么渴望地伸手去拿”“但我是偷窃了什么吗？我不过是一个无力购买而又渴望读到那本书的穷学生！”

神态描写：“我像一个被捉到的小偷，羞惭而尴尬，涨红了脸。”

语言描写：“我用几乎要哭出来的声音，悲愤地反抗了一句：‘看看都不行吗’。”

动作描写：“在众目睽睽下，我几乎是狼狈地跨出了店门。”

2. 从这些描写中，你能体会到什么？

【参考答案】

文中的多种描写，充分表现了“我”渴望读书，却被人嘲笑，冷言冷语，而内心难过，惧怕的心情。

3. 你有过和作者类似的经历吗？请采用文中的表达方法，试着写一写。

【参考答案】

“我拿起了那本书，心里好像有两个小人儿在打架：‘看！’‘不准看！’‘看！’‘不准看！’……我的心飞快地跳动着，但我已经控制不住自己了。”“我灵机一动，拿起手电筒，向床上一跃，把被子一掀，我一钻，再一盖，打开手电筒津津有味地读了起来。”“有时我还会再玩一些小把戏，嘴里无声地乱读一些东西，有时我也会望望天花板，仿佛我在背课文。”……

22 给学生思维时间，让思维空间更开阔

——《天窗》的语文资源开发与训练设计

经典推荐

《天窗》是茅盾先生于1928年写的一篇散文。那个时代的中国社会比较落后，尤其是农村，社会闭塞，人们很少可以从外界获得信息，孩子们很少接触外部世界。《天窗》分别被西师版小学《语文》第十二册、语文S版小学《语文》五年级上册、冀教版小学《语文》四年级下册选入。

文章写的是下雨天，孩子们被关在黑洞似的屋里。夜里，孩子们被父母逼上床的时候，天窗使孩子们迸出了想象的火花，天窗使孩子们酿成了创新的灵感。孩子们从这小小的天窗中获得了快乐，得到了慰藉；孩子们通过小小的天窗去了解自然界、去亲近大自然，通过丰富的想象力和联想发现大自然的奥秘。茅盾先生的这篇散文内容通俗而含蓄，文笔生动而流畅，情感舒缓而真挚。许多情节是儿童喜闻乐见的，但是却有深奥难懂之处。通过朗读练习，学生在朗读中感，去感受他们透过小小的天窗看到外面的世界；在读中悟，在读的过程中与课文描写的情景产生共鸣，进而感悟这是“唯一的慰藉”。

天　窗

乡下的房子只有前面一排木板窗。暖和的晴天，木板窗扇扇开直，光线和空气都有了。

碰着大风大雨，或者北风呼呼叫的冬天，木板窗只好关起来，屋子就黑得像地洞里似的。

于是乡下人在屋顶上面开一个小方洞，装一块玻璃，叫作天窗。

夏天阵雨来了时，孩子们顶喜欢在雨里跑跳，仰着脸看闪电。然而大人们偏就不许，“到屋里来呀”，孩子们跟着木板窗的关闭，也就被关在地洞似的屋里了；这时候，小小的天窗是唯一的慰藉。

从那小小的玻璃，你会看见雨脚在那里卜落卜落跳，你会看见带子似的闪电一瞥；你想象到这雨、这风、这雷、这电，怎样猛厉地扫荡了这世界，你想象它们的威力比你在露天真实感到的要大十倍百倍。小小的天窗会使你的想象活跃起来。

晚上，当你被逼着上床去“休息”的时候，也许你还忘不了月光下的草地河滩，你偷偷地从帐子里伸出头来，你仰起了脸，这时候，小小的天窗又是你唯一的慰藉！

你会从那小玻璃上面的一颗星，一朵云，想象到无数闪闪烁烁可爱的星，无数像山似的、马似的、巨人似的奇幻的云彩；你会从那小玻璃上面掠过一条黑影，想象到这也许是灰色的蝙蝠，也许是会唱的夜莺，也许是恶霸似的猫头鹰——总之，美丽而神奇的夜的世界的一切，立刻会在你的想象中展开。

啊唷唷！这小小一方的空白是神奇的！它会使你看见了，若不是有了它你就想不起来的宇宙的秘密；它会使你想到了，若不是有了它你就永远不会联想到的种种事件！

发明这“天窗”的大人们，是应该被感谢的。因为活泼会想的孩子们，会知道怎样从“无”中看出“有”，从“虚”中看出“实”，比任何其他看到的更真切，更阔达，更复杂，更确实！

资源开发

我们要从《天窗》这篇课文中悟出“语文之道”，开发其语文教学资源。那么，《天窗》可以是语文课程中哪些语文知识与能力点位的例子呢？

1.《天窗》是“数量词运用”的例子，如课文中大量使用了数量词，一排木板窗、一个小方洞、一块玻璃、一粒星、一朵云、一条黑影、一方空白……数量词合理运用，体现了语言使用的准确性。

2.《天窗》是“指导汉字书写”的例子，如上下结构字“藉”“霸”“宙”，这三个字均出现在生字里面，以这三个生字类推其他上下结构字的书写技巧。

3.《天窗》是“象声词运用”的例子，如：“北风呼呼地叫的冬天”“雨脚在那里卜落卜落跳。”

4.《天窗》是“引号不同用法”的例子，如课文中第四自然段中“到屋里来呀!”，第六自然段中“休息”，第九自然段中“天窗”“无”“有”“虚”“实”，这几处引号的使用，都有不同的意义。

5.《天窗》是“表达方法训练”的例子，如该文是一篇精美散文，行文自然、简洁、清晰、流畅、朴素，用词精练准确、鲜明生动，充分体现散文语言的特点。

6.《天窗》是“辩证思维方式训练”的例子，如课文第九自然段中，“因为活泼会想的孩子们，会知道怎样从‘无’中看出‘有’，从‘虚’中看出‘实’……”

7.《天窗》是“分—总结构”的例子，如该文第七自然段先分述，后总说。

8.《天窗》是“体会因果倒置妙处”的例子，如课文第九自然段中“发明这‘天窗’的大人们，是应该被感谢的。因为活泼会想的孩子们，会知道怎样从‘无’中看出‘有’，从‘虚’中看出‘实’，比任何其他看到的更真切，更阔达，更复杂，更确实!”这是语言在变化中所带来的特殊效果——由果寻因、刨根问底。

9.《天窗》是“想象能力训练”的例子，如课文第七自然段中，充分给学生创造了无限的想象空间，对学生想象能力的培养是一篇非常经典的范文。学生可以打开思维之门，迅速融入千奇百怪、变化多端、色彩斑斓、汹涌澎湃的思潮之中。

10.《天窗》是“对比运用”的例子，如：“乡下的房子只有前面一排木板窗。暖和的晴天，木板窗扇扇开直，光线和空气都有了。”“碰着大风大雨，或者北风呼呼地叫的冬天，木板窗只好关起来，屋子里就黑得像地洞里似的。”“于是乡下人在屋顶上面开一个小方洞，装一块玻璃，叫作天窗。”木板窗在这里是对比、衬托，衬托出天窗的奇妙作用。

11.《天窗》是“比喻手法”的例子，如课文第七自然段，连续用到了“似的”这类比喻句。

12.《天窗》是“排比手法”的例子，如课文第七自然段，“也许”的连续使用，教师可以引导学生用这些词语练习说话，课后也有这样的训练。

13.《天窗》是“联系上下文，理解词句意思”的例子，如该文中的“小小的天窗又是你唯一的慰藉”。我们可以透过文中的描写部分进行理解。

点位论证

每篇课文都有很多语文知识与能力的点位，但一节课我们不可能也没有必要面面俱到、铺天盖地地进行教学。在《天窗》这篇课文中，我们要利用课文的资源，对学生进行想象能力的训练。理由如下：其一，《课标》指出："语文课程是实践性课程，应着重培养学生的语文实践能力，而培养这种能力的主要途径也就是语文实践。而往年的课程是学生学习运用祖国语言文字的课程，学习资源和实践机会无处不在，无时不有。因而，应该让学生多读多写，日积月累，在大量的语文实践中体会、把握运用语文的规律。"从字里行间，我们可以看出要培养学生听说读写思的能力。思即思维能力、想象能力，它是"听读"能力的延续，是"说写"的准备，是开发学生智慧的方式。其二，对学生想象拓展能力的培养，是适合小学高段语文教学要求的。其三，课题《天窗》给了我们一个很好的载体，透过"天窗"，学生可以遨游无穷的想象空间，打开思维之门。其四，本文中，作者透过天窗看到了一些实实在在的事物，由此而想到了更多相关的事物，这些想到的事物都不是作者凭空想出来的，而是根据某些共性才想到的。据此，我们可以教会学生想象的一些方法，即思维能力的培养。其五，要理解课文中"小小的天窗又是你唯一的慰藉"这句话，只有通过读文，想象当时的社会背景，身临其境，才会准确地把握课文的深刻含义，所以想象能力的训练对理解课文的含义是必不可少的。其六，本文在想象部分描写时，用词优美、流畅、富有感染力，也是学生准确表达的很好例子。可见，使用正确的方法进行合理的想象，本课从题到文再到课后训练，"想象"一直是贯穿始终的。

训练设计

第一步，借助文本，了解由"看"到"想"这一过程。

同学们，请读下面的文字，找出作者看到的和想到的。

从那小小的玻璃，你会看见雨脚在那里卜落卜落跳，你会看见带子似的闪电一瞥；你想象到这雨、这风、这雷、这电，怎样猛厉地扫荡了这世界，你想象它们的威力比你在露天真实感到的要大十倍百倍。小小的天窗会使你的想象活跃起来。

你会从那小玻璃上面的一颗星，一朵云，想象到无数闪闪烁烁可爱的星，无数像山似的、马似的、巨人似的奇幻的云彩；你会从那小玻璃上面掠过一条黑影，想象到这也许是灰色的蝙蝠，也许是会唱的夜莺，也许是恶霸似的猫头鹰——总之，美丽而神奇的夜的世界的一切，立刻会在你的想象中展开。

第二步，探究规律。

1. 从上面两段文字中，孩子们到底从天窗看到了什么？又想到了什么？交流出示：

透过那小小玻璃，你会看见……你想象到……

雨脚在那里卜落卜落跳，这雨、这风、这雷、这电，怎样猛烈地扫荡了这世界。

带子似的闪电一瞥；你想象它们的威力比你在露天真实感到的要大十倍百倍。

一粒星　　无数闪闪烁烁可爱的星。

一朵云　　无数像山似的、马似的、巨人似的奇幻的云彩。

掠过的一条黑影　　这也许是灰色的蝙蝠，也许是会唱歌的夜莺，也许是恶霸似的猫头鹰。

（一点点）　　（无穷无尽）

2. 想象方法的训练。

（1）怎样才能想象得好呢？我们来看看文章中的孩子们是如何想象的。

我们先来看课文是怎样描写作者看到的事物的。

“雨脚”是怎样形容的？（落跳）

“卜落卜落”写出了什么？（声音）

他怎么会写得那么具体？（观察仔细）

还从哪些地方可以看出作者观察得很仔细？

（带子似的、一瞥、掠过）

现在我们知道了要想象得好，首先要仔细观察。

出示：仔细观察。

（2）在仔细观察的基础上，他又是怎样展开想象的呢？

孩子通过天窗看到了雨脚和闪电，又怎样会想到雷和风呢？（因为两者有联系）他不仅想到了雷和风，还想到了什么？

他怎么会从“一颗星”“一朵云”想到“无数星”“无数云”？（从数量上展开想象）

还有什么？（从“一朵云”想象到千姿百态的云，从形状上展开想象）

为什么从“掠过的一条黑影”想象到“蝙蝠”“夜莺”“猫头鹰”？

（从颜色、大小、形状想象，而且这三种动物都是夜晚出来活动的）

第三步，训练能力。

1. 一块砖能用来干什么？请发挥你大胆的想象能力。

【资料】一块砖的作用：

可以用来雕刻；

如果可以，你可以用它来挡几颗子弹；

可以让一位哲学家辩证地解释为什么板砖是方的而不是圆的；

可以让一位历史学家来引述历史上因一块砖而引发的战争；

可以让一位政治家以它为主题做一场激情澎湃的演讲；

可以让一位化学家来提取它的成分；

可以让一位英雄表现宁选板砖也不贪荣华富贵的豪言壮语；

可以用来锻炼肌肉；

可以在地上写字；

可以用来垫桌腿；

可以用来“引玉”（抛砖引玉）；

可以测量地球的重力加速度；

可以摔成几块后玩拼图游戏；

可以用来破“发明砖的N种用法”的吉尼斯纪录；

可以用来发挥我的想象力……

2. 用一段话具体描绘自己对某一梦幻场景的想象。

【资料】我化作了一片雪花：

我梦见自己化作一片小雪花，飘飘悠悠地来自天国，雪白的衣服，雪白的帽子，雪白的鞋。我跟着小伙伴们穿过云彩，飘向大地。我听到了身边呼呼的风声，看到了脚下雪白的房屋，雪白的道路。我在空中自由自在而又漫无目的地飘浮着。

3. 出示生活中的实物，如水杯、眼睛、桌子、鼠标。要求充分发挥想象，把这几种实物联系起来，写一篇有关想象的作文。

23 横看成岭侧成峰，远近高低各不同

——《小马过河》的语文资源开发与训练设计

经典推荐

《小马过河》是教科版小学《语文》第三册教材中的一篇课文，文章篇幅长，涉及事物多，哲理深刻。且课文情节美、事物美、构图美，我们可以利用课文自身的美去调动学生学习的兴趣，创设情境，在生动活泼的教学中扎扎实实地训练学生的语言。

这是一篇童话故事，叙述了小马驮麦子去磨坊，路上要过一条河，老牛说水很浅，可一试；松鼠说水很深，危险。小马去问马妈妈，马妈妈让他试一试。小马又回到了河边，自己过了河。原来河水既不像老牛说的那样浅，也不像松鼠说的那样深。说明遇事要自己动脑筋，想办法克服困难，找到答案。

经典呈现

小马过河

小马和他的妈妈住在绿草茵茵的十分美丽的小河边。除了妈妈过河给河对岸的村子送粮食的时候，他总是跟随在妈妈的身边寸步不离。

他过得很快乐，时光飞快地过去了。

有一天，妈妈把小马叫到身边说："小马，你已经长大了，可以帮妈妈做事了。今天你把这袋粮食送到河对岸的村子里去吧。"

小马非常高兴地答应了。他驮着粮食飞快地来到了小河边。可是河上没有桥，只能自己蹚过去。可又不知道河水有多深，犹豫中的小马一抬头，看见了正在不远处吃草的牛伯伯。小马赶紧跑过去问到："牛伯伯，您知道那河里的水深不深呀？"

牛伯伯挺起他那高大的身体笑着说："不深，不深。才到我的小腿。"小马高兴地跑回河边准备蹚过河去。他刚一迈腿，忽然听见一个声音说："小马，小马别下去，这河可深啦。"小马低头一看，原来是小松鼠。小松鼠翘着她漂亮的尾巴，睁着圆圆的眼睛，很认真地说：

"前两天我的一个伙伴不小心掉进了河里，河水就把他卷走了。"

小马一听没主意了。牛伯伯说河水浅，小松鼠说河水深，这可怎么办呀？只好回去问妈妈。

马妈妈老远地就看见小马低着头驮着粮食又回来了。心想他一定是遇到困难了，就迎过去问小马。小马哭着把牛伯伯和小松鼠的话告诉了妈妈。妈妈安慰小马说："没关系，咱们一起去看看吧。"

小马和妈妈又一次来到河边，妈妈这回让小马自己去试探一下河水有多深。小马小心地试探着，一步一步地蹚过了河。噢，他明白了，河水既没有牛伯伯说的那么浅，也没有小松鼠说的那么深。只有自己亲自试过才知道。

小马深情地向妈妈望了一眼，心里说："谢谢您了，好妈妈。"

然后他转头向村子跑去。他今天特别高兴，你知道是为什么吗？

资源开发

《小马过河》告诉我们这样一个道理：遇到困难要巧妙运用智慧，不能莽撞行事，并且要在实践中吸取教训。今天重读这个故事，惊讶地发现小马过河成功的背后原来站着一位智慧的母亲——老马，是她巧妙地引导启发、灵活地点拨诱导、机智地释疑解惑，让天真幼稚、懵懂犹豫的小马实现了目标，为我们展示了一个成功的教育案例。我们更要从课文中悟出“语文之道”，开发《小马过河》的语文教育资源。那么，《小马过河》可以是语文课程中哪些语文知识与能力点位的例子呢？

1.《小马过河》是“拟人手法”的例子，如该文通篇就是把小马、马妈妈、牛伯伯、小松鼠等形象拟人化了，把他们当成人来写，充满了趣味。

2.《小马过河》是“同一个问题站在不同的角度有不同的理解”的例子，如课文中小马要过河时，牛伯伯说水不深，才到他的小腿；而小松鼠却说很深，因为前两天她的一个伙伴不小心掉进了河里，河水就把他卷走了。这正如苏轼所说的“横看成岭侧成峰，远近高低各不同”。

3.《小马过河》是“训练说话”的例子，如课文中有这样的句子：“小马非常高兴地答应了。”“小马高兴地跑回河边准备蹚过河去。”教师要引导学生分析这句话的特点，并训练学生用“高兴地”来说话。

4.《小马过河》是“训练对话”的例子，如该文中小马与马妈妈、牛伯伯、小松鼠之间的对话的描写都不同，教师要引导学生用心体会，并训练学生也用相同的方式去进行对话的写作训练。

5.《小马过河》是“改写句子”的例子，如“牛伯伯，您知道那河里的水深不深呀”这个疑问句，教师可引导学生把它改写成陈述句。

6.《小马过河》是“训练提示”的例子，如：“妈妈把小马叫到身边说：‘小马，你已经长大了，可以帮妈妈做事了。今天你把这袋粮食送到河对岸的村子里去吧。’”

7.《小马过河》是“写字训练”的例子，它是二年级的年段要求，可要求学生写课后生字。

8.《小马过河》是“组词训练”的例子，它教会学生一字可以组多词。如，过：过河、走过、路过、跑过、跳过。

9.《小马过河》是“词语造句”的例子，它是教学生写话练习的好例子。如翘着——“小松鼠翘着她漂亮的尾巴，睁着圆圆的眼睛”。

10.《小马过河》是“训练疑问”的例子，如：“小马赶紧跑过去问到：‘牛伯伯，您知道那河里的水深不深呀?’”他今天特别高兴，你知道是为什么吗?

点位论证

在众多“可能”的教学点位中，最好教什么呢？我们最好用《小马过河》教“同一个问题站在不同的角度有不同的理解”。理由如下：其一，“同一个问题站在不同的角度有不同的理解”不仅是关于语文的知识与能力，而且是开发学生语言智慧的方式。其二，“同一个问题站在不同的角度有不同的理解”是《小马过河》特有的，其余语文的知识能力点位在其他课文也常遇到。其三，“同一个问题站在不同的角度有不同的理解”，是课文的主要内容，具有主导性，也是该文最大的亮点。其四，“同一个问题站在不同的角度有不同的理解”是人们的认识规律，我们还可以迁移训练，举一反三，说说“看山”的不同说法。其五，《课标》也提出了“表达力求有创意”的要求。其六，学生想象丰富，善用拟人，在老师的引导下，他们会有许多童话般的说法。

训练设计

第一步，接触案例。

1. 小马在去磨坊的途中遇到了什么困难？请你找出文中的句子读一读。（学生读出“一条小河挡住了去路”的句子时，教师在黑板上画一条小河的简笔画）

2. 小马高高兴兴地往磨坊跑去，可是一条小河挡住了它的去路，大家想象一下，他现在是什么样的心情啊？（为难）

3. 请你用为难的语气把此时小马心里的想法说给你的同桌听。

第二步，探究规律。

1. 同是一条河，老牛和松鼠说的一样吗？

（1）学生回答后，教师用多媒体分别出示两种动物图片及它们所说的话。

老牛说：“水很浅，刚没过小腿，能蹚过去。”

松鼠拦住小马，大叫：“小马！别过河，别过河，河水会淹死你的！”

松鼠认真地说：“当然啦！昨天，我的一个伙伴就是在这条河里淹死的。”

引导学生质疑、探究，引出矛盾，为下文作铺垫。

（2）如果你就是老牛，如果你就是松鼠，你会用什么语气对小马说话？

（老牛说的话要读得轻松，慢条斯理，松鼠说的话要读出急切、认真的语气）

自己把这两种动物的话用不同的语气读一读。

（3）师生分角色带上头饰共同表演。

老师也想加入你们当中，和你们共同表演这部分内容，好

吗？下面我们共同来将这个片断表演出来。老师当小马，谁来当牛伯伯？谁来当松鼠？（用讲台当作小河，找一把椅子当作大树）

2. 同是一条河，它们的说法为什么不一样呢？请你用“因为……所以……”这样的句子说一说其中的原因。（学生说后，教师在小河的简笔画旁贴出老牛、松鼠图片，并板书：高、浅矮、深水）

第三步，训练能力。

1. 做课后练习。

老牛和松鼠的话你们仔细想过了，可是我们的新朋友小马想过他们说的话了吗？你从哪里看出来的？读一读你找到的句子。（多媒体出示带有近义词“马上”“连忙”的句子）

（1）小马听了老牛的话，立刻跑到河边。

（2）小马听了松鼠的话，连忙收住脚步。

A. 指名读。

B. “立刻”“马上”都表示什么？请你再读一读，看看你能明白什么？（小马不动脑筋）

C. 小结：同学们，这两句话都是书中的句子，我们读书的时候要仔细读句子，看看前面写了什么，后面又写了什么，多想一想，收获会更多一些。

2. 读文体会。

（1）一天，一个年轻人站在悬崖边，痛不欲生，这时一位老者一边笑一边走过来，年轻人不禁叫住老者问：“老人家，你为何而乐呢？”老者道：“天地之间，以人为尊，我生而为人；星辰之中，唯日月灿烂，我能早晚相伴；百草之中，是五谷养人，我能终身享用，何乐而不为呢？”老人见年轻人还是一筹莫展，就笑盈盈地问：“一块泥土与一块金子，哪个更自卑？如果给你一粒种子，去培育生命，哪个更有价值？”说完老人朗笑而去，年轻人顿时便释然了。

其实，只要我们换一种角度去思考、观察，就不难发现，生命是那么的美好，那么的充满活力，同样是半块甜面圈，为什么有人悲叹道："哎，只剩半块了！"有人则道："呀，还有半块呢！"同样一种生活，为什么有人过得有滋有味？有人则陷入绝望的泥潭？因为他们正从两个不同的角度看世界！

(2) 去年，我奥数考试考砸了，心里很难过，但今年我便又恢复了往日的水平，是什么不让好强的我不自卑，是因为我不但没有被这件事情击败，而且我还继续认真学习，将失败看为成功之母，今年才取得了较好的成绩。

记得《读者》上所说："如果把挫折看成一种调味品，你会感到挫折的生活很美丽；如果把艰难看作一笔宝物，你会感到，艰难会芬芳我们的人生！"是啊，只要换一种角度，再悲惨的生活也会峰回路转，阳光明媚；再痛苦的人生也会柳暗花明，美不胜收！

3. 阅读美文。

(1) 也不知在什么时候我们才会感到快乐：是有亲人在身边时的感觉吗？是无拘无束的感觉吗？也许吧！

曾经我们想去体验一下自由的快乐时，亲人打碎了我们这自认为无理的想法。是为什么呢？是因为他们爱我们！但是有时候父母们对我们这种爱只是一种溺爱，父母认为我们还小不能没有他们！可我们真正需要的是自我成长！偏偏事与愿违，因为在大人眼里我们始终是还需要帮助的孩子！

因而快乐远离了我们。久而久之我们开始感到乏味，甚至有时在言语上会顶撞父母。但从另一种角度来看父母对我们的爱也是我们无法报答的！因此我们总想做一些事让他们能快乐，仅仅如此父母也感到一种欣慰！

(2) 世事就是如此，应从不同角度看待事物。如上文，虽然自己因为无自由而感到伤心，但换来了父母的快乐，何乐而不为呢？

"横看成岭侧成峰，远近高低各不同"这是古诗《题西林壁》

中的诗句。这句诗告诉我们一个道理：从不同的角度看一个物体，看到的形状不一定相同；观察一个物体不能只看它的一面，要从各个角度看才能知道答案。如圆柱从正面看、侧面看，看到的都是长方形，从上面看看到的是圆形。圆锥从正面看、侧面看，看到的都是三角形，从上面看看到的是圆形，中间还有一个点。但不是每个物体从不同角度看到的图形都不一样。如球体从各个角度看都是圆形，正方体从正面、侧面、上面看都是正方形。所以我们观察一个物体要从各个不同角度进行观察，才能准确知道它的形状。

24 设身处地入情境，展开想象悟情理

——《掌声》的语文资源开发与训练设计

经典推荐

《掌声》一文分别被语文S版小学《语文》第四册、苏教版小学《语文》第五册、人教版小学《语文》第五册、教科版小学《语文》第五册选作课文。

《掌声》这篇课文叙述生动，语言浅显易懂，故事性强，对学生而言，具有很强的吸引力。写的是内心很自卑的残疾女孩小英，在一个偶然的机会不得不面对全班同学的目光。想不到的是，同学们给了她鼓励的掌声，掌声从此改变了小英的生活态度，她变成了一个活泼开朗的人，开始“微笑着面对生活”。课文通过小英的变化，表现了同学之间的鼓励和关爱。文章语言质朴，但在平淡的叙述后面饱含着浓厚的情感。

掌声代表赞赏、理解、支持、鼓励，它传递了同学们对小英的关爱。正如作者在原文所写的“人人都需要掌声，特别是当一个人身处困境的时候。让我们珍惜别人的掌声，同时，也不要忘记把自己的掌声献给别人”。

经典呈现

掌　声

在我上小学的时候，班里有位叫小英的同学，总是默默地坐在教室的一角。她小时候生病，一条腿落下了残疾。她不愿意让人看到她走路的样子。

一天，老师让同学们轮流上讲台讲故事。轮到小英的时候，全班同学的目光一齐投向了那个角落，小英立刻把头低了下去。老师是刚调来的，还不了解小英的情况。

小英犹豫了一会儿，最后慢吞吞地站了起来。我们注意到，小英的眼圈儿红了。

小英在大家的注视下，终于一摇一晃地走上了讲台。就在小英刚刚站定的那一刻，不知是在谁的带动下，教室里骤然响起了掌声。那掌声热烈、持久，小英感动得流下了眼泪。掌声渐渐平息，小英也镇定了情绪，开始讲述她小时候的故事。故事十分动人，她的普通话也说得很好。故事讲完了，班里又响起了经久不息的掌声。小英向大家深深地鞠了一躬，然后，在同学们的掌声里微笑着走下讲台。

说也奇怪，从那次演讲以后，小英像变了一个人似的。她不再像以前那么忧郁。她和同学们一起交谈、游戏、排练节目……

后来，小英在给我的来信中说：“我永远也忘不了那掌声，它使我鼓起了生活的勇气。我永远感谢那掌声。”

资源开发

叶圣陶先生说，课文无非是个例子。那么，《掌声》（语文S版《语文》二年级下册）是语文课程中哪些知识与能力点位的例子呢？

1.《掌声》是“展开想象，悟情悟理”的例子，如以小英的内心变化为切入点，通过仔细揣摩重点词句，领悟文字背后的声音。

2.《掌声》是“动词运用”的例子，如“小英立刻把头低下去”的“低”，“最后慢慢站了起来”的“站”，“一摇一晃地走上讲台”的“走”。

3.《掌声》是“多音字训练”的例子，如落下残疾的“落”，读音应该是 lào，拓展延伸出落叶的“落”读音是 luò，丢三落四的“落”读音是 là。“小英像变了一个人似的”，“似”的读音是 shì。拓展延伸出“类似、相似、似乎”中“似”的读音是 sì。

4.《掌声》是“对比训练”的例子，如小英以前忧郁、自卑，后来在同学们的鼓励、赞赏下，变得自信、快乐。

5.《掌声》是“省略号运用”的例子，如：“她和同学们一起交谈、做游戏、排练节目……”该文没有把小英和同学们一起做的事情一一列举，所以就用省略号。

6.《掌声》是“详略得当”的例子，如该文第四自然段详细写小英在同学们热烈的掌声鼓励下，出色地完成了演讲，这一段写得十分感人。

7.《掌声》是“联系上下文，理解词句意思”的例子，如该文第三自然段中的“小英犹豫了一会儿”。该文第二、三自然段都在诠释“犹豫”。教师引导学生通过角色对话，为学生搭建了创意表达的平台，理解词语“犹豫”的意思，体会小英当时矛盾、为难的心理。

8.《掌声》是“巧设伏笔”的例子，如写小英由于残疾而自卑、性格忧郁。“总是默默地坐在教室的一角”是因为她不愿意让别人看到自己走路的样子，为后面发生的情况埋下伏笔。

9.《掌声》是“点题”的例子，如掌声代表赞赏、理解、支持、鼓励，传递了同学们对小英的关爱，正如课文所写的“我永远也忘不了那掌声，因为它使我鼓起了生活的勇气。我永远感谢那掌声”。所以作者用“掌声”作为课文的题目。

10.《掌声》是“口头表达能力训练”的例子，如课文第四自然段通过同学们对小英发自内心的两次掌声的描写，感受同学们对小英那包含着鼓励和欣赏的爱。

11.《掌声》是“一个意思可以有无数个表达”的例子，如“持久”和“经久不息”这两个词语的意思，都是用来形容掌声持续的时间长。

12.《掌声》是“想象能力训练”的例子，如小英一摇一晃地走上讲台，你发现什么？我发现，小英的头________，脸__________，眼睛___________，她感到___________。

13.《掌声》是“材料收集”的例子，如老师鼓励学生收集一些助人自助、与人为善的名言警句。

14.《掌声》是“词语积累”的例子，如犹豫、情绪、持久、经久不息、讲述、默默地、残疾、一摇一晃、注视。

点位论证

在众多“可能”的教学点位中，我们最好教什么呢？我们最好用《掌声》教“展开想象，悟情悟理”。第一，二年级学生年龄小，学生的情感不容易与作品的情感、教师的情感产生共鸣，如何引导学生整体把握课文内容，了解小英在掌声前后的变化，深刻领会掌声的含义，是本课的教学重点和难点。在教学设计上，以小英的内心变化为切入点，通过仔细揣摩重点词句，领悟文字背后的声音，在读读说说中与文本对话，进而，在情境诵读中入情，在切己体悟中融情，在拓展延伸中升情。第二，苏霍姆林斯基曾说：“经验证明，善良之情应当在童年扎下根来，而人性、仁慈、抚爱、同情心则在劳动中、在爱护和关怀周围世界的美中产生。”在这节课上，孩子们正是通过对残疾女孩小英的爱护与关怀，在心里培育了人性中最可贵的善良与仁慈。第三，语文课程必须根据学生身心发展和语文学习的特点，关注学生的个体差异和不同的学习需求，爱护学生的好奇心、求知欲，充分激发学生的主动意识和进取精神。第四，鲁迅先生曾说："孩子是可以敬服的，他常常想到星月以上的境界，想到地面下的情形，想到花卉的用处，想到昆虫的语言，他想飞上天空，他想潜入蚁穴。"学生的想象之鸟一旦高飞，脑中就会浮现出新颖、生动的意象。教学《掌声》时，通过想象将抽象的语言文字还原成形象、意象，还原成活生生的画面，引导学生在这一画面中穿梭、徜徉、悟情悟理，既抓住了语文学习的核心，又切合了学生以形象思维为主的心理特点。第五，《课标》要求第一学段学生展开想象，获得初步的情感体验，感受语言的优美。

训练设计

第一步，接触案例。

同学们，请读下面一段文字。

老麻雀用自己的身躯掩护着小麻雀，想拯救自己的幼儿。可是因为紧张，它浑身发抖，发出嘶哑的声音。它呆立着不动，准备着一场搏斗。在它看来，猎狗是个多么庞大的怪物哇！可是它不能安然地站在高高的没有危险的树枝上，一种强大的力量使它飞了下来。

第二步，探究规律。

《课标》要求第一学段学生展开想象，获得初步的情感体验，感受语言的优美。上面这段文字与《掌声》的第四自然段有什么异同呢?

1. 相同的是《麻雀》一文描写了老麻雀用自己的身体掩护小麻雀时的神态动作，让学生想象老麻雀在面对比自己强大的猎狗时的心理变化。《掌声》通过小英"一摇一晃"的动作刻画，让学生想象小英的神态变化。

2. 不同的是《掌声》是以人物动作展开写实想象，《麻雀》是以动物的动作展开拟人化的想象。

3. 拓展：想象不仅可以根据实物想象，还可以对不同时空进行虚拟化想象。

你还能举出类似的例子吗？

【资料】诗一首：

梦　想

顾城

种子在冻土里
梦想着春天
它梦见——
自己舒展着颤动的腰身
长睫旁闪耀着露滴的银钻
它梦见——
蝴蝶轻轻地吻它
春蚕张开了新房的金幔
它梦见——
无数花朵睁开了稚气的眼睛
就像月亮身边的万千星点……
种子呵
在冻土里梦想春天……

第三步，训练能力。

1. 小英不得不在全班同学的注视下一摇一晃地走上讲台，你们能想象一下小英是怎样"一摇一晃"地走上讲台的吗？用上这样的句式：

我发现，她的头____________，脸____________，眼睛____________，她感到____________。

【参考答案】

（1）我发现，她的头低低的，脸上红红的，眼睛也红红的，她感到所有的同学都在嘲笑她。（2）我发现，她的头耷拉着，脸上青一阵白一阵，眼睛里含着泪水，她感到天阴沉沉的。（3）我发现，她的头恨不得埋到地下，脸涨得羞红，眼睛里充满了无奈，她感到满天都是黑沉沉的乌云。（4）我发现，她的头低下来，脸上没有一丝笑容，眼睛不时地瞄着同学，感到眼前一片灰暗。

2. 小英镇定了情绪，开始讲述她小时候的故事。故事十分动人，她的普通话也说得很好。故事讲完了，班里又响起了经久不息的掌声。后来，小英在同学们的掌声中微笑着走下讲台，此时你会有什么新的发现呢？我发现，她的头＿＿＿＿＿＿＿＿，脸＿＿＿＿＿＿＿，眼睛＿＿＿＿＿＿＿，她感到＿＿＿＿＿＿＿＿。

【参考答案】

（1）我发现，她的头不再那么低着，脸红扑扑的，眼睛也比先前更光亮了，她感到天空是那么明朗。（2）我发现，她的头抬起来了，脸上挂着笑意，眼睛里充满了感激，她感到身边洋溢着温暖。（3）我发现，她的头抬得高高的，脸上充满了自信，眼睛睁得大大的，她感到处处充满了友善。（4）我发现，她的头高昂着，脸上露出了两个小酒窝，眼睛里含着泪水，那是幸福的泪水，她感到眼前一片阳光。

3. 世界上的每一个人，都需要掌声。

掌声是温暖的阳光，＿＿＿＿＿＿＿＿＿＿。

掌声是柔和的微风，＿＿＿＿＿＿＿＿＿＿。

掌声是辽阔的天空，＿＿＿＿＿＿＿＿＿＿。

掌声是松软的土壤，＿＿＿＿＿＿＿＿＿＿。

掌声是清澈的泉水，＿＿＿＿＿＿＿＿＿＿。

掌声是浩瀚的海洋，＿＿＿＿＿＿＿＿＿＿。

掌声是＿＿＿＿＿＿，＿＿＿＿＿＿＿＿＿＿。

我的掌声，包含着我的________________。

你的掌声，能带给我________________。

让我们珍惜别人的掌声，也不要忘记把自己的掌声献给别人！

【参考答案】

世界上的每一个人，都需要掌声。

掌声是温暖的阳光，温暖着每个人的心灵。

掌声是柔和的微风，吹走了忧郁。

掌声是辽阔的天空，放飞你的心情。

掌声是松软的土壤，生长人们的勇气。

掌声是清澈的泉水，滋润着你的心田。

掌声是浩瀚的海洋，让你不怕一切挑战。

掌声是爱，飞进你我心中。

我的掌声，包含着我的鼓励信任和真诚，

你的掌声，能带给我信心、勇气和温暖。

让我们珍惜别人的掌声，也不要忘记把自己的掌声献给别人！

4. 当别人（　　　）的时候，我们给他（　　　）；当别人（　　　）的时候，我们为他（　　　）；当别人（　　　），我们（　　　），（　　　），（　　　）。每一个行动，每一句话语，都是一份（　　　），一份（　　　）。

【参考答案】

当别人忧愁的时候，我们给他唱一首歌；当别人痛苦的时候，我们为他送去一句安慰的话；当别人受灾的时候，我们伸手帮一帮，捐一份钱，做一点事。每一个行动，每一句话语，都是一份浓浓的情，一份深深的爱。

5. “鸟儿们不再争了，大家用敬佩的目光望着乌鸦。金光闪闪的奖章配上那身黑衣服，显得格外端庄、高雅。在大家的眼里，他一下子变得美丽起来。”（选自《金奖章》）想象乌鸦获得金奖章后，又会发生什么事情呢？

【资料】金奖章后续：

金奖章后续

自从乌鸦得到“地球清道夫”这枚奖牌后，乌鸦一天比一天骄傲，一大早就出门炫耀。

一天，乌鸦起了个大早，又拿起奖牌出门炫耀了。它伸了伸脖子，抬头挺胸，一步一步慢慢地走。

等到乌鸦快走到喜鹊家门口的时候，喜鹊连忙迎上去，装模作样地说：“乌鸦兄弟，您对环境真有帮助啊！您每天把腐烂的动物尸肉、别人吃剩的残渣碎屑，收拾得干干净净，您真了不起！”

乌鸦听了这句话，像喝了一杯甘露，心花怒放，精神一振，心想：喜鹊真会说好话！

于是，乌鸦笑着说：“谢谢你的赞美，我决定要请你到我家去吃饭！”

喜鹊回家后，心想：这真是一个下手的好机会，我可以用酒把他灌醉，然后……嘻嘻嘻。

这天晚上，月明人静，喜鹊到乌鸦家里来了，喜鹊一打开门，一股香喷喷的味道扑了过来，喜鹊的口水流了好多哦！

乌鸦说道：“来来来，喜鹊兄弟，不要客气嘛，今天我请客！”喜鹊连看都没看，就囫囵吞枣、狼吞虎咽地吃了起来。

喜鹊一边吃，一边想：得到奖牌可真好！每天有这么多好吃的，对不起了乌鸦兄弟！

喜鹊突然对乌鸦说：“乌鸦兄弟，我们来个一醉方休吧！”

“好好好，听你的！”

25 言为心声之艺术，对话描写来铺路

——《渔夫的故事》的语文资源开发与训练设计

经典推荐

《渔夫的故事》是个充满智慧的故事，选自古代阿拉伯著名的民间故事集《一千零一夜》（又名《天方夜谭》）。本文通过丰富的想象，塑造了两个来自于现实而又超越现实的典型形象——渔夫和魔鬼。渔夫运用自己的聪明才智制服魔鬼，这一故事告诉我们：正义的力量一定能战胜邪恶势力；对付魔鬼那样凶恶的敌人，不能抱有幻想，不能心慈手软，而要敢于斗争，依靠自己的智慧和力量去战胜它。

《渔夫的故事》是一篇借事喻理的文章，从 2004 年到现在一直被选入人教版小学《语文》四年级下册的教材中，同时也被苏教版《语文》七年级教材选用。

这篇课文语言形象生动，特别是魔鬼的形象和魔鬼与渔夫的对话，引人入胜，能充分调动起学生阅读的积极性。

经典呈现

渔夫的故事（节选）

从前有一个渔夫，家里很穷。

……

渔夫一看见这可怕的魔鬼，呆呆地不知如何应付。一会儿，他听见魔鬼叫道："所罗门啊，别杀我，以后我不敢再违背您的命令了！"

"魔鬼！"渔夫说道，"所罗门已经死了1800年了。你是怎么钻到这个瓶子里的呢？"

魔鬼说："渔夫啊，准备死吧！你选择怎样死吧，我立刻就要把你杀掉！"

"我犯了什么罪？"渔夫问道，"我把你从海里捞上来，又把你从胆瓶里放出来，救了你的命，你为什么要杀我？"

魔鬼答道："你听一听我的故事就明白了。"

"说吧，"渔夫说，"简单些。"

"你要知道，"魔鬼说，"我是个无恶不作的凶神，曾经跟所罗门作对，他派人把我捉去，装在这个胆瓶里，用锡封严了，又盖上印，投到海里。我在海里呆着，在第一个世纪里，我常常想：'谁要是在这个世纪里解救我，我一定报答他，使他终身享受荣华富贵。'100年过去了，没有人来解救我。第二个世纪开始的时候，我说：'谁要是在这个世纪里解救我，我一定报答他，把全世界的宝库都指点给他。'可是没有人来解救我。第三个世纪开始的时候，我说：'谁要是在这个世纪里解救我，我一定报答他，满足他的三种愿望。'可是整整过了400年，始终没有人来解救我。我非常生气，我说：'从今以后，谁要是来解救我，我一定要杀死他，不过允许他选择怎样死。'渔夫，现在你解救了我，所以我叫你选择你的死法。"

渔夫叫道："好倒霉啊，碰上我来解救你！是我救了你的命啊！"

"正因为你救了我，我才要杀你啊！"

"好心对待你，你却要杀我！老话确实讲得不错，真是'恩将仇报'！"

"别再啰唆了，"魔鬼说道，"反正你是非死不可的。"

这时候渔夫想道："他是个魔鬼，我是个堂堂的人。我的智慧一定能压制他的妖气。"于是对魔鬼说："你决心要杀我吗？"

"不错。"

"凭着神的名字起誓，我要问你一件事，你必须说实话。"

"可以，"魔鬼说，"问吧，要简短些。"

"你不是住在这个胆瓶里吗？照道理说，这个胆瓶既容不下你一只手，更容不下你一条腿，怎么容得下你这样庞大的整个身体呀？"

"你不相信我住在这个胆瓶里吗？"

"我没有亲眼看见，绝对不能相信。"

……

然后学着魔鬼的口吻大声说："告诉我吧，魔鬼，你希望怎样死？现在我决心把你投到海里去。"

魔鬼听了渔夫的话，就说："渔夫，刚才我是跟你开玩笑的。"

"下流无耻的魔鬼，你这是说谎呀！"渔夫一边把胆瓶挪近岸边，一边说，"我要把你投到海里，这一回非叫你在海里住一辈子不可。我知道你是坏透了的。我不仅要把你投到海里，还要把你怎样对待我的事告诉世人，叫大家当心，捞着你就立刻把你投回海里去，让你永远留在海里！"

资源开发

《渔夫的故事》是一个借事喻理的故事，我们从故事中悟出了这样一个道理：正义的力量一定能战胜邪恶势力；对付魔鬼那样凶恶的敌人，不能抱有幻想，不能心慈手软，而要敢于斗争，依靠自己的智慧和力量去战胜它。那么，《渔夫的故事》可以是语文课程中哪些语文知识与能力点位的例子呢？

1.《渔夫的故事》是“对话描写”的例子，如该文第五自然段到第二十五自然段里渔夫和魔鬼之间的对话。

2.《渔夫的故事》是“心理描写”的例子，如该文的第十六自然段，通过描写渔夫的心理活动，表现了渔夫靠自己的智慧来与魔鬼较量的决心。

3.《渔夫的故事》是“外貌描写”的例子，如该文第四自然段对魔鬼出现时的外貌进行刻画来突出魔鬼的可怕。

4.《渔夫的故事》是“朗读训练”的例子，如：“我有什么罪过?”渔夫问道，“你要这样报答我?”“好倒霉啊，”渔夫叫道，“碰上我来解救你！是我救了你的命啊!”“好心对待你，你却要杀我！这正是老话说的‘恩将仇报’了!”

5.《渔夫的故事》是“留白思维训练”的例子，如面对一个被盖有所罗门印的锡封住的黄铜胆瓶时，渔夫会想些什么？体会渔夫的好奇心理。面对凶恶的魔鬼要杀死自己时，渔夫又会想些什么？体会渔夫的机智。

6.《渔夫的故事》是“抓关键词，理解词句意思”的例子，如一听所罗门早死了，魔鬼立刻凶恶地说：“渔夫啊，准备死吧！你选择怎样死吧，我立刻就要把你杀掉!”体会这句话中的“立刻”一词。

7.《渔夫的故事》是“动作描写”的例子，如第二十三自然段的“渔夫见青烟全进了胆瓶，就立刻拾起盖印的锡封，把瓶口封上”。渔夫果断的动作表现出渔夫的临危不乱、机智勇敢。

8.《渔夫的故事》是“比喻手法”运用的例子，如第四自然段里描写魔鬼外貌的句子：“魔鬼头像堡垒，手像铁叉，腿像桅杆，口像山洞，牙齿像白石块，鼻孔像喇叭，眼睛像灯笼，样子非常凶恶。”

9.《渔夫的故事》是“冒号、引号运用”的例子，如该文第五到十五自然段，写渔夫和魔鬼间的对话，曾多次使用了冒号、引号。

10.《渔夫的故事》是“阅读方法学习”的例子，学生通过快速地浏览课文，了解故事的大意，初步感知魔鬼的狡诈和渔夫的机智。

11.《渔夫的故事》是“记叙文写作方法学习”的例子，学生通过给故事取小标题，了解故事的开端、经过、结果。

12.《渔夫的故事》是“成语积累”的例子，如“笑逐颜开、自言自语、披头散发、无恶不作、恩将仇报”等。

13.《渔夫的故事》是“借事喻理”的例子，通过浅显的故事揭示一个深刻的道理。

点位论证

在众多“可能”的教学点位中，我们最好教什么呢？我们最好用《渔夫的故事》教“对话描写”的写作手法。理由如下：其一，“对话描写”在写人的作文中占有非常重要的地位，而在小学的作文能力培养上却又是比较薄弱的环节。其二，“对话描写”是《渔夫的故事》这篇课文的一大特色，课文从第五自然段开始一直到故事的结尾全部都是采用的对话描写的形式为学生们呈现的。其三，学生们通过朗读魔鬼与渔夫之间对话的内容，能深刻地感知魔鬼阴险狡诈的性格以及渔夫机智勇敢的性格。其四，利用对话描写的内容，学生们可以充分地训练自己的朗读能力，体会人物的情感。其五，《课标》要求该学段的学生们能够感受作品中生动的形象和优美的语言，关心作品中人物的命运和喜怒哀乐，展开想象，了解冒号、引号的一般用法；而这些要求在学生们学习了对话描写后都能够得以完成。其六，在学习人物的对话描写时，学生们凭借他们丰富的想象，可创造出更多的童话语言。

训练设计

第一步，接触案例。

同学们，请认真阅读下面这段话，并与课文比照。

一位渔夫在捕鱼时，无意中从胆瓶里救出了一个魔鬼，魔鬼被救后要杀死渔夫，并告知其自己的故事。渔夫听了魔鬼的自述，认清了他的本质，决心要凭人的智慧战胜他，终于设法又使他回到胆瓶里。最后，渔夫把装着魔鬼的胆瓶扔进了海里。

第二步，探究规律。

上段文字与课文有什么不同？

1. 这两个故事讲的其实就是同一个内容，上段文字是简单地概括了故事的主要内容，而课文却通过大量地描写渔夫和魔鬼之间的对话，来为我们呈现渔夫智斗魔鬼的经过。

2. 效果不同。上段文字只能起到告知故事内容的作用，根本不能勾起学生们阅读的欲望；而课文却不同，丰富的语言，环环相扣的故事情节，机智的语言，巧妙的办法，无不体现渔夫的善良、勇敢和机智，反衬出魔鬼的凶恶、狡诈和恩将仇报，这就是语言的魅力所在。

类似的例子，我们还能举出哪些呢？

【资料】举例：

“春天来了，可是我什么也看不见。”（选自《语言的魅力》）

渔夫皱起眉，他的脸变得严肃，忧虑。“是个问题！”他搔搔后脑勺说，“你看怎么办？得把他们抱来，同死人呆在一起怎么行！哦，我们，我们总能熬过去的！快去！别等他们醒来。”但桑娜坐着一动不动。“你怎么啦？不愿意吗？你怎么啦，桑娜？”“你瞧，他们在这里啦。”桑娜拉开了帐子。（选自《穷人》。我们可以看出桑娜和渔夫是宁可自己吃苦、也要帮助别人的人）

第三步，训练能力。

1. 将下面的句子改成直接对话的形式。

（1）妈妈说，她今晚上要加班，回家要迟一点，叫我先睡觉。

（2）总理对我说，他今晚上要批这些文件，我送去的稿子，他放在最后。叫我到隔壁值班室去睡一觉，到时候叫我。

（3）老师严厉地对小敏说，她必须把教室打扫干净。

【参考答案】

（1）妈妈说："我今晚上要加班，回家要迟一点，你先睡觉。"

（2）总理对我说："我今晚上要批这些文件，你送来的稿子，我放在最后。你到隔壁值班室去睡一觉，到时候叫你。"

（3）老师严厉地对小敏说："你必须把教室打扫干净。"

2. 根据情境，想象对话练习。

我有一个小我一岁的小外甥，他很调皮。一般情况下，我还是要做出个舅舅的样子来的。那次，冰箱里只剩下一支雪糕和一盒冰淇淋，可我们两个都想吃冰淇淋。这时我就要假装"绅士"一点了，__________________________________

但当他"没大没小，欺负老舅"的时候，我还是要发发火的。那天，他竟然把我的四驱车给拆了个稀巴烂。这下我可火大了，____________________________________

【参考答案】

（1）这时我就要假装"绅士"一点了，大方地说："好吧，你比我小，就让你先选吧！"

（2）这下我可火大了，扯开嗓子吼道："你在干什么，这可是我最喜欢的玩具，你怎么一点儿也不爱护呢？下次不给你玩了！"

3. 将下面这段文字改成对话的形式。

星期天下午，我做完作业，开始洗球鞋。在池里接满了水，把球鞋泡在里面。过了几分钟，捞上浸湿的球鞋，准备擦肥皂。可是找不到肥皂，也找不到刷子。急得我一会儿找肥皂，一会儿找刷子，一会儿大声问妈妈先刷鞋面还是鞋里，一会儿又问妈妈怎么洗鞋带。妈妈说我真烦，说看我洗鞋比她自己洗还吃力。

【参考答案】

星期天下午，我做完作业，开始洗球鞋。在池子里接满了水，把球鞋泡在里面。过了几分钟，捞上浸湿的球鞋，准备擦肥皂。可是找不到肥皂，也找不到刷子。于是就高声喊起来：

“妈妈，刷子放在哪儿?”

“在水管上面。”妈妈在厨房里说。

“妈妈，肥皂怎么没有?”

“你没看见在窗台上!”

“妈妈，先刷鞋面还是鞋里?”

“你自己想想!”妈妈有点不耐烦了。

“妈妈 ，鞋带要解下来洗吗?”

“唉，真是!”妈妈没好气地嚷道。

我见妈妈没回答我，就盯着她：“妈，你说啊!”

“哎呀！看你洗一双鞋，比我自己洗十双鞋还累呢!”妈妈恼火地说道，“干脆我来洗得了!”

4. 比较这两种写法在表达效果上有什么不同。

【参考答案】

这两种写法，一个枯燥，一个生动；一个笼统，一个具体；一个呆板，一个活泼。第二种写法把叙述变为对话，形象逼真地描写了一个不会做事，但想学做事的小孩子的天真的神情。同时，也把妈妈的态度从耐心到不满再到发火埋怨的变化过程写得一清二楚，我们一读对话，就好像如闻其声，如见其人，知道儿子一点也离不开妈妈。如果不用对话，就没有这种效果。

26 字里行间留余韵，句段篇章显诗意

——《祖父的园子》的语文资源开发与课堂训练设计

经典推荐

《祖父的园子》是被誉为“30 年代文学洛神”的女作家萧红的作品。本课及语文 S 版《语文》三年级上册中的《火烧云》都选自萧红的作品《呼兰河传》。

文中的园子是一个童话的王国，虽然语言不失其质朴，却着了浓重的色彩，色调斑斓，生机跃动，彩蝶飞舞，金光闪耀。而你也正漫步其间，接受灵魂的陶冶。正是这美丽的花园，让作者感受到了童年的快乐、自由的生活，造就了作者热情奔放而又坚强刚毅的性格。

《祖父的园子》是人教版小学《语文》五年级下册的课文，也是苏教版小学《语文》五年级下册课文，还是教科版小学《语文》六年级、鲁教版六年级和冀教版七年级的课文（苏教版、教科版、鲁教版、冀教版课题有改动）。《祖父的园子》行文清新优美，语言简洁流畅，却又不失韵味。作为选用的一篇教材，无论是文章的语言，还是文章的意境，均能作为学生习作赏析的典范文本。

祖父的园子（节选）

我家有一个大花园，这花园里蜜蜂、蝴蝶、蜻蜓、蚂蚱，样样都有。蝴蝶有白蝴蝶、黄蝴蝶。这种蝴蝶小，不太好看。好看的是大红蝴蝶，满身带着金粉。蜻蜓是金的，蚂蚱是绿的。蜜蜂则嗡嗡地飞着，满身绒毛，落到一朵花上，胖乎乎，圆滚滚，就像一个小毛球，停在上面一动不动了。

……

据说这花园，从前是一个果园。祖母喜欢养羊，羊把果树给啃了，果树渐渐地都死了。到我有记忆的时候，园子里还有一棵樱桃树、一棵李子树，因为樱桃和李子都不大结果子，所以觉得它们并不存在。小的时候，只觉得园子里边就有一棵大榆树。这榆树在园子的西北角上，来了风，榆树先呼叫，来了雨，榆树先冒烟。太阳一出来，榆树的叶子就发光了，它们闪烁得和沙滩上的蚌壳一样。

祖父整天都在园子里，我也跟着他在里面转。祖父戴一顶大草帽，我戴一顶小草帽；祖父栽花，我就栽花；祖父拔草，我就拔草。祖父种小白菜的时候，我就在后边，用脚把那下了种的土窝一个一个地溜平。其实，不过是东一脚西一脚地瞎闹。有时不但没有盖上菜种，反而把它踢飞了。

祖父铲地，我也铲地。

……………

祖父发现我铲的那块地还留着一片狗尾草，就问我："这是什么？"

我说："谷子。"

祖父大笑起来，笑够了，把草拔下来，问我："你每天吃的就是这个吗？"

我说："是的。"

我看祖父还在笑，就说："你不信，我到屋里拿来给你看。"

我跑到屋里拿了一个谷穗，远远地抛给祖父，说："这不是一样的吗？"

祖父把我叫过去，慢慢讲给我听，说谷子是有芒针的，狗尾草却没有，只是毛嘟嘟的，很像狗尾巴。

花开了，就像睡醒了似的。鸟飞了，就像在天上逛似的。虫子叫了，就像虫子在说话似的。一切都活了，要做什么，就做什么。要怎么样，就怎么样，都是自由的。倭瓜愿意爬上架就爬上架，愿意爬上房就爬上房。黄瓜愿意开一朵花，就开一朵花，愿意结一个瓜，就结一个瓜。若都不愿意，就是一个瓜也不结，一朵花也不开，也没有人问它。玉米愿意长多高就长多高，它若愿意长上天去，也没有人管。蝴蝶随意地飞，一会儿从墙头上飞来一对黄蝴蝶，一会儿又从墙头上飞走一只白蝴蝶。它们是从谁家来的，又飞到谁家去？太阳也不知道。

天空蓝悠悠的，又高又远。

白云来了，一大团一大团的，从祖父的头上飘过，好像要压到了祖父的草帽上。

我玩累了，就在房子底下找个阴凉的地方睡着了。不用枕头，不用席子，把草帽遮在脸上就睡了。

资源开发

《祖父的园子》这篇课文描写了"我"童年时代跟随祖父在园子里劳动的情景，表现了祖父的园子是"我"童年快乐、自由的家园，表达了作者对童年生活的眷恋和对亲情的美好回忆。孩子气十足的腔调，如春天的泥土般清新的语言，诗意浪漫的景物描述，是本文表达方式上的突出特点。文章文字虽然浅显，但意境很美，寓意不凡。所以，我们要开发《祖父的园子》的语文教学资源。那么，《祖父的园子》可以是语文课程中哪些语文知识与能力点位的例子呢？

1.《祖父的园子》是“教学诗意语言”的例子，如通观全文，我们不难发现整篇课文中的短句是一个特色，短句能使课文更具有诗意。

2.《祖父的园子》是“感受文中美丽的画面”的例子，如该文第一自然段呈现的画面，蜜蜂、蝴蝶、蜻蜓、蚂蚱，在自由地飞舞，倭瓜、黄瓜、玉米在自由地生长，园子里生机盎然。通过对文中动物、人物、植物的描写，感受其美丽的画面。

3.《祖父的园子》是“拟人手法”的例子，如该文中第三自然段中“这榆树在园子的西北角上，来了风，榆树先呼叫，来了雨，榆树先冒烟。太阳一出来，榆树的叶子就发光了，它们闪烁得和沙滩上的蚌壳一样。”

4.《祖父的园子》是写“对话作文”的例子，如在该文中，“我”与祖父精彩的对话描写，能够让人很好地感受到祖父和“我”在园子里快乐的时光。

5.《祖父的园子》是“分号运用”的例子，如该文中作者和祖父种地的情景：“祖父戴一顶大草帽，我戴一顶小草帽；祖父栽花，我就栽花；祖父拔草，我就拔草。”这句话中分号的运用绝妙。

6.《祖父的园子》是“引号运用”的例子，如该文作者在和祖父对话中多处使用引号。

7.《祖父的园子》是“抓文眼教学课文”的例子，如该文抓住文章的文眼“一切都活了，要做什么，就做什么。要怎么样，就怎么样，都是自由的”，感受文章的主体情感。

8.《祖父的园子》是“比喻手法”的例子，如该文第一自然段蜜蜂嗡嗡地飞着，满身绒毛，落到一朵花上，胖乎乎，圆滚滚，就像一个小毛球，停在上面一动不动了。

9.《祖父的园子》是“汉字教学”的例子。文中有几个容易被人们忽略却又容易写错的字，如“帽”“瞎”“抛”“韭”这四个生字。“帽”字书写的要点在于右上角的“冃”中间两横不能接到两边。

10.《祖父的园子》是教学“动静结合”的例子，如该文中运动着的动物，静静的植物，还有祖孙两人，通过动物、人物、植物的结合，使画面更加的丰满。

11.《祖父的园子》是“寄情于景，纸上生活与现实生活鲜明对比”的例子。了解作者的背景，不难发现作者坎坷的人生经历和作者笔下的生活形成鲜明的对比。

12.《祖父的园子》是“感受风土人情”的例子，如该文作者以画家的笔墨描绘出呼兰河的风俗人情画面，可谓多姿多彩、生动自然，又创造出一种散文诗的意境，纯朴清新，一种别样的美。

点位论证

在众多“可能”的教学点位中，我们最好教什么呢？我们最好用《祖父的园子》教“诗意语言”。理由如下：其一，“诗意语言”是语文知识与能力的点位，也是开发学生语言智慧的方式。其二，“诗意语言”是《祖父的园子》特有的，第十二自然段对此表现得很突出，其余语文的知识与能力点位在其他课文中也常遇到。其三，祖父的园子里各种动植物自由地生活是课文的主要内容，具有主导性。对动植物们的诗意描写因而成为该文的亮点。其四，由对动植物们的活动描写，可以得出规律：诗意语言能使文章富有感染力。我们还可以迁移训练，举一反三，用诗意语言说说“果园”。其五，《课标》也提出了“表达力求有创意”的要求。其六，学生想象丰富，善用想象，在老师的引导下，他们会有许多童话般的想法。其七，整理短句成诗的形式，更能体现诗意。

花开了，
就像睡醒了似的。
鸟飞了，
就像在天上逛似的。
虫子叫了，
就像虫子在说话似的。
一切都活了，要做什么，就做什么。
要怎么样，就怎么样，都是自由的。
倭瓜愿意爬上架就爬上架，
愿意爬上房就爬上房。
黄瓜愿意开一朵花，
就开一朵花。
愿意结一个瓜，
就结一个瓜。
若都不愿意，
就是一个瓜也不结，
一朵花也不开，
也没有人问它。
玉米愿意长多高就长多高，
它若愿意长上天去，也没有人管。
蝴蝶随意地飞，
一会儿从墙头上飞来一对黄蝴蝶，
一会儿又从墙头上飞走一只白蝴蝶。
它们是从谁家来的，又飞到谁家去？
太阳也不知道。

由此可见，这篇课文“短句语言，诗意无穷”也是编者的意图和本课的重点。

训练设计

第一步，接触案例。

读下面一段话，请与课文第十二自然段对照。

一切都活了，要做什么，就做什么。要怎么样，就怎么样，都是自由的。倭瓜愿意在哪儿就在哪儿。黄瓜愿意开花就开花，愿意结瓜就结瓜。若是一个都不结，也没人管。玉米任意长，也没有人管。蝴蝶随意地飞，也没人管。

第二步，探究规律。

上段文字与课文第十二自然段有什么不同？

1. 两段文字都写园子里的植物和动物，但上段文字平铺直叙，课文第十二自然段写得很有诗意。

2. 效果不同。上段文字单调乏味，不能引起读者的阅读兴趣。原文中都是以短句的形式，大白话的反复循环使用，是作者有意而为的特殊表达句式。这种句式充满了诗意，并能从句中的内容读出童年生活的自由。

使用诗意的语言，我们还能举出例子吗？

【资料】诗意的语言：

1. 秋日的山乡早晨，清风泠泠，枯叶沙沙，清泉淙淙，鸟鸣恓恓。走出城，觉得秋意秋景秋风，画上了又一年繁华的季节的句号！

2. 我念及相关的生命，也想到了人。在我头顶上，这个巨大的梧桐树的树冠，似乎是人类社会的一个小小的缩影。枝枝相连，叶叶比肩，不正像极了人口拥挤、相互倾轧的人类吗？有的叶尚绿，有的叶已黄，有的叶未生，有的叶已落，不正像极了地球人的繁衍生息吗？人生一世，亦如叶片在树，虽也曾为装点夏日的色彩奉献出点滴青翠，却终脱不过经春历夏后的秋至冬来，脱不过从这棵大树上最终谢幕的自然归宿。想到那些一心争名逐利，终世不得安宁的人，便为他们不能超越自己而陷于终生负累深为叹惋。在世一遭，能够做一片自由、舒展的绿叶，尽情地释放自己的生命能量，完成一次无拘无束的诗意旅行就足够了，何必去与人挤、与人争呢？当生命的秋天来临，也如我手里的这片树叶，伴着优雅的舞姿，轻轻地、静静地，含着淡泊的微笑，落入宇宙的永恒。胸怀天地般宽广的豁达，以及与万物同化的理念，陨落便也是静美的、壮丽的，如新生一样美好。

第三步，训练能力。

1. 心中有自由快乐，看什么都是自由快乐的，让我们再来看看园子的景象吧！引读：

花开了，就像（ ）似的。鸟飞了，就像在天上（ ）似的。虫子叫了，就像虫子在（ ）似的。一切都活了，要做什么，就做什么。要怎么样，就怎么样，都是（ ）的。倭瓜愿意爬上架就爬上架，愿意爬上房就爬上房。黄瓜愿意开（ ），就开一朵花，愿意结一个瓜，就结（ ）。若都不愿意，就是一个瓜也不结，一朵花也不开，也没有人问它。玉米愿意长多高就长多高，它若愿意长上天去，也（ ）。蝴蝶（ ）地飞，一会儿从墙头上飞来一对黄蝴蝶，一会儿又从墙头上飞走一只白蝴蝶。它们是从谁家来的，又飞到谁家去？太阳也不知道。

【参考答案】

睡醒了、逛、说话、自由、一朵花、一个瓜、没有人管、随意。

2. 园子的各处景物、动物、人物都是自由的，如果你是园子里的一朵花，一个瓜，一株小草，一只小鸭……讲述出你的快乐和自由吧！

我是____________，我愿意____________就____________。

我是____________，我愿意____________就____________。

我是____________，我愿意____________就____________。

3. 园子中的飞鸟、昆虫、庄稼还有我，哪怕是一朵小花都做得了自己的主，都是自由快乐的，无拘无束的。我玩过了，闹过了，累了，睡了，睡觉也是自由的，想怎么睡就怎么睡，想在哪里睡就在哪里睡。假如你就是文中的我，今天我会做个怎样香甜的梦呢？拿起笔，放飞梦想，描绘美梦，记得描绘出诗意的语言。

4. 推荐阅读。

这篇文章选自《呼兰河传》，是萧红的自传体小说，也是她生前最后一部作品。著名作家茅盾对《呼兰河传》的赞誉——"一篇叙事诗，一副多彩的风土画，一串凄婉的歌谣"。从《呼兰河传》了解萧红的其他作品，并体会本篇文章中萧红所向往的生活。

27 关键字词细体会，表情达意深揣摩

——《狐假虎威》的语文资源开发与训练设计

经典推荐

狐假虎威，我国古代成语，寓言故事。

成语典故：

【原文】

荆宣王问群臣曰："吾闻北方之畏昭奚恤，果诚何如?"群臣莫对。江乙对曰："虎求百兽而食之，得狐。狐曰：'子无敢食我也！天帝使我长百兽，今子食我，是逆天帝之命也。子以我为不信，吾为子先行，子随我后，观百兽之见我而敢不走乎?'虎以为然，故遂与之行；兽见之皆走。虎不知兽畏己而走也，以为畏狐也。今王之地方五千里，带甲百万而专属之于昭奚恤。故北方之畏昭奚恤也，其实畏王之甲兵也，犹百兽之畏虎也。"

——选自《战国策·楚策一》

"狐假虎威"，假，意为"借"。狐狸借老虎之威吓退百兽。比喻依仗别人的势力来恐吓人。后以"狐假虎威"喻仰仗别人的威势或倚仗别人威势来欺压人。

此成语故事寓意深刻，因而被译为多种语言，广为流传。

现有语文S版《语文》三年级上册、人教版《语文》三年级上册、苏教版《语文》二年级下册、沪教版《语文》二年级下

册、湘教版《语文》二年级下册、教科版《语文》三年级上册将此寓言入选故事小学语文教材。

狐假虎威

茂密的森林里，有只老虎正在寻找食物，一只狐狸从老虎身边窜过。老虎扑过去，一下就逮住了狐狸。

狐狸眼珠子骨碌碌一转，扯着嗓子对老虎说："你敢吃我！"

"为什么不敢？"老虎一愣。

"我是老天爷派来管你们百兽的，你要是吃了我，就是违抗老天爷的命令。你的胆子真大呀！"

老虎被蒙住了，松开了爪子。狐狸摇了摇尾巴，接着说："不信，你就跟着我到百兽面前走一趟，看他们怕不怕我。"

老虎跟着狐狸向森林深处走去。狐狸神气活现，摇头摆尾；老虎半信半疑，东张西望。

森林里的猴子啦，野猪啦，小白兔啦，梅花鹿啦，看见狐狸大摇大摆地走过来，和往常不一样，都很纳闷儿。再往狐狸身后一看，呀！一只大老虎！大大小小的野兽都吓得撒腿就跑。

老虎不知道百兽是害怕自己才逃跑的，还以为真是害怕狐狸呢！

资源开发

《狐假虎威》一文用精练、简短的故事，表达了一个寓意，让学生懂得不能依仗别人的势力来欺压人。我们从文中悟出了一个"人生之道"：遇事不要慌张，要用心思考、积极应对。我们更要从课文中悟出"语文之道"，开发《狐假虎威》的语文教育资源。《狐假虎威》这则寓言中哪些可以作为语文课程中语文知识与能力点位的例子呢?

1.《狐假虎威》是“体会关键词句在课文中表情达意的作用”的例子，如“狐狸眼睛骨碌碌一转”中的“骨碌碌”表现了狐狸的狡猾，为成功蒙住老虎埋下了伏笔。

2.《狐假虎威》是“抓住人物动作描写表现人物性格”的例子，如从课文第一段中狐狸的“窜”和老虎的“扑”中可以看出老虎比狐狸更敏捷，因而称得上是林中之王；第六自然段中狐狸的“摇头摆尾”和老虎的“东张西望”表现了狐狸的自信及老虎的疑惑。

3.《狐假虎威》是“抓住人物语言描写来突显人物心理活动”的例子，如狐狸眼珠子骨碌碌一转，扯着嗓子对老虎说:“你敢吃我!”“为什么不敢?”老虎一愣。“我是老天爷派来管你们百兽的，你要是吃了我，就是违抗老天爷的命令。你的胆子真大呀!”从这段对话中可以看出狐狸的虚张声势和老虎的困惑。

4.《狐假虎威》是“在文中积累成语”的例子，如“狐假虎威、神气活现、摇头摆尾、半信半疑、东张西望”。在单元训练中也有要求学生积累带有动物名称的成语。

5.《狐假虎威》是“巩固旧知识，强化熟悉多种文学体裁”的例子，如二年级下册学生刚刚接触寓言故事，只学过《坐井观天》及《亡羊补牢》，对寓言这种文学体裁还不太熟悉，再次学习后能总结出“寓言就是采用短小的篇幅、精练的语言，讲述带有劝诫或讽刺意味的故事”，从而加深对寓言故事这一文学体裁的印象。

6.《狐假虎威》是“学习了解感叹号在不同句式中的不同用法”的例子，如：（1）再往狐狸身后一看，呀！一只大老虎！（2）老虎不知道百兽是害怕自己才逃跑的，还以为真是害怕狐狸呢！两个感叹句，却表示不同的意思。前一个句子中连用两个感叹号强调了百兽看到老虎时的吃惊。后一个句子中的感叹号突出了老虎被骗了还不知情的可悲可笑。

7.《狐假虎威》是“字词的反义词、近义词训练”的例子，如“半信半疑”可以找出近义词“将信将疑”，反义词“坚信不疑”；“违抗”可以学习近义词“违背”，反义词“服从、顺从”；“大摇大摆”可以学习近义词“大模大样”，反义词“蹑手蹑脚”等。

8.《狐假虎威》是“根据偏旁部首归类识字教学”的例子，如狐、狸、猴、猪等这几个本课要求会写的生字，它们都带有反犬旁，与动物有关，学生可以从这里知道大多数带有反犬旁的字都与动物有关。

9.《狐假虎威》是“训练学生朗读能力”的例子，如人物对话的语气、神态描写细腻，适合练习分角色朗读。

10.《狐假虎威》是“课本剧的表演剧本”的例子，如课文篇幅短小，适合三年级学生在分角色朗读的基础上进行课本剧创作，激发学生的表演兴趣及合作能力。

11.《狐假虎威》是“开发学生思维、发展想象能力”的例子，如课后要求按照提示续编故事，发展学生的思维能力，展开合理想象。

12.《狐假虎威》是“训练学生进行小练笔”的例子，如在学生续编故事的基础上，指导学生用几句通顺的话把自己的续编故事写下来，这也符合三年级学生刚刚开始写简单作文的训练点位。

点位论证

在众多“可能”的教学点位中，我们最好教什么呢？我们最好用《狐假虎威》教“抓住关键字词，理解文本内容”。理由如下：其一，“体会关键词句在课文中表情达意的作用”是关于语文的知识与能力，而且是开发学生语言智能的方式。其二，“体会关键词句在课文中表情达意的作用”是《狐假虎威》特有的描写人物的动作、语言的词句，对理解文本内容是很有帮助的。其三，《课标》也提出了“体会课文中关键词句表情达意的作用”的要求。其四，课后的思考练习中，要求分角色朗读课文，分小组选择一则寓言演一演。文中对狐狸、老虎、百兽们的语言、神态、动作描写的词句，有助于学生理解课文内容，从而达到表情达意。其五，课后训练中也让学生进行讨论，用上带点的词语有什么好处，可见理解词句的意思是了解课文内容的重要方法。其六，拓展训练中，要求学生根据提示展开想象续编故事，在学习了课文中抓住关键词句对人物的语言、动作、神态进行描写来表现人物特征这种写人的方法后，学生在续写中就可以学习、借鉴。由此可见，“体会关键词句在课文中表情达意的作用”也是编者的意图和本课的重点。

训练设计

第一步，接触案例。

同学们，请看 PPT，一只狐狸和一只老虎。

配音：“茂密的森林里，有只老虎正在寻找食物，一只狐狸从老虎身边窜过。老虎扑过去，一下就逮住了狐狸。”

第二步，探究规律。

1. 这是一只什么样的老虎?

饥饿的老虎。

2. 你是怎么知道的?

“正在”寻找食物。

3. 狐狸被老虎捉住了，会有危险吗?

当然有危险，老虎很饿啊。

4. 那狐狸怎么看见老虎还不赶紧跑呢?

跑了啊，“窜过”。

5. “窜过”说明狐狸已经跑得很快了，怎么还是被捉住了呢？

老虎更快，又快又狠，“扑过去”。

同学们找出了描写老虎和狐狸动作的词语，“窜”和“扑”，可以看出，老虎虽说是饿了，但还是能敏捷地抓住狐狸，真不愧是“林中之王”啊！

【资料】关于“跑”的种种表达：

1. 一只野兔从林子里窜出来，撞在树桩上，死了。

2. 放学了，我飞奔着扑进妈妈的怀抱。

3. 发令枪一响，运动员们像出膛的子弹射了出去。

4. F1 赛道上，耳边只听到机器的轰鸣，而赛车已经狂飙到了好几公里外。

6. 如果你是这只狐狸，被老虎捉住了又想不出办法，你会怎么办呢？

求饶。

7. 求饶有用吗？老虎会心慈手软吗？

不会。

找出老虎“放开狐狸”的部分，读一读课文第 2～5 自然段。

8. 再读这一部分，用你熟悉的符号勾画出描写他们对话和表示动作、神态的词语。

狐狸眼珠子骨碌碌一转，扯着嗓子对老虎说：“你敢吃我！”

“为什么不敢？”老虎一愣。

“我是老天爷派来管你们百兽的，你要是吃了我，就是违抗老天爷的命令。你的胆子真大呀！”

老虎被蒙住了，松开了爪子。狐狸摇了摇尾巴，接着说：“不信，你就跟着我到百兽面前走一趟，看他们怕不怕我。”

【参考答案】

骨碌碌一转，扯着嗓子，老虎一愣。

老虎被蒙住了，松开了爪子。

9. “骨碌碌”说明什么？

说明狐狸很聪明、很有智慧，办法想得很快。

10. 从狐狸的“扯着嗓子”，你看出了什么？

狐狸心里还是很害怕，它扯着嗓子给自己壮胆呢，吓唬老虎的。

11. 老虎怕狐狸吗？

不怕。

12. 那老虎怕什么呢？

老天爷。

13. 那其实我们可以把“狐假虎威”理解为“狐假天威”。

14. 老虎松开了，狐狸马上就逃了吗？

没有。

15. 这么好个逃跑的机会狐狸怎么不抓住呢？

老虎比狐狸厉害，再抓住就不会饶了他的。所以狐狸要老虎跟着他去百兽面前走一趟，看他们怕不怕自己。让老虎相信自己就是老天爷派来的。

16. 老虎相信狐狸了吗？

没有。

17. 从哪些地方可以看出来？

勾出关键词语——半信半疑（半信半疑是什么意思？还可以用什么词语代替？——近义词：似信非信。反义词：坚信不疑。提示：此处可结合上下文进行理解）、东张西望（提示：结合《蜗牛》一文中的“东张西望”——蜗牛的东张西望是胆小，在试探；老虎是半信半疑，他在观察百兽的反应。理解相同词语在不同句子中的不同意思）。

18. 狐狸又有什么表现呢？

神气活现、摇头摆尾。

19. 他为什么这样神气呢?

(1) 骄傲，因为他骗住了老虎；(2) 他要继续在老虎面前演戏；(3) 在百兽面前要尽了威风。

20. 百兽有什么表现呢?

撒腿就跑（结合前面的“窜”理解），重点指导“大大小小”用在这里有什么好处。

第三步，训练能力。

1. 那我们来学一学他们的对话吧，注意抓住描写他们语言、动作、神态的词句。

(1) 老师和同学们来分别扮演狐狸和老虎。（老师先扮演狐狸，第二次再扮演老虎，起到示范、引领作用）

(2) 同桌互相分角色扮演，可以加上动作和表情。

(3) 表演得好的同学到班上来表演。

2. 狐狸凭借自己智慧、聪明的头脑暂时蒙骗住了老虎，救了自己一命。

(1) 后来，老虎明白了百兽是害怕自己才逃跑的……请你来续编这个故事吧。要求：语言通顺、想象合理。注意抓住人物的语言、动作和神态来进行续编故事。

(2) 有兴趣的同学可以用几句通顺的话写下来。

3. 请同学们运用今天学会的抓住重点词句理解课文内容的方法在小组内来合作学习下一篇寓言故事《鹬蚌相争》。

28 展开合理的想象，给文字插上翅膀

——《卖火柴的小女孩》的语文资源开发与训练设计

经典推荐

《卖火柴的小女孩》是丹麦19世纪著名的童话作家、诗人汉斯·克里斯蒂安·安徒生写的。他写的童话深受广大人民群众的喜爱，被翻译成许多国文字，广泛流传。他也被人们誉为“世界童话大王”。本篇课文被收入在人教版、语文S版、长春版和西师版的语文教材中。

本文运用虚实结合的独特写作手法，烘托出了小女孩悲惨命运这一主题，这是进行语言文字训练和情感教育的好材料，是激发学生理解和展开合理想象的好案例，是指导学生习作的重点课文。

经典呈现

卖火柴的小女孩

天冷极了，下着雪，又快黑了。这是一年的最后一天——大年夜。在这又冷又黑的晚上，一个光着头赤着脚的小女孩在街上走着。她从家里出来的时候还穿着一双拖鞋，但是有什么用呢？那是一双很大的拖鞋——那么大，一向是她妈妈穿的。她穿过马

路的时候，两辆马车飞快地冲过来，吓得她把鞋都跑掉了。一只怎么也找不着，另一只被一个男孩捡起来拿着跑了。他说，将来他有了孩子可以拿它当摇篮。

小女孩只好赤着脚走，一双小脚冻得红一块青一块的。她的旧围裙里兜着许多火柴，手里还拿着一把。这一整天，谁也没买过她一根火柴，谁也没给过她一个钱。

可怜的小女孩！她又冷又饿，哆哆嗦嗦地向前走。雪花落在她的金黄的长头发上，那头发打成卷儿披在肩上，看上去很美丽，不过她没注意这些。每个窗子里都透出灯光来，街上飘着一股烤鹅的香味，因为这是大年夜——她可忘不了这个。

她在一座房子的墙角里坐下来，蜷着腿缩成一团。她觉得更冷了。她不敢回家，因为她没卖掉一根火柴，没挣到一个钱，爸爸一定会打她的。再说，家里跟街上一样冷。他们头上只有个房顶，虽然最大的裂缝已经用草和破布堵住了，风还是可以灌进来。

她的一双小手几乎冻僵了。啊，哪怕一根小小的火柴，对她也是有好处的！她敢从成把的火柴里抽出一根，在墙上擦燃了，来暖和暖和自己的小手吗？她终于抽出了一根。哧！火柴燃起来了，冒出火焰来了！她把小手拢在火焰上。多么温暖多么明亮的火焰啊，简直像一支小小的蜡烛。这是一道奇异的火光！小女孩觉得自己好像坐在一个大火炉前面，火炉装着闪亮的铜脚和铜把手，烧得旺旺的，暖烘烘的，多么舒服啊！哎，这是怎么回事呢？她刚把脚伸出去，想让脚也暖和一下，火柴灭了，火炉不见了。她坐在那儿，手里只有一根烧过了的火柴梗。

她又擦了一根。火柴燃起来了，发出亮光来了。亮光落在墙上，那儿忽然变得像薄纱那么透明，她可以一直看到屋里。桌上铺着雪白的台布，摆着精致的盘子和碗，肚子里填满了苹果和梅子的烤鹅正冒着香气。更妙的是这只鹅从盘子里跳下来，背上插着刀和叉，摇摇摆摆地在地板上走着，一直向这个穷苦的小女孩走来。这时候，火柴又灭了，她面前只有一堵又厚又冷的墙。

她又擦着了一根火柴。这一回，她坐在美丽的圣诞树下。这棵圣诞树，比她去年圣诞节透过富商家的玻璃门看到的还要大，还要美。翠绿的树枝上点着几千支明晃晃的蜡烛，许多幅美丽的彩色画片，跟挂在商店橱窗里的一个样，在向她眨眼睛。小女孩向画片伸出手去。这时候，火柴又灭了。只见圣诞树上的烛光越升越高，最后成了在天空中闪烁的星星。有一颗星星落下来了，在天空中划出了一道细长的红光。

“有一个什么人快要死了。”小女孩说。唯一疼她的奶奶活着的时候告诉过她：“一颗星星落下来，就有一个灵魂要到上帝那儿去了。”

她在墙上又擦着了一根火柴。这一回，火柴把周围全照亮了。奶奶出现在亮光里，是那么温和，那么慈爱。

“奶奶！”小女孩叫起来，“啊！请把我带走吧！我知道，火柴一灭，您就会不见的，像那暖和的火炉，喷香的烤鹅，美丽的圣诞树一个样，就会不见的！”

她赶紧擦着了一大把火柴，要把奶奶留住。一大把火柴发出强烈的光，照得跟白天一样明亮。奶奶从来没有像现在这样高大，这样美丽。奶奶把小女孩抱起来，搂在怀里。她俩在光明和快乐中飞走了，越飞越高，飞到那没有寒冷，没有饥饿，也没有痛苦的地方去了。

第二天清晨，这个小女孩坐在墙角里，两腮通红，嘴上带着微笑。她死了，在旧年的大年夜冻死了。新年的太阳升起来了，照在她小小的尸体上。小女孩坐在那儿，手里还捏着一把烧过了的火柴梗。

“她想给自己暖和一下……”人们说。谁也不知道她曾经看到过多么美丽的东西，她曾经多么幸福，跟着她奶奶一起走向新年的幸福中去。

资源开发

《卖火柴的小女孩》是一篇经典的童话故事，其独特的写作手法及作者对语言的运用都值得我们借鉴、学习，每一篇故事都有作者想要表达的思想，本文没有直截了当地写小女孩痛苦、悲伤、害怕，而是通过她擦燃火柴看到的幻境来表达对美好生活的无限向往与期盼。那么本篇课文具体有哪些语文知识与能力点位的例子呢?

1. 词句背后的意义。如“大年夜”，本文三次提到大年夜，有强调小女孩窘迫处境的目的。大年夜对于所有人来说都应该是温暖、幸福、美好的，可小女孩却还打着光脚在雪地里卖火柴，这样更能让人产生怜悯之心。

2. 文中对小女孩的外貌描写似乎不必要，但却有着对比的作用。如“雪花落在她的金黄的长头发上，那头发打成卷儿披在肩上，看上去很美丽，不过她没注意这些”。通过对外貌的描写，与她又冷又饿的处境形成鲜明对比，能表现小女孩生活的悲惨，对美好生活的渴望。

3. 反复叙事，不啰嗦，有强调的效果。小女孩一共划了5次火柴，每一次擦燃火柴，都预示了她梦想的变化，表现出女孩对于光明与温暖的渴望：第一次“她终于从抽出一根”看见了火炉，第二次“她又擦了一根”看见了烤鹅，第三次“她又擦着了一根火柴”看见了圣诞树，第四次“她在墙上又擦着了一根火柴”看见了奶奶，第五次“她赶紧擦着了一大把火柴”奶奶把她抱了起来，在光明和快乐中飞到了一个没有寒冷、没有饥饿、没有忧愁的地方。看似一波三折，却层层递进、引人入胜。

4. 破折号的运用。如“这是一年的最后一天——大年夜”，这里的破折号起解释的作用，突出事情发生在本该让人幸福快乐的大年夜。“这是一双很大的拖鞋——那么大，一向是她妈妈穿的。”破折号在这里也起解释作用，说明拖鞋具体有多大，她没有拖鞋穿，只能穿妈妈的。“因为这是大年夜——她可忘不了这个。”这里破折号起补充说明的作用，并改变了叙述角度。

5. 合理想象，虚实结合的写作手法，让本文充满了奇幻色彩。本文第五段到第十一段用了虚实结合的写作手法，小女孩用手中燃烧的火柴，将她渴望得到的温暖、食物、快乐，以及唯一疼爱她的奶奶都幻想了出来，幻景越美，离幸福越远，反衬了小女孩生活的痛苦，说明小女孩对美好生活的无比渴望。

6. 曲折的写作手法。如：“第二天清晨，这个小女孩坐在墙角里，两腮通红，嘴上带着微笑。她死了，在旧年的大年夜冻死了。”曲折的写作手法，能让故事更具有吸引力和戏剧性，如果将“她死了”放在本句的前面，就显得结果过于平淡。“她死了，在旧年的大年夜冻死了。”这里重复的叙述她死了，有强调的作用，并且强调她是在大年夜死的，就更能突出小女孩悲惨的人生。“两腮通红，嘴上带着微笑”，作者独具匠心地不写小女孩随着死亡的痛苦和泪水，用这样的手法更能引起读者深思，体会到蕴含在这个凄凉的故事中的社会现实。

点位论证

在众多“可能”的教学点位中，我们应该教什么呢？我们应该用《卖火柴的小女孩》教“合理想象使故事更生动”。合理想象、虚实结合。本文合理想象小女孩擦燃火柴看到的幻境，不仅没脱离主题，反而使故事更加生动，充满了神奇色彩。在发展语言能力的同时，发展思维能力，激发想象力和创造潜能。我们知道，想象是人在已有的表象基础上，在头脑中创造新形象的心理过程。想象是构成思维能力的重要因素，是一种特殊的思维活动。想象力是语文知识与能力的重要组成部分。我们也知道，语文教学是沟通心灵的艺术，它不应只是机械地传授语文知识，而是让学生在阅读中发挥想象，促进学生更好地感悟语言，理解内容，体会课文表达的思想感情，提高阅读能力。因此，在语文教学中应注意培养学生的想象力，这对学生学习语文知识，积累语言，提高语文素养等具有十分重要的作用。想象是一种构造、一种假设。经常看到电视剧会特别声明：本故事纯属虚构。可以说想象才是真正创新的源泉，因为创新都是世界上原来没有的，如果不凭想象虚构的本事，怎么创新呢？但是你的假设也要比较合理，否则假设就没有什么意义。一部电视剧剧情太假，人们就不喜欢看。想象也是一种可能的未来真实、一种潜在真实。文学虽虚构，却总可以打动人，其中总是有很多合理的部分，所以想象是很有价值的。爱因斯坦也说，想象力是知识进化的源泉。当然，只要我们在语文教学中注意结合文本特点灵活训练，使学生在阅读中插上想象的翅膀，将学习语言文字和想象画面融为一体，就能逐步培养和提高学生的想象能力，并运用到写作当中。

训练设计

1. 看句释词。

（1）“谁也不知道她曾经看到过多么美丽的东西，她曾经多么幸福，跟着她奶奶一起走向新年的幸福中去。”此句中两个幸福分别是什么意思，表达了什么？

（2）“她敢从成把的火柴里抽出一根，在墙上擦燃了，来暖和暖和自己的小手吗？”从小女孩之前的犹豫不决，到后来“她赶紧擦着了一大把火柴，要把奶奶留住”，是什么原因让她敢擦着一大把火柴？

【参考答案】

1. 看句释词。

（1）第一个“幸福”，是说小女孩临死前，处在幻觉中，这是幸福的；第二个“幸福”，是说小女孩死了，就幸福了，彻底离开了充满寒冷、饥饿、痛苦的现实社会。

（2）对小女孩来说，这世界上没有光明，没有温暖。奶奶的出现使她无比留恋。她清楚地知道，火柴一灭，慈爱温和的奶奶就会不见。所以，她不顾一切，“赶紧”擦着了“一整把”火柴。这句话反映了小女孩对美好生活的强烈向往，也反衬了当时社会现实的冷酷。

2. 阅读。

五瓣丁香

入春以来，我一直惦念丁香。听人说，若能在结着多如云霞的四瓣丁香树上找出一朵五瓣丁香，就会得到好运和幸福。女子都是虔诚的，我这个穿军装的女子也一样。

同病室的几个病友几乎每天傍晚都去医院的后山坡上探看丁香，带回来的消息一天比一天惹人心动：“冒出新绿了。”“生出嫩叶了。”“结花蕾了。”……可是我们嫌慢，埋怨丁香的疏懒乏情。

昨天晚饭，她们又结伴去探看丁香了，留下我一个在病房里。看着自己打着石膏的腿，再看看白色的病床，白色的墙壁，仿佛一切都变得苍白起来。我心想：这条伤腿一定害我误了花期，不能去找五瓣丁香，寻不着它，那么好运和幸福也就与我无缘了。这样想着，自己把心情弄得灰灰的。

这时，她们回来了，个个兴高采烈，争着向我炫耀她们的“幸福”——五瓣丁香。有白色的、紫色的，小小的花朵很是美丽，花瓣儿更是精致、娇巧、细柔。她们有人要分给我一朵，而我也十二分地想拥有它，可我还听人说：别人送的五瓣丁香不具有神奇的魔力。于是我谢绝了她们的好意。看着她们如同寻得幸福一般的喜悦面孔，我的心羡慕得有点微微发疼。

晚上，我早早地蒙上被子——除了想找一朵五瓣丁香，好像别的一切都不重要了，人，有时就会有一些非常非常小的希望。

由于太希冀、太向往，我甚至做了一个丁香梦：我的腿好了，来到一个好大的丁香园找五瓣丁香，可是到处都是四瓣的，无论我如何努力，也没有找出一朵神秘的五瓣丁香。

感觉天亮了，我懒懒地不肯睁开眼睛，心中仍存着找不到五瓣丁香的遗憾。做晨检的护士来了，问我："别的人都去哪儿了？"我这才发现她们一个都不在。大概是因为太兴奋睡不着而早早跑出去疯闹了吧？疾病竟使我变得有点妒忌她们了。

门被轻轻地推开了，只见她们____ 顿时，我感到自己整个儿沐浴在友爱结成的温馨之中。

我细心地从她们采摘来的一束束丁香花中，找到了一朵白色的五瓣丁香。而我更是在她们中间找到了真正意义上的五瓣丁香——好运、温暖和幸福。

（1）展开合理想象，将文中横线上缺少的部分补充完整。

（2）"我"为什么一直想寻得一朵五瓣丁香？

（3）"看着自己打着石膏的腿，再看看白色的病床，白色的墙壁，仿佛一切都变得苍白起来。"这句话中连用了三个表示白色的词语，你从中体会到什么？

（4）文中三处破折号的用途分别是什么？

（5）说说真正意义上的五瓣丁香指的什么。

【参考答案】

（1）个个手里拿着一大束丁香花，原来她们一大早去替我折花了。她们把花递给我："快找你的五瓣丁香吧！"我一时语塞，为她们的热情、真诚所感动，懊悔刚才对她们的妒忌……

（2）因为"我"听说得到五瓣丁香就会得到好运和幸福。

（3）体会到"我"心中很失落，感到很遗憾。

（4）依次表示解释说明、转折、补充说明。

（5）"而我更是在她们中间找到了真正意义上的五瓣丁香——好运、温暖和幸福。"

3. 讨论：世界上是先有鸡还是先有蛋？展开合理想象，观点新颖、明确，举例说明自己的观点。

4. 小女孩受尽了苦难，在寒冷的大年夜赤着脚卖火柴，多么可怜呀！请你展开合理想象，续写这个故事。

29 意思表达方式多，语言训练能力强

——《花钟》的语文资源开发与训练设计

经典推荐

花钟，是瑞典一位著名的植物学家林奈（Linnaeus）长期观察和研究的一个发现。不同的花组成钟面，在二十四小时内陆续开放。人们只要看看什么花刚刚开放，就知道大致是几点钟。

《花钟》是人教版小学《语文》三年级上册课文，也被选入沪教版小学《语文》一年级下册。《花钟》是一篇事理说明文，因为其语言的文学性强，很精美，也可以说是科学小品文。

这篇课文既能让人感受到大自然的神奇之美，又能让人感受到语言表达的优美。

经典呈现

花 钟

鲜花朵朵，争奇斗艳，芬芳迷人。要是我们留心观察，就会发现，一天之内，不同的花开放的时间是不同的。凌晨四点，牵牛花吹起了紫色的小喇叭；五点左右，艳丽的蔷薇绽开了笑脸；七点，睡莲从梦中醒来；中午十二点左右，午时花开放了；下午三点，万寿菊欣然怒放；傍晚六点，烟草花在暮色中苏醒；月光

花在七点左右舒展开自己的花瓣；夜来香在晚上八点开花；昙花却在九点左右含笑一现……

不同的植物为什么开花的时间不同呢？原来，植物开花的时间，与温度、湿度、光照有着密切的关系。比如，昙花的花瓣又大又娇嫩，白天阳光强，气温高，空气干燥，要是在白天开花，就有被灼伤的危险。深夜气温过低，开花也不适宜。长期以来，它适应了晚上九点左右的温度和湿度，到了那时便悄悄绽开淡雅的花蕾，向人们展示美丽的笑脸。还有的花，需要昆虫传播花粉，才能结出种子，它们开花的时间往往跟昆虫活动的时间相吻合。

一位植物学家曾有意把不同时间开放的花种在一起，把花圃修建得像钟面一样，组成花的“时钟”。这些花在二十四小时内陆续开放。你只要看看什么花刚刚开放，就知道大致是几点钟，这是不是很有趣？

资源开发

《花钟》说明了一个“自然之道”：由于植物开花的时间与温度、湿度、光照有着密切的关系，所以不同的植物开花时间也不同。我们从文中悟出了一个“人生之道”：凡事都要留心观察，用心思考。我们更要从课文中悟出“语文之道”，开发《花钟》的语文教育资源。那么，《花钟》可以是语文课程中哪些语文知识与能力点位的例子呢？

1. 《花钟》是“同一个意思可以有不同的表达”的例子，如该文第一自然段，花“开”的种种表达。表达多样，并无累赘、单调之感。这就是语言智慧。

2. 《花钟》是“说明文语言情趣化”的例子，如该文第一自然段，用了拟人、比喻等描写性语言使说明文生动活泼，富有文采和情趣。感性与理性统一，科学与文学融合，使一般说明文上升为科学小品文。

3.《花钟》是“拟人手法”的例子，如该文第一自然段写各种花开放，都用了写人的词语。

4.《花钟》是“分号运用”的例子，如该文第一自然段写各种花按时间顺序依次开放的句子。

5.《花钟》是“表达思路训练”的例子，如该文第一自然段以时间先后为序写各种花开，思路很清晰。

6.《花钟》是“省略号运用”的例子，如花在二十四小时内陆续开放的很多，该文不可能一一写完，就用省略号。

7.《花钟》是“说明文语言准确性”的例子，如：“五点左右，艳丽的蔷薇绽开了笑脸；中午十二点左右，午时花开放了；月光花在七点左右舒展开自己的花瓣；昙花却在九点左右含笑一现……”“左右”二字虽具有语言中的模糊性，但是正是这种模糊性更能准确地突出花开的时间段。

8.《花钟》是“总分结构”的例子，如该文第一自然段先总说，后分述。

9.《花钟》是“设问与反问区别运用”的例子，如该文第二自然段开头用了设问，第三自然段末尾用了反问。同一文中既有设问，又有反问，便于区别。

10.《花钟》是“举例说明方法训练”的例子，如该文第二自然段为了说明“植物开花的时间与温度、湿度、光照有着密切的关系”，举了昙花和还有别的花，具体而易理解。

11.《花钟》是“详略得当训练”的例子，如该文第二自然段既详细说明了具体的昙花，又概括地说明了需要昆虫传播花粉的花（没有具体说其中的哪种花），有具体有概括，有点有面，有详有略。

12.《花钟》是“前后相呼应”的例子，如该文最后一段的内容，解说了“花钟”的来历，并点了题目，前后呼应。

13.《花钟》是“联系上下文，理解词句意思”的例子，如该文最后一段中的“这些花在二十四小时内陆续开放”。可以说，全文都在诠释“陆续”。教师可以引导学生联系上下文理解词语“陆续”的意思，进而联系上下文理解句中加点词的意思，并造句。

14.《花钟》是“材料收集”的例子，如作者对有关花开的时间的材料进行了收集，我们也可以对有关车的变迁的材料进行收集。

15.《花钟》是“选材训练”的例子，如该文对一天中陆续开放的花进行了取舍，我们也可以对一年的春夏秋冬、一生的童年、青年、中年、老年的事物进行取舍。选材要典型，有代表性。

16.《花钟》是“事理说明文思路”的例子，如事理说明，先说出现象（不同的花有不同的开放时间），再揭示原理（规律：植物开花的时间，与温度、湿度、光照有着密切的关系），最后总结（把花圃修剪得像钟面一样，组成花的“时钟”。这些花在二十四小时内陆续开放。你只要看看什么花刚刚开放，就知道大致是几点钟）。

17.《花钟》是“训练概括能力”的例子，如文中并没说什么是花钟，但我们如果能说清楚什么是花钟，实质就是把课文内容概括好了。（不同的花组成钟面，在二十四小时内陆续开放。人们只要看看什么花刚刚开放，就知道大致是几点钟。这就是花钟）

点位论证

在众多“可能”的教学点位中，我们最好教什么呢？我们最好用《花钟》教“同一个意思可以有不同的表达”。理由如下：其一，“同一个意思可以有不同的表达”是语文知识与能力的点位，而且是开发学生语言智慧的方式。其二，“同一个意思可以有不同的表达”是《花钟》特有的，第一自然段对此表现得很突出，其余语文知识与能力点位在其他课文也常遇到。其三，不同花的“开放”是该文说明的主要事项，是课文的主要内容，具有主导性，对不同花的“开放”的不同表达因而成为该文的亮点。其四，由对不同花的“开放”的不同表达，可以得出规律：“同一个意思可以有不同的表达。”我们还可以迁移训练，举一反三，说说“下雪”的不同说法。其五，《课标》也提出了“表达力求有创意”的要求。其六，学生的想象力丰富，善用拟人，在老师的引导下，他们会有许多童话般的说法。其七，课后的思考和练习中，第一题要求把喜欢的段落背下来。学生大多会不约而同地喜欢上第一自然段写不同的花的开放的内容。课后习题第三题：“课文用不同的说法来表达鲜花的开放，我们来填一填，再体会体会。牵牛花吹起了紫色的小喇叭，蔷薇______，睡莲______，万寿菊______，烟草花______，月光花______，昙花______。”由此可见，“同一个意思可以有不同的表达”也是编者的意图和本课的重点。

训练设计

第一步，接触案例。

同学们，请读下面一段文字，并与课文第一自然段对照。

鲜花朵朵，争奇斗艳，芬芳迷人。要是我们留心观察，就会发现，一天之内，不同的花开放的时间是不同的。凌晨四点，牵牛花开了；五点左右，艳丽的蔷薇开了；七点，睡莲开了；中午十二点左右，午时花开了；下午三点，万寿菊开了；傍晚六点，烟草花开了；月光花在七点左右开了；夜来香在晚上八点开了；昙花却在九点左右开了……

第二步，探究规律。

上段文字与课文第一自然段有什么不同?

1. 两段文字都写花开，上段文字全用的是“开”了，课文第一自然段却有不同的说法（完成课后第三题）。可见，同一个意思可以有不同的表达。

2. 效果不同。上段文字，单调乏味；课文第一自然段因为语言富于变化，而且用了拟人，所以生动形象，富有情趣，充满智慧。

同一个意思可以有不同的表达，我们还能举出例子来吗?

【资料】关于“健康重要”的种种创新表达：

健康是1，财富是1后的无数个0，没有了1，那无数个0也等于0。

健康是一把钥匙，金钱、权利是储藏在保险柜里的财富，没有钥匙，一切财富都只有与你擦肩而过。

人是手机，健康是电池，不管手机功能多么齐全，没有电池，手机也是废品。

人生是一座高楼大厦，健康是一楼，权利是二楼，金钱是三楼……如果没有健康，一切都将不复存在。

健康如水，生命如鱼，拥有健康，生命才能如鱼得水。

第三步，训练能力。

1. 请读下面〔日〕中江嘉男编文、〔日〕上野纪子绘图的绘本《想吃苹果的鼠小弟》，并试着将文中的“拿”换成不同的说法。

高高的树上长着可爱的红苹果，鼠小弟好想吃。

鼠小弟站在苹果树下，望着红红的大苹果。

来了一只乌鸦，拿了一个苹果。

要是我也有翅膀……

来了一只猴子，拿了一个苹果。

要是我也会爬树……

来了一头大象，拿了一个苹果。

要是我也有长长的鼻子……

来了一只长颈鹿，拿了一个苹果。

要是我也有长长的脖子……

来了一只袋鼠，拿了一个苹果。

要是我也跳得那么高……

来了一头犀牛，拿了一个苹果。

要是我的力气也有那么大……

来了一头海狮："鼠小弟，你怎么了?"

鼠小弟问他："你会飞吗？你会爬树吗？你有长长的鼻子吗？你有长长的脖子吗？你跳得高吗？你的力气大吗?"

海狮回答说："这些我都不会。不过，我有一个本领……"

鼠小弟恍然大悟："你可以顶球哇！"

海狮高兴地说："谢谢你，真了解我。鼠小弟，你有什么好办法吗?"

鼠小弟兴奋地说："你会顶球，你可以把我顶上去啊！"

海狮说："这个办法真好！"

海狮用顶球的绝活把鼠小弟抛到树上，哈哈，太棒了！

鼠小弟摘下了苹果："你一个，我 一个。"

鼠小弟和海狮分享着合作的成果，分享着彼此的快乐，还成了好伙伴。

【参考答案】

乌鸦：（衔、叼、啄）了一个苹果。

猴子：（抱、捧、摘、偷、捞、抓、抢、掰）了一个苹果。

大象：（吸、卷、包、裹）了一个苹果。

长颈鹿：（咬、吃、顶）了一个苹果。

袋鼠：（藏、拽、装、兜、揣）了一个苹果。

犀牛：（撞、摇）了一个苹果。

2. 读下面《盲人摸象》，并试着将文中的“摸着了”换成不同的说法。

有一天，四个盲人坐在树下乘凉。有个人牵着大象走过来，大声喊着：“象来了，请让开一点儿！”一个盲人说“象是什么样子的？让我们摸一摸吧！”另外三个盲人也说：“对，摸一摸就知道象是什么样了。”牵象的人把象拴在树上，他们就去摸。

一个盲人摸着了象的身子，就说：“我知道了，象原来像一堵墙。”一个盲人摸着了象的牙齿，就说：“象跟又圆又光滑的棍子一样。”第三个盲人摸着了象的腿，就说：“你俩说得都不对，象跟柱子差不多。”最后一个盲人摸到了象的尾巴，就大叫起来：“你们都错了！象跟绳子一个样！”

四个盲人你争我吵，都说自己对，谁也不服谁。牵象的人对他们说：“你们都没有说对。你们每个人只摸到了象的一部分，怎么能断定象是什么样子呢？”

【参考答案】

摸着了：（感受到、感觉到、抚摸、碰到、摩挲、轻触、接触、轻抚、挨到）大象的身子、牙齿、腿、尾巴。

3. 下列现象还可以怎么说？写出两个不同的说法。

（1）肚子饿了。

（2）门开了。

【参考答案】

（1）a. 肚子在咕咕地叫。

b. 肚子在唱歌。

c. 肚子在打鼓了。

d. 我想吃饭了。

e. 我得赶紧吃饭啦！不然我的肚子会对我有意见的。

（2）a. 听！有推门的声音。

b. “吱——”，风从门口灌进来，好冷呀！

c. “真对不起，我以为里面没人，因为门没关。”

d. “你怎么进来啦？我没听见敲门声啊！”

e. 门微微一动，裂开了一条缝。

f. 一束光从门外射进来，照亮了整个屋子。

4. 比较下面两句的表达效果。

（1）下雪了。

（2）“忽如一夜春风来，千树万树梨花开。”（岑参《白雪歌送武判官归京》）

【参考答案】

（1）“下雪了”这句话只是直接告诉了我们下雪这个事实，我们并不知道雪下得如何，雪景怎样，没有想象的空间。

（2）“忽如一夜春风来，千树万树梨花开。”这句诗是属于对雪景的描写，以比喻的手法描写了北国突降大雪时的情形，诗人以“春风”使梨花盛开，比拟“北风”使雪花飞舞，“忽如”二字用得甚妙，写出了“胡天”变幻无常，大雪来得急骤，这一片白雪皑皑、银装素裹的景象，就像是一夜春风吹来，漫山遍野的梨花盛开了。这一比喻新颖贴切，非常形象地绘出了北国的雪景，不仅给人以强烈的视觉冲击，也让寒冷的冬天似乎抹上了一层暖暖的春意。而且，也传达了诗人惊喜好奇的神情。

30 品赏想象展思维，妙用想象成美文

——《火烧云》的语文资源开发与训练设计

经典推荐

《火烧云》这篇课文出自人教版课标本《语文》第七册。语文S版《语文》第七册、人教版《语文》第六册、西师版《语文》第七册、冀教版《语文》第五册、沪教版《语文》第十册、教科版《语文》第八册、鲁教版《语文》第六册选读1、浙教版《语文》第十册也收入了该文。作者是著名女作家萧红。

课文描写了日落时晚霞的美丽景色，以“变”字统领全篇，且节节有“变”，使自然之美、人与物之美在“变”中表现得淋漓尽致，给人生动、形象的画面感。本文讲了火烧云从上来到下去的过程，从两方面来描写：一是颜色多，变化快；二是形状多，变化快。

全文不仅让我们感叹大自然的神奇，而且语言优美、想象丰富有趣，能引起学生无限遐想，是值得推荐的一篇经典文章。

火　烧　云

晚饭过后，火烧云上来了。霞光照得小孩子的脸红红的。大

白狗变成红的了，红公鸡变成金的了，黑母鸡变成紫檀色的了。喂猪的老头儿在墙根靠着，笑盈盈地看着他的两头小白猪变成小金猪了。他刚想说："你们也变了……"旁边走来个乘凉的人对他说："您老人家必要高寿，您老是金胡子了。"

天上的云从西边一直烧到东边，红彤彤的，好像是天空着了火。

这地方的火烧云变化极多，一会儿红彤彤的，一会儿金灿灿的，一会儿半紫半黄，一会儿半灰半百合色。葡萄灰、梨黄、茄子紫，这些颜色天空都有，还有些说也说不出来、见也没见过的颜色。

一会儿，天空出现一匹马，马头向南，马尾向西。马是跪着的，像等人骑上它的背，它才站起来似的。过了两三秒钟，那匹马大起来了，腿伸开了，脖子也长了，尾巴可不见了。看的人正在寻找马尾巴，那匹马变模糊了。

忽然又来了一条大狗。那条狗十分凶猛，在向前跑，后边似乎还跟着好几条小狗。跑着跑着，小狗不知哪里去了，大狗也不见了。

接着又来了一头大狮子，跟庙门前的石头狮子一模一样，也那么大，也那样蹲着，很威武很镇静地蹲着。可是一转眼就变了，再也找不着了。

一时恍恍惚惚的，天空里又像这个，又像那个，其实什么也不像，什么也看不清了。必须低下头，揉一揉眼睛，沉静一会儿再看。可是天空偏偏不等待那些爱好它的孩子。一会儿工夫，火烧云下去了。

资源开发

《火烧云》说明了自然景观的美丽变化，必然依靠人们抓住景物的特点。我们从文中知道了景物的描写离不开想象。通过想象，我们感受到作者对火烧云的赞叹和喜爱。我们更要从课文中悟出“教什么”，开发《火烧云》的语文教育资源。那么，《火烧云》可以是语文课程中哪些语文知识与能力点位的例子呢？

1.《火烧云》是“品赏想象展思维、妙用想象成美文”的例子，如把火烧云的形状想象成马、狗、狮子等动物，读起来让人如临其境，如见其形。作者在这篇文章里加上合理的想象，她所表达的对自然景观的喜爱与赞美就更加鲜明、深刻。

2.《火烧云》是“按照‘出现—变化—消失’的写作顺序”的例子，如文中第一句写火烧云上来了，然后就写火烧云颜色和形状发生的变化，最后一句话写火烧云下去了。其中写火烧云各种形状的变化也是按照“出现—变化—消失”的顺序来写的。

3.《火烧云》是“抓颜色和形态的奇特变化把景写生动”的例子，如课文中第三自然段，“金灿灿”“红彤彤”“半紫半黄”“半灰半百合色”“葡萄灰”“梨黄”“茄子紫”颜色不断地变换，让人们感受到色彩绚丽。文中第四、五、六自然段，“一会儿，天空出现一匹马……忽然又来了一条大狗。那狗……接着又来了一头大狮子……”把火烧云想象成了动物，突出了火烧云的形状在不断地快速地变化着，景物就写得具体生动了。

4.《火烧云》是“词语妙用”的例子，如：“天上的云从西边一直烧到东边，红彤彤的，好像是天空着了火。”这句中的“烧”字用得十分精妙，不仅写出了火烧云的恢宏气势，还起到了点题的作用。

5.《火烧云》是“体现色彩绚丽”的例子，如表示颜色的词就有三类：一类是“红彤彤、金灿灿”ABB型，一类是“半紫半黄、半灰半百合”ABAC或ABACD型，一类是“葡萄灰、梨黄、茄子紫”名称加颜色。

6.《火烧云》是“排比句运用”的例子，如：“大白狗变成红的了。红公鸡变成金的了。黑母鸡变成紫檀色的了。”“这地方的火烧云变化极多，一会儿红彤彤的，一会儿金灿灿的，一会儿半紫半黄，一会儿半灰半百合色。”三个“变成”和四个“一会儿”构成两组排比句。

7.《火烧云》是“表示时间变化的词语的运用”的例子，如“一会儿……接着……然后”，语言不重复。

8.《火烧云》是“动态描写为主”的例子，如第四、五、六自然段形态的变化是动态描写，但每一种形态变化又是从静态描写到动态描写。

9.《火烧云》是“详略得当训练”的例子，如火烧云颜色的变化略写，形状的变化详写。结构安排上大致相似，但所描写的景象要具体得多。

10.《火烧云》是“联系上下文，理解词句意思”的例子，如该文最后一段中的“一时恍恍惚惚的，天空里又像这个，又像那个，其实什么也不像，什么也看不清了”。可以说，火烧云形状的瞬间变化很好地诠释了“恍恍惚惚”。教师可以引导学生联系上下文理解词语“恍恍惚惚”的意思，并联系理解句中加点词的意思，用“恍恍惚惚”造句。

11.《火烧云》是“不同形态写法”的例子，如第四自然段写“马是跪着的。过了两三秒钟，那匹马大起来了，腿伸开了，脖子也长了，尾巴可不见了”；第五自然段写“那条狗十分凶猛，在向前跑，后边似乎还跟着好几条小狗”；第六自然段写“接着又来了一头大狮子，跟庙门前的石头狮子一模一样，也那么大，也那样蹲着，很威武很镇静地蹲着”。

12.《火烧云》是“比拟手法”的例子，如在写火烧云形状变化时，比拟为跪着的马、跑着的狗、蹲着的大狮子。

13.《火烧云》是“用口语叙述”的例子，如“火烧云上来了”“您老是金胡子了”“跑着跑着，小狗不知跑到哪儿去了，大狗也不见了”等，人们读来顺口，感到亲切自然。

14.《火烧云》是“语言灵活运用”的例子，如文中同样写“消失”，第四段用的是“逐渐模糊”，第五段是“不知去向”，第六段是“倏忽不见”。

15.《火烧云》是“表示时间短促的词语的运用”的例子，如：“一会儿”“两三秒钟”“忽然”“一转眼”，体现火烧云瞬间的变幻。

16.《火烧云》是“侧面描写”的例子，如第一自然段没有直接写火烧云，而是通过地面上人和物颜色的变化来体现的。

点位论证

在这么多“可能”的教学点位中，我们最好教什么呢？我们最好用《火烧云》教“品赏想象展思维、妙用想象成美文”。理由如下：其一，“品赏想象展思维，妙用想象成美文”是语文能力训练，而且能开发学生智慧。其二，“品赏想象展思维，妙用想象成美文”是《火烧云》特有的，第四、五、六自然段表现得特别突出，其余语文的知识能力点在其他课文也常遇到。其三，火烧云不同形态的变化是该文表达的主要事项，是课文的主要内容，具有主导性。由于合理的想象，火烧云形状的变化成为该篇文章的亮点。其四，通过对火烧云不同动物形态的描写，可以得出规律：“品赏想象展思维，妙用想象成美文。”我们还可以迁移训练，举一反三，说说“雨点”从出现到消失过程中形态的变化。其五，课程标准也提出了“在发展语言能力的同时，发展思维能力，激发想象力和创造潜能”的要求。其六，学生想象丰富，善用比拟，在老师的引导下，他们会有许多有趣的说法。其七，课后的积累中要求把喜欢的段落背下来，学生大多会喜欢背形态变化的四、五、六自然段。

训练设计

第一步，接触案例。

同学们，请读下面这两段文字，并与课文第三、四、五、

六、七自然段对照。

这地方的火烧云变化极多，一会儿红彤彤的，一会儿金灿灿的，一会儿半紫半黄，一会儿半灰半百合色。葡萄灰、梨黄、茄子紫，这些颜色天空都有，还有些说也说不出来、见也没见过的颜色。

火烧云这儿一团，那儿一片。一时恍恍惚惚的，天空里又像这个，又像那个，其实什么也不像，什么也看不清了。必须低下头，揉一揉眼睛，沉静一会儿再看。可是天空偏偏不等待那些爱好它的孩子。一会儿工夫，火烧云下去了。

第二步，探究规律。

上两段文字与课文第三、四、五、六、七自然段这五个段落有什么不同?

1. 这两段文字与课文第四至第七自然段文字都是写云的。上面这两段文字只写出了云颜色的变化，没有写出云的形状的变化。而课文第四至第七自然段不仅仅写了作者眼睛看到的色彩变化，还写出了作者心里丰富的想象：先把火烧云的形状想成一匹马，而且写出了马的姿态和变化；再想象成一条大狗和几条小狗；接着又想象成一头威武的狮子，而且还有逼真的动作和神态。我们可以看出来，作者就是运用合理的想象，把火烧云比拟成有趣的动物，抓住了火烧云形态瞬间的变幻，才写出了这么美的文章。

2. 效果不同。上两段文字，语言平淡无味；课文第四、五、六自然段语言具体，生动形象，富有情趣。

第三步，训练能力。

1. 抓住特点，展开想象。

（1）火烧云可还有些说也说不出来、见也没见过的颜色，有哪些呢?

（2）火烧云的形状不仅仅像动物，还像其他的景物。请你们写写你脑子里的火烧云，像作家萧红一样从出现到消失一步步清楚地介绍给别人听。

【参考答案】

（1）火烧云的颜色还有玫瑰紫、石榴红、橘黄、橄榄绿。

（2）一会儿，天空出现了一幅搏斗图。只见老鹰凶猛地扑过去。小鸡看见老鹰向它扑来，惊惶失措，吓得呆住了。听到鸡妈妈的尖叫，小鸡们左躲右闪，反抗老鹰。一转眼，老鹰和鸡都不见了。

忽然又来了一只敏捷的燕子。它被天边的彩云所吸引，毅然地向上飞，飞上高山。它已经精疲力竭，伤痕累累。过了两三秒钟，燕子就不见了。

接着又见到了一片汹涌的大海。滔滔白浪从天际滚滚而来，银白皎亮的波涛推涌追逐，渐渐由远而近，越近越高，越高越响。一会儿，大海就变得模糊了。

2. 读一读《卖火柴的小女孩》下面这几段文字，说一说“火柴”“灯光”“墙角”可分别想象成什么。

天冷极了，下着雪，又快黑了。这是一年的最后一天——大年夜。在这又冷又黑的晚上，一个光着头赤着脚的小女孩在街上走着。她从家里出来的时候还穿着一双拖鞋，但是有什么用呢？那是一双很大的拖鞋——那么大，一向是她妈妈穿的。她穿过马路的时候，两辆马车飞快地冲过来，吓得她把鞋都跑掉了。一只怎么也找不着，另一只叫一个男孩捡起来拿着跑了。他说，将来他有了孩子可以拿它当摇篮。

小女孩只好赤着脚走，一双小脚冻得红一块青一块的。她的旧围裙里兜着许多火柴，手里还拿着一把。这一整天，谁也没买过她一根火柴，谁也没给过她一个钱。

可怜的小女孩！她又冷又饿，哆哆嗦嗦地向前走。雪花落在她的金黄的长头发上，那头发打成卷儿披在肩上，看上去很美丽，不过她没注意这些。每个窗子里都透出灯光来，街上飘着一股烤鹅的香味，因为这是大年夜——她可忘不了这个。

她在一座房子的墙角里坐下来，蜷着腿缩成一团。她觉得更冷了。她不敢回家，因为她没卖掉一根火柴，没挣到一个钱，爸爸一定会打她的。再说，家里跟街上一样冷。他们头上只有个房顶，虽然最大的裂缝已经用草和破布堵住了，风还是可以灌进来。

【参考答案】

把"火柴"想象成"小女孩的面包"，因为只有卖掉火柴，才能吃面包。

把"灯光"想象成"温暖的棉衣，好吃的烤鹅"。

把"墙角"想象成"爸爸打人的手掌"。

3. 学生通过想象把"雨"写具体。

(1) 一阵狂风过后，暴雨来临了，雨点越下越密，越下越急。我们从窗口向外望去，只见那雨点像串串珠帘一样，迅速地从空中急落下来。白色的雨点，像________，像________，像________。

(2) 雨像断了线的珍珠似的从天上跳了下来，准备给人们带来清新。它不顾一切地往地上跳，时而落在______，________________；时而落在________，______________________；时而落在______，______________。

【参考答案】

(1) 白色的雨点，像豆子，像石子，像冰雹。

(2) 它不顾一切地往地上跳，时而落在地上，与大地同床共枕；时而落在树叶上，把树装扮得更加漂亮；时而落在人身上，帮人们洗澡，为人们设计一个"落汤鸡发型"。

31 动词推敲用句中，能使表达更生动

——《翠鸟》的语文资源开发与训练设计

经典推荐

《翠鸟》是一篇多年来必选的精读课文。它的版本有人教版、鲁教版、语文S版、浙教版、北师大版等。这是一篇状物的课文，通过对翠鸟外形特征和动作的描写，表达了作者对翠鸟的喜爱，贴近学生的生活，又符合学生的年龄特征。这篇课文语言优美，作者在描写翠鸟的外形时抓住了颜色鲜艳和小巧玲珑的特征，而且按照从整体到局部、从上到下的顺序来观察、描写，为学生学习写作提供了参考。作者在描写翠鸟动作的时候，精确地选用恰当的动词，生动、形象地描写了翠鸟动作机灵敏捷的特点，突出了翠鸟的动态美。这两方面的描写，可以培养学生的观察兴趣，激发学生爱护小动物，热爱大自然的情感。同时，这篇课文还运用了拟人和比喻的修辞手法，把翠鸟玲珑可爱的外形特点和动作敏捷的特点写得活灵活现，这种表达方法为学生初学写作提供了范例。

经典呈现

翠　鸟

翠鸟喜欢停在水边的苇秆上，一双红色的小爪子紧紧地抓住苇秆。它的颜色非常鲜艳。头上的羽毛像橄榄色的头巾，绣满翠绿色的花纹。背上的羽毛像浅绿色的外衣。腹部的羽毛像赤褐色的衬衫。它小巧玲珑，一双透亮灵活的眼睛下面，长着一双又尖又长的嘴。

翠鸟鸣声清脆，爱贴着水面疾飞，才见它飞起，一眨眼它又轻轻地停在苇秆上了。它一动不动地注视着泛着微波的水面，等待游到水面上来的小鱼。

尽管小鱼是那样机灵，只悄悄地把头露出水面来吹了个小泡泡，可还是难以逃脱翠鸟锐利的眼睛。翠鸟蹬开苇秆，像箭一样飞过去，叼起那条小鱼，贴着水面往远处飞走了。只有那苇秆还在摇晃，水波还在荡漾。

我们真想捉一只翠鸟来饲养，就把这个愿望告诉了老渔翁。老渔翁说："孩子们，你们知道翠鸟的家在哪儿？沿着小溪上去，在那陡峭的石壁上。洞口很小，里面又很深，不容易逮啊！"我们失望了，只好在翠鸟飞来的时候，远远地看着那美丽的身影，希望它在苇秆上多停一会儿。

资源开发

1.《翠鸟》是"学习生字"的例子。

脆　秆　腹　赤　衬　衫　透　泛　泡　饲　翁　陡　壁

2.《翠鸟》是"形近字教学"的例子。

脆——危　秆——杆　腹——复　衬——村　衫——杉

透——秀　泛——乏　泡——抱　饲——词　翁——羽

陡——徒　壁——僻

3.《翠鸟》是“学习理解新词”的例子。

鲜艳——又鲜明又美丽的意思。

疾飞——飞得很快。

锐利——锋利、尖锐，本课指感觉灵敏。

注视——集中注意力地看。

小巧玲珑——形容小而灵巧精致。

4.《翠鸟》是“训练朗读”的例子。这是一篇中低段的精读课文，语言优美流畅，可以用来训练学生在有感情地朗读课文的基础上，想象翠鸟小巧玲珑、美丽可爱的样子。在读翠鸟外形的段落时可读得稍慢，轻柔；在读翠鸟活动的时候可读得稍快，读出翠鸟活动迅速敏捷的特点。

5.《翠鸟》是“按顺序观察”和“总分结构”的例子，如这篇课文在描写翠鸟外形的时候是按照从整体到局部的顺序来写的。在描写翠鸟的颜色时先写整个身子的颜色非常鲜艳，再按从头到背上、到腹部的顺序分别描写翠鸟各个部分的颜色。在描写翠鸟外形的时候，先从整体描写翠鸟小巧玲珑，再具体描写翠鸟的眼睛和嘴。

6.《翠鸟》是“段落分明，层次清楚”的例子，如第一个自然段写了翠鸟的外形特征，二、三自然段写了翠鸟的动作特征，最后一个自然段写翠鸟的住处和作者对翠鸟的喜爱。

7.《翠鸟》是“遣词造句精妙”的例子，如作者在描写翠鸟的活动时，选择了“蹬开”“像箭一样”“叼起”“贴着水面疾飞”等词语，写出了翠鸟捉鱼迅速、敏捷的特点。让学生体会用词的精妙，起到表情达意的作用。

8.《翠鸟》是“抓事物特点”的例子，如第一自然段作者在描写翠鸟的外形时抓住了颜色鲜艳和小巧玲珑的特点，第二、三自然段描写翠鸟动作时抓住了它迅速敏捷的特点来描写。学生在练习写作时也要注意抓住事物的特征进行描写。

9.《翠鸟》是“拟人手法”的例子，如作者在描写翠鸟的羽毛时，把头上的羽毛比作“头巾”，背上的羽毛比作“外衣”，腹部的羽毛比作“衬衫”，更表现出翠鸟的可爱。

10.《翠鸟》是“比喻手法”的例子，如在描写翠鸟捕鱼时，把它比作“像箭一样”，写出了翠鸟动作极为神速，文章的语言更加生动、具体、形象。

11.《翠鸟》是“静态描写和动态描写”的例子，如第一自然段在描写翠鸟的外形特征时，运用了静态描写，写出了翠鸟的静态美；第三自然段在描写翠鸟的活动时，运用了一系列的动词，对翠鸟进行了动态描写，写出了翠鸟的动态美。

12.《翠鸟》是“抓重点词语理解课文”的例子，其重点词语有“紧紧、小巧玲珑、疾飞、注视、尽管……还是、锐利、愿望、失望、希望”等。这些重点词语可以帮助我们理解课文内容，了解翠鸟的外形特征和动作特征，体会作者的思想感情。

13.《翠鸟》是“描写心理活动”的例子，如课文第四自然段从愿望—失望—希望写出了作者的心理活动和情感变化过程。由喜欢就想得到，由于得不到而失望，后来又希望看到翠鸟，表现了作者真正喜欢上了翠鸟。

14.《翠鸟》是“选材训练”的例子，如在描写外形特征时，抓住了翠鸟颜色鲜艳、小巧玲珑的特点，有选择性地依次写了翠鸟的爪子、眼睛和嘴。

15.《翠鸟》是“学习写作”的例子，如作者抓住翠鸟的外形特征和动作特征，把翠鸟写得活灵活现、栩栩如生，为学生初学写作提供了借鉴。

16.《翠鸟》是“训练概括能力”的例子，如作者在第一自然段描写翠鸟外形特征时概括描写翠鸟羽毛的颜色是非常鲜艳的，翠鸟的总体特征是小巧玲珑。

17.《翠鸟》是“练习使用冒号、引号”的例子。如第四自然段，老渔翁的对话中用了冒号和引号。

18.《翠鸟》是“问号、感叹号”运用的例子，如课文第四自然段分别用了问号和感叹号。

19.《翠鸟》是“先让人有所知，再让人有所感”的例子，如在第一自然段中，作者对翠鸟颜色的描写，先让我们知道翠鸟的颜色非常鲜艳，再具体地描写，让我们感受到翠鸟的美丽可爱。最后一个自然段通过老渔翁的话让我们对翠鸟的住处有所知，同时让我们有所感，打消了捕捉翠鸟的念头，从内心深处对翠鸟产生喜爱之情。

点位论证

在众多“可能”的教学点位中，我们应该教什么呢？我们应该用《翠鸟》教动词的使用。其理由如下：其一，“动词的使用”是语文的基本能力，而且是开发学生语言智慧的有效途径。其二，动词的使用在这篇课文表现得尤为突出。其余的语文能力知识点在其他课文常常遇到。其三，动词的使用是该文的主要事项，也是课文的主要内容，具有主导性。其四，动词具有极强的表现力，文章生动与否，全凭动词的运用。可以说动词是文章语言艺术的灵魂。其五，动词运用巧妙，不但能增加事物的形象性，而且具有描述传神的作用。其六，动词的积累和运用是提高文章表现力的重要环节。要提高学生的表达能力，平时加强词汇的积累和用词推敲的训练是十分必要和重要的。其七，《课标》要求学生能联系上下文理解词句的意思，体会关键词句在表情达意方面的作用。其八，课后思考和练习中第三题是“比较每组中的两个句子，哪个写得更好”，由此可见，动词的使用也是编者的意图和本课的重点。

训练设计

第一步，接触案例。

同学们，请读下面的句子，比较哪句写得更好。

翠鸟叫声清脆，爱在水面上飞。

翠鸟鸣声清脆，爱贴着水面疾飞。

翠鸟离开苇秆，很快地飞过去。

翠鸟蹬开苇秆，像箭一样飞过去。

第二步，探究规律。

上面两句话有什么异同？

1. 两句话表达的意思差不多。

2. 效果不同。下面的句子比上面的句子多用了一系列的动词，把翠鸟的动作特征迅速敏捷写得生动、形象、具体，表现得淋漓尽致，而且运用了比喻的修辞手法，富有情趣，充满智慧。

这样的例子还有很多。

尽管小鱼是那样机灵，只悄悄地把头露出水面来吹了个小泡泡，可还是难以逃脱翠鸟锐利的眼睛。翠鸟蹬开苇秆，像箭一样飞过去，叼起那条小鱼，贴着水面往远处飞走了。只有那苇秆还在摇晃，水波还在荡漾。

在微风中，在阳光中，燕子斜着身子在天空中掠过，唧唧地叫着，有的由这边的稻田上，一转眼飞到了那边的柳树下边；有的横掠过湖面，尾尖偶尔沾了一下水面，就看到波纹一圈一圈地荡漾开去。

下雪了，我扫出一片空地来，用短棒支起一根大竹匾，撒下秕谷，看鸟雀来吃时，我远远地将缚在棒上的绳子一拉，那鸟雀就罩在竹匾下了。

第三步，训练能力。

1. 请读《想吃苹果的鼠小弟》（该文有改动），找出文中的动词加以体会。

高高的树上长着可爱的红苹果，鼠小弟好想吃。

鼠小弟站在苹果树下，望着红红的大苹果。

来了一只乌鸦，啄了一个苹果。

要是我也有翅膀……

来了一只猴子，捧了一个苹果。

要是我也会爬树……

来了一头大象，卷了一个苹果。

要是我也有长长的鼻子……

来了一只长颈鹿，顶了一个苹果。

要是我也有长长的脖子……

来了一只袋鼠，兜了一个苹果。

要是我也跳得那么高……

来了一头犀牛，咬了一个苹果。

要是我的力气也有那么大……

来了一头海狮："鼠小弟，你怎么了？"

鼠小弟问他："你会飞吗？你会爬树吗？你有长长的鼻子吗？你有长长的脖子吗？你跳得高吗？你的力气大吗？"

海狮回答说："这些我都不会。不过，我有一个本领……"

鼠小弟恍然大悟："你可以顶球哇！"

海狮高兴地说："谢谢你，真了解我。鼠小弟，你有什么好办法吗？"

鼠小弟兴奋地说："你会顶球，你可以把我顶上去啊！"

海狮说："这个办法真好！"

海狮用顶球的绝活把鼠小弟抛到树上，哈哈，太棒了！

鼠小弟摘下了苹果："你一个，我 一个。"

鼠小弟和海狮分享着合作的成果，分享着彼此的快乐，还成了好伙伴。

2. 要求学生说说表示用手做动作的字词。再把学生说出的字词写下来。

拿　拾　捧　摘　提　抬　拍　抱　撩　扶　找　批　抢　拉　拔　披　拨　挖　挂　指　接　推　插　捅　握　采　丢　打　扫　捕　捉　……

3. 学生习作练习《丢沙包》，要求用上以下的动词。

丢　击　闪　躲　抓　跳　抬　蹲　捞　举　扔　接

下课了，同学们都来到操场上，参加自己喜欢的活动。我最喜欢的活动就是丢沙包。

分好组后，我和几个好朋友一组。我们有的叉着腰，有的弓着身，有的站好……都目视着对方，都做好迎战的准备。活动开始了，对方的同学气势汹汹地向我们发起进攻。沙包从我的头上飞过来，我往下一蹲，沙包就从我的头上飞过去了。沙包眼看要击中我的胸口了，我向旁边一闪，又躲过了一劫。沙包又向我的腿飞过来了，我把脚轻轻一抬，沙包又乖乖地从脚下溜过去了。沙包又向我的肚子飞过来，我身子一弯，一下子把沙包接住了。

沙包就像手榴弹一样快，但都被我们灵活地躲开了。呀，糟糕，正在我们暗暗得意之时，站在我身旁的李霞，不小心“中弹”了，小个子的她只顾冲对手“挑衅”，结果被一枚“冷弹”击中了后背，她不知所措，只好退出了“战场”。

我紧紧盯着沙包，只见琦琦把手举得老高，身子向后弯。看她的阵势肯定会往右边扔。我胸有成竹地等待她的进攻，哈哈！被我猜中了，我灵活地往左边一闪，沙包“刷”的一声，飞到了后边。真棒！让我又躲过了这一劫。

几个回合下来，我毫发无损。对方发现这样治不住我，便使了点小聪明，他先向左做了一个假动作，我以为沙包要从左边飞来，就向右一躲，趁我得意忘形时他向右扔了过来，糟糕了，我一下没反应过来，也“中弹牺牲”了。

丢沙包真有趣，不但可以锻炼身体，还可以训练我们的反应能力，增强我们的智慧。

32 借景抒情用排比，细腻生动有情意

——《桂林山水》的语文资源开发与训练设计

经典推荐

作家陈淼的《桂林山水》一文于 1956 年被人教社编入小学《语文》教材（六年级下册），多年来沿用至今，在新课改后，由原来的六年级下册第 1 课调整至第八册第 2 课。如今，该文还被人教版课标本《语文》第八册、语文 S 版《语文》第八册、语文 A 版《语文》第八册、浙教版《语文》第十册等 9 个版本作为精读课文选入。

《桂林山水》是一篇文质兼美的写景佳作，它以丰富多变的表现手法，生动形象地描绘了一幅景色奇异、色彩绚丽的山水画。该文不但让我们能体验到桂林山水的秀丽与奇特，激发对祖国山河的热爱之情，而且能感受到其语言、节奏和音韵的优美，还能学习作者细致观察和具体形象地描写景物的方法，培养学生的观察、想象、理解、表达能力。

经典呈现

桂林山水

人们都说："桂林山水甲天下。"我们乘着木船荡漾在漓江

上，来观赏桂林的山水。

我看见过波澜壮阔的大海，玩赏过水平如镜的西湖，却从没看见过漓江这样的水。漓江的水真静啊，静得让你感觉不到它在流动；漓江的水真清啊，清得可以看见江底的沙石；漓江的水真绿啊，绿得仿佛那是一块无瑕的翡翠。船桨激起的微波扩散出一道道水纹，才让你感觉到船在前进，岸在后移。

我攀登过峰峦雄伟的泰山，游览过红叶似火的香山，却从没看见过桂林这一带的山。桂林的山真奇啊，一座座拔地而起，各不相连，像老人，像巨象，像骆驼，奇峰罗列，形态万千；桂林的山真秀啊，像翠绿的屏障，像新生的竹笋，色彩明丽，倒映水中；桂林的山真险啊，危峰兀立，怪石嶙峋，好像一不小心就会栽倒下来。

这样的山围绕着这样的水，这样的水倒映着这样的山，再加上空中云雾迷蒙，山间绿树红花，江上竹筏小舟，让你感到像是走进了连绵不断的画卷，真是“舟行碧波上，人在画中游”。

资源开发

1.《桂林山水》是“总分结构”的例子，如：①从构篇上看“总分总”结构。该文第一自然段先用一句“桂林山水甲天下”总领全篇，第二、三自然段分别详写漓江水、桂林山的特点，是分述；第四自然段写山水互相映衬，用“舟行碧波上，人在画中游”结束课文，是总结。②从结构上看，是“总分结构”的例子。第二、三自然段结构和句式也基本相似，都是先总说后分述。全文结构清楚，脉络清晰。

2.《桂林山水》是“运用多种表达方法来描绘景物特点”的例子，如描写漓江水、桂林山的特点，融合排比、比喻、映衬等多种修辞手法，或侧面或正面描写；还调动感觉、视觉等多感官以及展开想象，从不同角度对其特点进行细致描写。

3.《桂林山水》是“多种修辞手法综合运用”的例子。

(1)《桂林山水》是“排比手法”的例子，如分句的排比，“漓江的水真静啊……漓江的水真清啊……漓江的水真绿啊……”“桂林的山真奇啊……桂林的山真秀啊……桂林的山真险啊……”；句子成分的排比，“像老人，像巨象，像骆驼”。排比句结构严谨，节奏鲜明，增强了朗读时的语势，也能加强表达感情的力量，给读者以强烈的美学震撼。

(2)《桂林山水》是“顶真手法”的例子，如第二自然段第二句，前面的句子概括出“静”“清”“绿”的特点，后面的句子对“静”“清”“绿”的细节描述，加强了语言的表达效果。

(3)《桂林山水》是“比喻手法”的例子，如：“漓江的水真绿啊，绿得仿佛那是一块无瑕的翡翠。”桂林的山“像老人，像巨象，像骆驼”“像翠绿的屏障，像新生的竹笋”等。

(4)《桂林山水》是“映衬手法”的例子，如用大海、西湖映衬漓江的水，用泰山、香山映衬桂林的山，突出了桂林山水的特点。

(5)《桂林山水》是“引用”的例子，如开篇引用“桂林山水甲天下”点明文章中心，结尾引用“舟行碧波上，人在画中游”总结全文。

4.《桂林山水》是“前后照应”的例子。如该文第一自然段写山和水，最后一个自然段也写山和水，是首尾照应，而且与文章标题“桂林山水”照应——文题照应。

5.《桂林山水》是“联系上下文，理解词句意思”的例子，如写桂林的山“奇”，“像老人，像巨象，像骆驼”，在名词前没有加形容词修饰，说明是从形态方面来写的，所以后文概括地说“奇峰罗列，形态万千”。写桂林的山“像翠绿的屏障，像新生的竹笋”，在“屏障”和“竹笋”之前加上表示颜色的修饰词，说明这是从色彩方面来写山的“秀”，后文“色彩明丽，倒映水中”也印证了这一点。

6.《桂林山水》是“抓关键词理解句意”的例子，如理解文章的中心句“桂林山水甲天下”的意思，先学懂“甲”的意思，再理解全句的意思；理解难句“舟行碧波上，人在画中游”的句意，先学懂词“舟”“碧波”“画”“游”的意思，就容易学懂句意，感受到句子形象地写出桂林山水的无比秀美，体会到作者对桂林山水的赞美之情。

7.《桂林山水》是“短句运用”的例子，如“空中云雾迷蒙，山间绿树红花，江上竹筏小舟”“像翠绿的屏障，像新生的竹笋，色彩明丽，倒映水中”等，简洁有力，富有韵律感。

8.《桂林山水》是“积累语言，训练朗读”的例子，如文中有许多四字成语或四字词语，如“波澜壮阔”“峰峦雄伟”“拔地而起”；还有结构整齐的排比句，生动形象的比喻句，简洁明快的短句等，使文章富有节奏感，具有音韵美，读起来朗朗上口。通过朗读能体会作者畅游桂林山水的快乐，对桂林山水的无比热爱之情，同时在读中培养语感，然后朗读成诵，厚积以待薄发。

9.《桂林山水》是“运用空白处展开想象，发展思维”的例子，如第三自然段中“像骆驼”后面是逗号，根据其后文“奇峰罗列，各不相同”，可以在此逗号之后加上省略号，发挥想象，想象桂林山多姿多彩的形状，如“像散花的仙女，像奔跑的骏马，像盛开的荷花”等。在“老人”“巨象”“骆驼”的前面加上形容词、修饰语，像（沉思）的老人，如“像（喝水）的巨象，像（静立）的骆驼，像……”

10.《桂林山水》是“同一意思用不同的语言表达”的例子，使文章的语言显得有变幻，不枯燥单调。如第二自然段中的“看见”“玩赏”，第三自然段中的“攀登”“游览”，实际上都有游览的意思。

11.《桂林山水》是“运用含有比喻修辞手法的四字词语”的例子，如“水平如镜，红叶似火”。举一反三进行训练：“光阴似箭、如花似玉、繁花似锦、江山如画……”

12.《桂林山水》是“近义词辨析”的例子，如第一自然段中的“观赏”，在一定的语境中辨析近义词“欣赏”与“观赏”，既积累了词汇，又加深了对词的理解。

13.《桂林山水》是“用词凝练、准确”的例子，如第二、三自然段的第一句话都用了一个“却”字，非褒后贬前、厚此薄彼，而是突出漓江水、桂林山自有其别处景致难以比拟的独特风韵。这两个自然段中排比句，共用了六个“真”，其惊喜与赞美之情溢于言表。

点位论证

在众多“可能”的教学点位中，我们应该教什么呢？我们应该用《桂林山水》教“运用排比句写景”。理由如下：其一，“运用排比句写景”是语文知识与能力的要求，而且是发展语言能力的一种方式。其二，“运用排比句写景”是本课语言表达的主要特点，具有典型性和代表性。排比句是构建该文第二、三自然段语言表达形式的框架，其余的知识能力点在其他课文也常遇到。其三，桂林山水的特点是该文要描写的主要对象，是课文的主要内容，具有主导性。具体描写山水特点的第二、三自然段，其语言表达方式在以排比句为主的框架下丰富多彩，其分句中又运用了排比、比喻、顶真等修辞手法，还从感觉、视觉、想象的角度上来观察描写，因此排比手法是该文的亮点。其四，课文二、三自然段的排比句层次清楚，景物描写细腻生动，节奏鲜明，音韵优美，感情洋溢，被人们当作排比句运用的经典范例，真可谓是景美情美文更美。因此，我们可以仿照它进行迁移训练，举一反三，对学生的语言和思维发展会大有裨益。其五，《课标》总目标提出“在发展语言能力的同时，发展思维能力，激发想象力和创造潜能”，学段目标中也提出了“积累课文中的优美词语、精彩句段”。其六，学生的想象力丰富，善用排比，在老师的引导下，学生会展开想象的翅膀。其七，课后的思考练习要求有感情地朗读、背诵全文，并把第二自然段抄下来；《语文园地一》中的“我的发现”也明确地把这种语言现象提了出来。由此可见，“运用排比句写景”也是编者的意图和本课的重点。

训练设计

第一步，接触案例。

同学们，请读下面一段文字，并与课文第二自然段的第二句对照。

漓江的水真静啊，静得让你感觉不到它在流动。漓江的水很清，可以看见江底的沙石。漓江的水绿得很，仿佛是一块无瑕的翡翠。

第二步，探究规律。

上段文字与课文第二自然段第二句话有什么不同？

1. 形式不同。两段文字都写漓江水“静、清、绿”的特点，但上段文字是三句话，而课文是包含三个分句的一句话——排比句。（我们把三个分句将三个或以上意义相关或相近、结构相同或相似、语气相同的词组或句子并排在一起组成的句子，叫作排比句）

2. 效果不同。上段文字，结构和句式显得凌乱，读起来不顺畅，感情色彩也不浓；课文中的排比句结构整齐，层次清楚，节奏明快，富有韵味，读起来朗朗上口，让我们感受到了作者对漓江水的热爱和赞叹之情。

发现规律：用排比句来写景抒情，不但能把景物写得更形象生动，而且层次清楚，节奏鲜明，景象丰富，感情浓厚，给人印象鲜明、深刻。

运用排比句来描写景物，我们还能举出例子来吗？

【资料】排比句的多种表达形式：

1. 写同一景物的排比句。

（1）在轻轻荡漾着的溪流的两岸，满是高过马头的野花，五彩缤纷，像织不完的锦缎那么绵延，像天边的霞光那么耀眼，像高空的彩虹那么绚烂。

（2）像柳絮一般的雪，像芦花一般的雪，像蒲公英的带绒毛的种子一般的雪，在风中飞舞。

2. 写不同景物的排比句。

（1）山朗润起来了，水长起来了，太阳的脸红起来了。

（2）月亮倦了，躲进了莲花般的云层里；蝉儿累了，停止了一天的喧闹；柳枝儿也乏了，无精打采地低垂着。

第三步，训练能力。

1. 根据课文第三自然段第二句话回答问题。

（1）这个排比句有几个相同的句式，从哪里可以看出？

（2）句子描写了哪种景物，它有哪几个特点？

（3）这个排比句还用了什么修辞手法，把什么比作什么，突出桂林山的什么特点？又从什么角度突出桂林山的"险"？

（4）这个排比句让我们感受到什么？

2. 判断下列句子是不是排比句，"是"在括号内打"√"，"不是"在括号内打"×"，并说明理由。

（1）桃树、杏树、梨树，你不让我，我不让你，都开满了花赶趟儿。（　　）

理由：________________

（2）桂林的山真秀啊，像翠绿的屏障，像新生的竹笋，色彩明丽，倒映水中。（　　）

理由：________________

（3）春风吹绿了柳树，吹红了桃花，吹来了燕子，吹醒了青蛙。（　　）

理由：________________

3. 仿写排比句。

（1）写同一景物；

（2）写不同景物；

（3）仿课文第二自然段第二句话写排比句。

【参考答案】

1. （1）3 个，从有三个“桂林的水真……啊”可以看出。

（2）桂林的山，“奇、秀、险”三个特点。

（3）比喻，将桂林的山比作老人，巨象，骆驼，屏障，竹笋，从姿态方面突出山“奇”，从色彩方面突出“秀”，感觉。

（4）作者对桂林的山的热爱和赞美之情。

2. ①×，因为句中的“桃树、杏树、梨树”是词语，不是短语也不是句子。

②×，因为结构相似的、意义相关的句子只有两句“像……像……”

③√，因为有三个或以上意义相关、结构相似、语气相同的词组或句子并排在一起。

3. ①春雨，像牛毛，像花针，像细丝，密密地斜织着。

②桃树、杏树、梨树，你不让我，我不让你，都开满了花赶趟儿。红的像火，粉的像霞，白的像雪。

③大海真蓝啊，蓝得如一张蓝色的锦缎；大海真宽广啊，宽广得看不到尽头；大海真神秘啊，神秘得像魔术师让人捉摸不透。

33 仿写开启作文路，创新绽放思维花

——《美丽的小兴安岭》的语文资源开发与训练设计

经典推荐

《美丽的小兴安岭》是一篇优美的写景散文，早已被选入人教版小学《语文》三年级上册课文中，鲁教版小学《语文》三年级上册、教科版小学《语文》三年级上册、北师大版小学《语文》三年级下册、西师版小学《语文》三年级下册、沪教版小学《语文》四年级上册、北京版小学《语文》四年级下册都选有这篇经典的课文。

《美丽的小兴安岭》以准确、生动的语言，清晰的结构，向我们介绍了小兴安岭一年四季的美丽景色和丰富的物产，表达了作者对祖国山河无比热爱的思想感情。本文深受师生的喜爱。

美丽的小兴安岭

我国东北的小兴安岭，有数不清的红松、白桦、栎树……几百里连成一片，就像绿色的海洋。

春天，树木抽出新的枝条，长出嫩绿的叶子。山上的积雪融化了，雪水汇成小溪，淙淙地流着。溪里涨满了春水。小鹿在溪

边散步，它们有的俯下身子喝水，有的侧着脑袋欣赏自己映在水里的影子。

夏天，树木长得葱葱茏茏，密密层层的枝叶把森林封得严严实实的，挡住了人们的视线，遮住了蓝蓝的天空。早晨，雾从山谷里升起来，整个森林浸在乳白色的浓雾里。太阳出来了，千万缕像利剑一样的金光，穿过树梢，照射在工人宿舍门前的草地上。草地上盛开着各种各样的野花，红的、白的、黄的、紫的，真像个美丽的大花坛。

秋天，白桦和栎树的叶子变黄了，松柏显得更苍翠了。秋风吹来，落叶在林间飞舞。这时候，森林向人们献出了酸甜可口的山葡萄，又香又脆的榛子，鲜嫩的蘑菇和木耳，还有人参等名贵药材。

冬天，雪花在空中飞舞。树上积满了白雪。地上的雪厚厚的，又松又软，常常没过膝盖。西北风呼呼地刮过树梢。紫貂和黑熊不得不躲进各自的洞里。紫貂捕到一只野兔当美餐，黑熊只好用舌头舔着自己又肥又厚的脚掌。松鼠靠秋天收藏在树洞里的松子过日子，有时候还到枝头散散步，看看春天是不是快要来临。

小兴安岭一年四季景色诱人，是一座美丽的大花园，也是一座巨大的宝库。

资源开发

《美丽的小兴安岭》向我们展示了小兴安岭一幅幅精美的画面。我们除了去欣赏小兴安岭优美的自然风光，感受祖国山河的壮丽外，还应该开发《美丽的小兴安岭》的语文教育资源，那么，《美丽的小兴安岭》可以是语文课程中哪些语文知识与能力点位的例子呢？

1.《美丽的小兴安岭》是“总—分—总结构”的例子，如全文共6个自然段，先总的讲小兴安岭的树多，“像绿色的海洋”，再按四季分别讲小兴安岭的景色，最后总结：小兴安岭是一座美丽的大花园，也是一座宝库。

2.《美丽的小兴安岭》是“抓题眼”的例子，如该文课题是《美丽的小兴安岭》，题眼是“美丽”，而全文都是在围绕“美丽”来写的。

3.《美丽的小兴安岭》是“表达思路训练”的例子，如该文是以季节先后顺序来写小兴安岭的美丽景色，思路很清晰。

4.《美丽的小兴安岭》是“省略号运用”的例子，如该文第一自然段，写小兴安岭里的树木有很多，不可能一一写完，就用省略号。

5.《美丽的小兴安岭》是“比喻句”的例子，如该文第一、三、六自然段都用了比喻的修辞手法来描述，使句子显得更加形象生动。

6.《美丽的小兴安岭》是“用词准确”的例子，如该文第二自然段，“树木抽出新的枝条”中的“抽出”，“雪水汇成小溪”中的“汇成”，用得准确、生动，充满了春天的活力之美。

7.《美丽的小兴安岭》是“拟人手法”的例子，如该文第二、五自然段对小鹿和松鼠的描写，都用了写人的词语，读起来更亲切自然。

8.《美丽的小兴安岭》是“词语训练”的例子，如该文用了像“葱葱茏茏、密密层层、严严实实”等AABB式的词语，又有“各种各样”“又香又脆”“又松又软”等结构的词语，可以让学生积累这些词语并仿照说一说。

9.《美丽的小兴安岭》是“短语训练”的例子，如该文用了很多好的短语：“淙淙地流着”“蓝蓝的天空”“乳白色的浓雾”“各种各样的野花”“酸甜可口的山葡萄”“鲜嫩的蘑菇”等等，读起来很有画面感，给人美的享受。

10.《美丽的小兴安岭》是“顿号运用”的例子，如该文第一自然段写各种树和第三自然段写各种花的颜色的句子，都用了顿号，表示并列词之间的简短停顿。

11.《美丽的小兴安岭》是“动态美描写训练”的例子，如该文第四自然段写落叶在林间飞舞，第五自然段写雪花在空中飞舞，给原本幽静的小兴安岭赋予了动态之美。

12.《美丽的小兴安岭》是“颜色训练”的例子，如“春天的树木长出了嫩绿的叶子”“夏天的树木长得葱葱茏茏”“秋天的松柏显得更苍翠了”，每个季节树木颜色的变化，显得颇有层次。夏天五颜六色的野花的陪衬描写，更加给人一种丰富的色感美。

13.《美丽的小兴安岭》是“句式训练”的例子，如该文第二自然段的“有的……有的……”，最后一个自然段“是……还是……”这样的句式，可以让学生练习说话。

14.《美丽的小兴安岭》是“双重否定句”的例子，如该文第五自然段写“紫貂和黑熊不得不躲进各自的洞里”就是一个双重否定句。

15.《美丽的小兴安岭》是“联系上下文，理解词句意思”的例子，如该文第一自然段中的“数不清”，第三自然段中的“各种各样”，教师可以引导学生联系上下文理解词语的意思，并说说还有哪些东西可以说是数不清的，用“各种各样”造句。

16.《美丽的小兴安岭》是“训练观察方法”的例子，如该文第二、三、四、五自然段就是运用时间观察法，抓住小兴安岭四季景色的特点进行描写的。

17.《美丽的小兴安岭》是“中心句训练”的例子，如该文第六自然段“小兴安岭一年四季景色诱人，是一座美丽的大花园，也是一座巨大的宝库”。这句话就是全文的中心句，概括了全文的中心。

18.《美丽的小兴安岭》是“感悟组段方法”的例子，如该文第二、三、四、五自然段是按照四季顺序描绘小兴安岭的美丽景象，每段都是先写树木，再写树木周围的景色，组段形式相似，段的结构简单明了。

19.《美丽的小兴安岭》是“点题”的例子，如该文最后一个自然段写“小兴安岭是一座美丽的大花园”就是在结尾点题了。

20.《美丽的小兴安岭》是“仿写”的例子，该文中心突出，思路清晰，结构鲜明，用词准确，语言优美，是用来引导三年级学生仿写的好例子。

21.《美丽的小兴安岭》是“激发学生热爱祖国山河”的例子，如课文浓墨重彩地描绘了小兴安岭美丽的景色，让学生好好品读课文，感受作者对小兴安岭的喜爱之情，对祖国山河的热爱之情。

22.《美丽的小兴安岭》是“选材训练”的例子，如该文对小兴安岭一年四季中的景色进行了取舍，我们也可以对一天当中的早、中、晚，人的一生的童年、青年、中年、老年的故事进行取舍。选材要典型，有代表性。

点位论证

在众多“可能”的教学点位当中，我们最好教什么呢？我们最好用《美丽的小兴安岭》教仿写。理由如下：其一，“学生会写文章”是语文的基本要求，而且是提高语言表达、开发思维的方式。其二，课文是示范，重在“举一反三”。语文是一种技能，凡是技能都离不开模仿，模仿就是学习。语文学习具有模仿性，言语表达能力的形成，离不开模仿。小时牙牙学语，大时作文，都需要模仿。许多语言大师的创作都有模仿的“痕迹”。语文中的课文是遣词造句的例子，是听、说、读、写训练的例子，具有示范性。课文教学要利用课文的示范作用，培养学生的迁移能力，让学生“自能阅读，自能作文”。其三，三年级是学生写作文的起步阶段，学生往往不知从何而写，写什么，怎么写，而

《美丽的小兴安岭》中心突出，思路清晰，结构鲜明，用词准确，语言优美，是一个集众多写作知识点于一文的典范，是用来引导三年级学生学写作文的好例子。有了例子，学生就好像找到了方向，下起笔来就容易多了，也知道怎样去表达了。其四，《课标》也提出了“让学生易于动笔，乐于表达”的要求。其五，仿写并不是一成不变地照着写，它是要加入作者自己的思想、情感、经历，在例文的基础上，创造性地写作。其六，本文的课后练习题中有一道小练笔：“我的家乡也很美！我要写一写家乡的一处景物。”由此可见，像写美丽的小兴安岭一样，写一写我的家乡或者其他地方的景色，也是编者的意图和本课的重点。

训练设计

第一步，接触案例。

请同学们读一读下面这篇写小兴安岭的文章，并与课文对照。

我国东北的小兴安岭很美丽，像一个大花园。那里有很多树木和花草。冬天，那里还会下雪。树上积满了白雪。地上的雪也厚厚的，常常没过膝盖。北风吹过树梢，紫貂和黑熊冷得只有躲在洞里。松鼠也在树洞里吃秋天收藏的松子，有时候会出来，看看春天是不是快要来了。

春天树木发芽了，长出了嫩绿的叶子。雪水化了，流进了小溪，溪水就越来越多了。在小溪边，还可以看见小鹿呢。夏天树木就长得很高很高了，树叶也越长越茂盛，站在树下，就看不见天空了。早晨的时候，雾从山谷里升起来，整个森林就浸在乳白色的浓雾里，很漂亮！

第二步，探究规律。

上面这篇文章与课文有什么异同？

1. 两篇文章都是写小兴安岭的景色的，但上面这篇文章思路凌乱，段落不分明，顺序也乱；而课文中心突出，思路清晰，结构鲜明，段落层次清楚，这是写文章的重点。

2. 语言描写不同。上面这篇文章读起来单调乏味，描写一点也不形象生动，而课文语言优美，用词准确，而且用了比喻、拟人等修饰手法，所以更生动形象，富有童趣。

第三步，训练能力。

1. 仿写片段练习。

翠鸟喜欢停在水边的苇秆上，一双红色的小爪子紧紧地抓住苇秆。它的颜色非常鲜艳。头上的羽毛像橄榄色的头巾，绣满了翠绿色的花纹。背上的羽毛像浅绿色的外衣。腹部的羽毛像赤褐色的衬衫。它小巧玲珑，一双透亮灵活的眼睛下面，长着一双又尖又长的嘴。

2. 阅读《听听，秋的声音》并仿写几句。

听听，
秋的声音，
大树抖抖手臂，
“刷刷”，
是黄叶道别的话音。

听听，
秋的声音，
蟋蟀振动翅膀，
“㘗㘗”，
是和阳台告别的歌韵。

一排排大雁追上白云，
撒下一阵暖暖的叮咛；

一阵阵秋风掠过田野，
送来一片丰收的歌吟。

听听，
走进秋，
走进这辽阔的音乐厅，
你好好好地去听秋的声音。

秋的声音，
在每一片叶子里，
在每一朵小花上，
在每一滴汗水里，
在每一颗绽开的谷粒里。

听听，
秋的声音，
从远方匆匆地来，
向远方匆匆地去。
听听，
我们听到了秋的声音。

【资料】仿写《听听，秋的声音》。

听听，
秋的声音，
枫叶摇摇脑袋，
“沙沙”，
是与妈妈道别的话音。

听听，
秋的声音，
松鼠摇动树枝，
“咚咚”，
是松果离开的声音。

一只只青蛙跳进池塘，
送上一句暖暖的叮咛；
一阵阵秋风拂过果园，
送来一片丰收的景象。

听听，
走进秋，
走进这美妙的演奏厅，
你静静地去听秋的声音。

秋的声音，
在每一声叮咛里，
在每一个果实里，
在每一片黄叶里，
在每一个忙碌的身影里。

听听，
秋的声音，
从远方悄悄地来，
向远方悄悄地去。
听听，
我们听到了秋的声音。

3. 小练笔：我的家乡也很美！像课文写美丽的小兴安岭一样，写一写家乡的一处景物。

【资料】我的家乡：

我的家乡

我的家乡在华蓥，那里山清水秀，风景如画。

春天，村里万紫千红。村子里的果园一派生机勃勃的景象：桃花笑红了脸，梨花披上了雪白的衣裳，就连樱花也出来看热闹了。山坡上的小草偷偷地从土里探出头来，一阵春风吹来，小草点了点头，好像在向春天问好呢。漫山遍野的野花，争奇斗艳，有红的、白的、黄的、紫的……把整个村子装扮得五颜六色的，好看极了！诱人的花香在村里飘荡着。燕子从南方飞回来了，黄鹂在枝头跳来跳去。

夏天，山上一片葱绿。一棵棵大树撑起一把把绿色的大伞，知了在树上欢快地唱着歌。小溪里的鱼儿在水里快活地游来游去。你瞧，它们有的跳出水面吐泡泡，有的在水里捉迷藏，有趣极了！

秋天，村里一片金黄。田野里的庄稼成熟了，农民伯伯正忙着丰收。果园里结满了红的、黄的、青的……果子，果农们也忙着采摘呢。

冬天，村里白茫茫的一片，高高的房子上，光秃秃的树枝上都堆满了厚厚的积雪，小朋友们都跑出来堆雪人，打雪仗，可开心啦！溪面上却非常平静，清晰地倒映出树的倩影，水里一只鱼儿也没有。天空中一只燕子的影儿也瞧不见。

啊，家乡真美呀！我爱我的家乡——华蓥！

34 陌生缘何爱熟悉，只因比喻化神奇

——《小小的船》的语文资源开发与训练设计

经典推荐

《小小的船》是叶圣陶先生写的一首优美的儿童诗，作者以优美的语言，形象的比喻，丰富的想象描绘出晴天夜空奇妙的景象，体现了一个孩子把新月看作小船，联想自己坐到月亮上去，在蓝天中航行，驶过星群，看望星星的喜悦心情和想飞上月亮遨游太空的美好愿望。

《小小的船》这首诗已经在几代人的心中留下了不可磨灭的烙印，激荡了一代又一代人的童年梦想，在六十多年后的今天仍为孩童深深喜爱和尽情吟诵。正因为如此，全国很多版本（老人教版和新人教版、湘教版、鲁教版、语文S版、浙教版、北师大版、长春版等）都将《小小的船》选编入了其小学语文一年级上册教材，而且在版本更新时仍然对它不离不弃，使它成为小学语文课本中的经典。

《小小的船》全诗韵律协调，朗朗上口，音乐性很强，易于激发儿童诵读的兴趣，在吟唱中陶冶儿童美的情操。语言通俗易懂，诗中有景、有情、有韵，充满了儿童情趣，有利于发展儿童的想象力。

经典呈现

小小的船

叶圣陶

弯弯的月儿小小的船。
小小的船儿两头尖。
我在小小的船里坐，
只看见闪闪的星星蓝蓝的天。

资源开发

《小小的船》用简短的语言描绘出了晴朗夜空的梦幻之美，体现了孩子未来心愿的朴素豪迈之美。作为小学语文教师，我们更要从《小小的船》这篇课文中发现“语文之美”，用心去解读其表达内容的文本，开发文本中的语文教育资源。那么《小小的船》可以是语文课程中哪些语文知识与能力点位的例子呢？

1. 《小小的船》是“了解儿童诗特点”的例子。

在这首诗中，文字数少，句式短小，韵律协调，节奏感强，便于儿童诵读；语言浅显易懂，内容贴近儿童视角与心理，想象天真大胆，易于儿童理解和接受。

2. 《小小的船》是“诗歌韵律训练”的例子。

这首诗中三句诗的韵脚“船、尖、天”都押“an”韵，体现了语音的音乐美和艺术魅力，使诗歌朗朗上口，悦耳动听。

3. 《小小的船》是“儿化音训练”的例子。

第一、二句诗“弯弯的月儿小小的船。小小的船儿两头尖”中的“儿”在诗中应读儿化音，即“月儿”应读成“yuèr”，“船儿”应读成“chuánr”，表示喜爱、亲切的感情色彩。

4.《小小的船》是“诵读训练”的例子。

这首诗篇幅短小，朗朗上口，情感丰富，易于儿童吟诵、背诵。

5.《小小的船》是“比喻手法”的例子。

第二句诗“弯弯的月儿小小的船”，表面上看是用“弯弯的月儿”和“小小的船”这两种意象的罗列创造出诗的意境，但通过第二句诗“小小的船儿两头尖”的补充，可以看出第一句诗应是“弯弯的月儿像小小的船”。

6.《小小的船》是“事物联想训练”的例子。

通过第一、二句诗中“月儿”和“小船”形态相似、功能相似的比喻基础，大胆地想象出“一个孩子把新月看作小船，联想自己坐到月亮上去，在蓝天中航行，驶过星群，看望星星的喜悦心情和想飞上月亮遨游太空的美好愿望”。

7.《小小的船》是“抓住特点对事物进行描写”的例子。

这首诗中对“月儿、船、星星、天”的描写，分别抓住其“弯弯的、小小的、闪闪的、蓝蓝的”外形、动态、颜色特点进行准确、生动、传神的描写，在读者脑海中形成一幅晴天夜空奇妙的景象。

8.《小小的船》是“重叠词积累”的例子。

这首诗歌中出现的“弯弯的、小小的、闪闪的、蓝蓝的”四个重叠词，它们以相同的字组成的新词表达出对“月儿、船、星星、天”的喜爱之情。

9.《小小的船》是“培养审美能力”的例子。

这首诗歌描绘了由“弯弯的月儿”“闪闪的星星”“蓝蓝的天”和“我”组合出的一幅晴天夜空奇妙的景象。

10.《小小的船》是“培养学生热爱大自然”的例子。

这首诗歌中描绘的“弯弯的月儿”“闪闪的星星”“蓝蓝的天”都是我们生活的大自然的一部分，欣赏、爱护大自然可以让我们的生活更美好。

11.《小小的船》是“引导学生体会情感”的例子。

这首诗歌体现了一个孩子把新月看作小船，联想自己坐到月亮上去，在蓝天中航行，驶过星群，看望星星的喜悦心情和想飞上月亮遨游太空的美好愿望。

12.《小小的船》是“学习生字”的例子。

这首诗一共出现的字只有 20 个，分别是：弯、的、月、儿、小、船、两、头、尖、我、在、里、坐、只、看、见、闪、星、蓝、天。这些字都属于 3500 个常用字库里的，其中“的、月、儿、两、我、在、只、看、见、星、天”更是汉字使用中的 400 个高频字库里的汉字，掌握这些字的音、形、意对汉字的认识和使用是必不可少的。

点位论证

由于《小小的船》这首儿童诗在各版本选入的教材中都处在低年段中，根据教育部制定的《课标》中的学段目标，在众多“可能”的教学点位中，我们应该教什么点位呢？除朗读、生字、生词等每篇课文都应有的常规点位以外，我们只能用《小小的船》重点教与其他课文不同的点位——“比喻手法”。理由如下：

第一，“比喻手法”是语文的重要知识点，是开发学生语言表达准确、生动、形象的方式之一。

第二，“弯弯的月儿小小的船。小小的船儿两头尖”这种“缩喻”形式的“比喻手法”是《小小的船》特有的，第一句诗“弯弯的月儿小小的船”，表面上看是用“弯弯的月儿”和“小小的船”这两种意象的罗列创造出诗的意境，但通过第二句诗“小小的船儿两头尖”的补充，可以从中分析出这两种意象之间具有的联系——“弯弯的月儿”和“小小的船”它们形态相似、功能相似，从而建立起比喻的联系；“弯弯的月儿小小的船。小小的船儿两头尖”实际呈现的意象只有一个，那就是像“小小的船”

一样的“两头尖”的“弯弯的月儿”，而不是同时呈现出“弯弯的月儿”和“小小的船”两个意象构成的意境。“弯弯的月儿小小的船。小小的船儿两头尖”实际是本体与喻体并列出现，省略了比喻词的缩喻。这与马致远创作的小令《天净沙·秋思》名句“枯藤老树昏鸦，小桥流水人家。古道西风瘦马”中，以时空关系联系在一起的意象罗列创建出意境的表达功能是不一样的。

第三，“比喻手法”是本课中理解后面内容的基础。在这里“小小的船”是大家熟悉的事物，而大家对远在天上的“弯弯的月儿”却是陌生的，引导学生通过它们的形态相似、功能相似建立起比喻的联系，这也为理解后面的诗句“我在小小的船里坐，只看见闪闪的星星蓝蓝的天”的这种大胆的联想——“坐在弯弯的月儿”里这种不可能的事做出可能的铺垫，这正是化腐朽为神奇的比喻辞格的魅力所在，并从中学习到联想不是空想和乱想，而是建立在一定基础上的合理而大胆的想象。

第四，小学一年级的学生虽然年龄较小，想法幼稚，天马行空，似理非理，看似可笑，但很丰富，善用“比喻手法”，往往会出现一些成人意想不到的精彩的生成。在老师的引导下，他们会有许多天真大胆的说法，如“雪化了是春天”就是大家熟悉的典型案例。

第五，可以从缩喻引出到学习明喻，由“弯弯的月儿像小小的船”，总结“比喻手法”的规律——形态相似或功能相似。我们还可以迁移训练，举一反三，进行“……像……”的不同说法的思维与表达的训练。同时引导学生注意有些带“像”字的非“比喻手法”的表达。

第六，《课标》也提出了“展开想象，获得初步的情感体验，感受语言的优美”的要求，“比喻手法”正是实现语言优美的重要方式之一。

第七，新人教版小学《语文》一年级上册第 77 页的课后“我会说”练习中，要求学生用“比喻手法”填空：“弯弯的月亮像________________。蓝蓝的天空像________________。闪闪的星星像________________。”

北师大版小学《语文》一年级上册第 22 页的课文学习提示中，要求学生用“比喻手法”回答：“小小的船指的是什么？你看月亮还像什么？”

语文 S 版小学《语文》一年级上册第 69 页的课后练习第 2 题中，也要求学生用“比喻手法”回答：“夜晚出去看看月亮，课文说它像小船，你看它像什么？”

由此可见，“比喻手法”也是编者的意图和本课的学习重点。

第一步，接触案例。

孩子们，请大声朗读下面这两句话，再与课文第一、二句“弯弯的月儿小小的船。小小的船儿两头尖”对照。

弯弯的月儿像小小的船。

小小的船儿两头尖。

第二步，探究规律。

孩子们，看看上面这两句话与课文第一、二句话有什么相同和不同的地方？

1. 两句话都说了“弯弯的月儿”和“小小的船”，但上面这两句话比课文的第一、二句话多了一个“像”字。

2. 上面这两句话与课文第一、二句话它们实际都是只写了一种景物——“弯弯的月儿”，都是用“小小的船”来比喻“弯弯的月儿”，而不是写“弯弯的月儿”和“小小的船”这两种同时出现的景物。

3. 效果不同，上面这两句话与课文第一、二句话都写出了“弯弯的月儿”和“小小的船”的形态相似——“两头尖”，还写出了“弯弯的月儿”和“小小的船”的功能相似——都可以遨游。但上面的这句话把陌生的事物熟悉化、生动化、形象化，不但简单易懂，表达效果准确形象，而且语言表达形式浅显，更易于小学生接受和模仿；课文的第一、二句话要仔细思考才能明白其中的含义，虽然意境很美，富有想象，但小学生理解较难，不易迁移。

4. 像上面这两句话这样根据事物之间的形态相似或功能相似，用我们熟悉的事物来写我们不熟悉的事物，把陌生的事物熟悉化、生动化、形象化，这种含有“像”字的句子，你还能说一些吗?

第三步，训练能力。

1. 请说一说“弯弯的月儿”除了课文里说的像“小小的船”，还像什么？你是按它们的什么相似来想的呢?

(1) 弯弯的月儿像________________。(　　　　　　)

(2) 弯弯的月儿像________________。(　　　　　　)

(3) 弯弯的月儿像________________。(　　　　　　)

【参考答案】

(1) 弯弯的月儿像黄色的香蕉。(形态相似)

(2) 弯弯的月儿像小朋友的眉毛。(形态相似)

(3) 弯弯的月儿像夜晚时明亮的路灯。(功能相似)

2. 我们知道了“弯弯的月儿”可以像很多事物，那我们还能说一说小朋友的手像什么吗？你是按它们的什么相似来想的呢?

(1) 小朋友的手像________________。(　　　　　　)

(2) 小朋友的手像________________。(　　　　　　)

(3) 小朋友的手像________________。(　　　　　　)

【参考答案】

(1) 小朋友的手像枫树的叶子。(形态相似)

(2) 小朋友的手像正在开屏的孔雀。(形态相似)

（3）小朋友的手像一把小梳子。（功能相似）

3. 比一比，说一说，下面两个句子的表达效果有什么不同？你更喜欢哪个句子？

（1）天空上布满了星星。

（2）天空上布满了像宝石一样的星星。

【参考答案】

（1）天空上布满了星星。（只写出了星星很多）

（2）天空上布满了像宝石一样的星星。（不但写出了星星很多，还写出了星星很宝贵的特点）

4. 读一读，比一比，下面两个句子的表达特点相同吗？哪个句子是用了我们今天学习的根据事物之间的形态相似或功能相似，用我们熟悉的事物来写我们不熟悉的事物，把陌生的事物熟悉化、生动化、形象化（比喻手法）这种含有“像”字的句子？

（1）我刚才看到小明像一只小狗一样跑了过去。

（2）我刚才像看到一只小狗跑了过去。

【参考答案】

（1）我刚才看到小明像一只小狗一样跑了过去。（比喻手法）

（2）我刚才像看到一只小狗跑了过去。（没用比喻手法，普通句子）

【资料】北师大版、语文 S 版、长春版在把这首诗选编进课文时标点略有不同：

小小的船

叶圣陶

弯弯的月儿小小的船，
小小的船儿两头尖。
我在小小的船里坐，
只看见闪闪的星星蓝蓝的天。

35 品范文精啄细读，利复述刨根问底

——《将相和》的语文资源开发与训练设计

经典推荐

《将相和》是根据司马迁《史记》中的《廉颇蔺相如列传》改写的一个故事。

《将相和》是一篇经典课文，多次被选入多个版本的《语文》教材，如人教版五年级下、西师版六年级上、语文A版六年级下、语文S版六年级上、浙教版六年级上、沪教版四年级下、鲁教版五年级上、冀教版五年级上。

《将相和》以秦赵两国的矛盾为背景，以蔺相如的活动为线索，通过对“完璧归赵”“渑池之会”“负荆请罪”三个小故事的记述，写出了将相之间由不和到和好的经过，赞扬了蔺相如勇敢机智、不畏强暴的斗争精神和以国家利益为重，顾大局、识大体的可贵品质和政治远见，也赞扬了廉颇勇于改过、知错就改的宝贵品质。

学生通过学习这篇课文，可感受到蔺相如和廉颇高尚的爱国情操。

经典呈现

将相和（节选）

战国时候，秦国最强，常常进攻别的国家。

有一回，赵王得了一件无价之宝和氏璧。秦王说愿意拿十五座城换这块璧。

赵王正在为难之时，勇敢机智的蔺相如自告奋勇地说他愿意带着和氏璧出使秦国，保证完成任务，并把和氏璧完好无缺地送回来。

……

秦王双手捧住璧，一边看一边称赞，绝口不提十五座城的事。蔺相如看这情形，知道秦王没有拿城换璧的诚意，就用计巧妙地拿回了和氏璧。并说秦王要是强逼他，他的脑袋和璧就一块儿撞碎在柱子上！秦王怕他真的把璧撞碎了，连忙说一定拿城换璧。蔺相如说和氏璧是无价之宝，要举行个隆重的典礼，他才肯交出来。

蔺相如知道秦王丝毫没有拿城换璧的诚意，叫手下人化装，带着和氏璧抄小路先回赵国去了。到了举行典礼那一天，蔺相如见了秦王，大大方方地说："和氏璧已经送回赵国去了。您如果有诚意的话，先把十五座城交给我国，我国马上派人把璧送来，决不失信。不然，您杀了我也没有用，天下的人都会知道秦国是从来不讲信用的！"秦王没有办法，只得客客气气地把蔺相如送回赵国。

这就是"完璧归赵"的故事。蔺相如立了功，赵王封他做上大夫。

过了几年，秦王约赵王在渑池相见。蔺相如认为对秦王不能示弱，还是去的好，赵王决定让蔺相如随行。大将军廉颇带着军队送他们到边界上，做好了抵御秦兵的准备。

在渑池，秦王要赵王鼓瑟，并叫人记录下来。

蔺相如生气极了，他走到秦王面前，以性命相逼，秦王被逼得没法，只好敲了一下缶。蔺相如也叫人记录下来。

秦王没占到便宜。他知道廉颇已经在边境上做好了准备，只好让赵王回去。

蔺相如在渑池之会中又立了功。赵王封蔺相如为上卿，职位比廉颇高。

廉颇很不服气，他对别人说："我廉颇攻无不克，战无不胜，立下许多大功。他蔺相如凭什么职位比我高。如果我碰见他，一定对他不客气。"这话传到蔺相如耳朵里，他尽量避开廉颇。他的手下人不理解，蔺相如说："秦王我都不怕，会怕廉将军吗？大家知道，秦王不敢进攻我们赵国，就因为武有廉颇，文有蔺相如。如果我俩闹不和，就会削弱赵国的力量，秦国必然乘机来打我们。我所以避着廉将军，为的是我们赵国啊！"

蔺相如的话传到了廉颇的耳朵里，他知道自己错了，到蔺相如门上负荆请罪。蔺相如连忙热情地出来迎接。从此以后，他俩成了好朋友，同心协力保卫赵国。

资源开发

《将相和》说明了一个"为人之道"：面对权贵，要有勇敢机智、不畏强暴的斗争精神；面对朋友，要有勇于认错、知错就改的团结精神。我们更要从课文中悟出"语文之道"，开发《将相和》的语文教育资源。阅读《将相和》既要知道它所讲的三个故事中的因果，又要说明这三个故事之间的联系。《将相和》可以是语文课程中哪些语文知识与能力点位的例子呢？

1.《将相和》是"训练复述课文"的例子，如课后练习第一题就要求快速阅读课文，把这个故事讲给别人听。

2.《将相和》是"训练概括能力"的例子，如给每个故事加上小标题。

3.《将相和》是“语言描写”的例子，如：“和氏璧已经送回赵国去了。您如果有诚意的话，先把十五座城交给我国，我国马上派人把璧送来，决不失信。不然，您杀了我也没有用，天下的人都知道秦国是从来不讲信用的!”“秦王我都不怕，会怕廉将军吗？大家知道，秦王不敢进攻我们赵国，就因为武有廉颇，文有蔺相如。如果我俩闹不和，就会削弱赵国的力量，秦国必然乘机来打我们。我所以避着廉将军，为的是我们赵国啊!”从蔺相如的这些语言就可以看出他为了国家可以不顾自己的生命，以及对廉颇的宽宏大度。

4.《将相和》是“动作描写”的例子，如“秦王双手捧住璧，一边看一边称赞，绝口不提十五座城的事”，既写出了秦王对和氏璧的喜爱，又写出了秦王根本没拿城换璧的诚意。

5.《将相和》是“题文照应”的例子，如课文结尾“从此以后，他俩成了好朋友，同心协力保卫赵国”照应了课文题目“将相和”。

6.《将相和》是“教学分意义段”的例子，如每个小故事为一个意义段，用空一行的方式自然分段。

7.《将相和》是“叙述详略得当”的例子，如“完璧归赵”和“负荆请罪”写得详细，“渑池之会”写得比较简单。

8.《将相和》是“训练观察想象”的例子，请同学们仔细观察教材收录的《将相和》全文中的第二幅插图，想象：廉颇到蔺相如府负荆请罪，会怎么说，怎么做？蔺相如又会如何做和说呢？

10.《将相和》是“训练续写”的例子，请同学们根据自己对课文的理解，把负荆请罪的结尾补充丰满，写几个片段。

11.《将相和》是“教学多音字”的例子，如“将”“相”“和”“削”“尽”等。

点位论证

在众多“可能”的教学点位中，我们应该教什么呢？我们应该用《将相和》教“复述课文”。其一，“复述”是提升学生语文应用能力的基本要求，而且是训练语言运用能力的重要方式。其二，“复述课文”在《将相和》中用来说明三个故事之间的因果，理清三个故事之间的联系，感受蔺相如和廉颇的爱国情操是很重要的，其余语文的知识点在其他课文中也常遇到。其三，蔺相如和廉颇的高尚品质是该文要告诉读者的，是课文的主要内容，具有主导性。对蔺相如、廉颇的动作和语言描写因而成为该文的亮点。能把这些复述出来更是亮点中的亮点。其四，复述是训练语言运用的重要手段之一。课文复述就是学生在理解、熟悉课文的基础上，打破原来的知识体系，用学过的语言材料，按照一定的要求，通过口头或笔头把课文内容重新表达出来。它不同于简单地、机械地背诵原文，也不是介绍课文大意。课文复述能有效地培养学生学习语言的兴趣，摆脱死记硬背的弊端，它能真真实实地在学生中形成知识、能力同步发展，抓基础重能力。其五，《课标》也提出了能抓住要点，并能简要转述，表达要有条理的要求。其六，课后的思考和练习中，第一题要求快速阅读课文，把《将相和》的故事讲给别人听。由此可见，“复述课文”是编者的意图和本课的重点。

训练设计

第一步，接触案例。

同学们，请读下面两段文字，仔细对照。

1. 蔺相如受命带和氏璧去秦国换十五座城池，见秦王没有诚意，便凭着自己的聪明才智，终于使宝玉完好回归赵国。

2. 战国时期，赵王得了无价之宝和氏璧。秦王知道了，就写信给赵王，说愿用十五座城来换和氏璧。

赵王很着急，他知道秦王只是想把和氏璧骗到手而已，但是如果不给，却又怕秦国兴兵来攻。

就在这个时候，有个叫蔺相如的，说自己愿意带着和氏璧去秦国。如果秦王真肯拿十五座城来换，就把璧交给他；如不肯，他一定会让璧完好无损地回归赵国。赵王只好让蔺相如带着和氏璧去秦国。

蔺相如来到秦国，见了秦王，献上璧。秦王不停地称赞，却绝口不提十五座城的事。蔺相如看秦王丝毫没有拿城换璧的诚意，就以璧有瑕疵为借口拿回了璧。璧一到手，蔺相如就拿撞碎璧来威胁秦王，秦王连忙说一切都好商量。秦王把允诺换的十五座城在地图上指给蔺相如看，并答应举行一场盛大的典礼来换璧，而蔺相如则借此机会拖延时间。

蔺相如知道秦王依然没有诚意，就趁这机会，派人抄小道把璧送回了赵国。

到了举行典礼的那一天，蔺相如就很坦白地跟秦王说，璧已送回赵国了，秦王如有诚意，就先交出十五座城，赵国一定会把璧送来；否则杀了蔺相如也没用，天下人都会知道秦国不讲信用。秦王听了没办法，只好把蔺相如送回赵国。这就是“完璧归赵”的故事。

第二步，探究规律。

这两段文字有什么不同？

1. 两段文字虽然都是复述“完璧归赵”这个故事，但是第一段文字非常简单，只复述发生了一件什么事；第二个复述得比较详细（完成了课后第一题的一部分）。可见，课文是可以复述的。

2. 效果不同。第一段文字单调乏味；第二段文字不但复述出了故事的主要内容，而且有复述者的再创造，所以生动形象，充满智慧。

由此可以看出，复述应该注意以下几点：

第一，把书面语转换为口头语。

第二，突出重点，准确地体现原材料的中心和重点。

第三，条理清楚，反映各部分内容的内在联系，如果叙述一件事情，一定要交代清楚时间、地点、人物，事情的起因、经过、结果等。

第四，语言力求准确。

第五，必要时可以加入个人想象。

第三步，训练能力。

1. 小组内练习复述《渑池之会》。（完成课后第一题的一部分）

【资料】《渑池之会》复述。

秦王想和赵国讲和，约赵王在渑池见，廉颇带大军把赵王送到边境。

到了以后，秦王让赵王鼓瑟。秦国御史写道：某年某月某日，秦王和赵王在渑池宴会，秦王命赵王鼓瑟。蔺相如让秦王击缶。秦王不答应。蔺相如就说："我离大王只有五步，如果不答应，我拼着一死，也要溅你一身血。"意思是和秦王拼命。秦王只好答应。蔺相如叫御史，也记下来：某年某月某日，赵王和秦王在渑池宴会，赵王命秦王敲缶助兴。

启示：为国家利益，为国家荣誉不顾自身安危，敢于同强敌作斗争。

2. 全班交流复述《负荆请罪》。（完成课后第一题的一部分）

【资料】《复荆请罪》复述。

战国时赵国的蔺相如因为有功被赵王封为上卿，官职比老将廉颇还大。廉颇不服气，就想给蔺相如难堪。蔺相如却尽量避开廉颇。别人都以为他怕廉颇，可是蔺相如却说他连秦王都不怕，又怎么会怕廉将军！不过是因为他和廉颇都是赵国的栋梁。如果他们成了仇人的话，赵国就危险了。这话传到廉颇耳里，廉颇非常惭愧，他便袒露上身，背着荆条，亲自到蔺相如家去认错，两人于是成为生死之交。

3. 试着复述《农民的三个儿子》。

农民的三个儿子

一个农民生了三个儿子。可三个儿子都有点毛病。大儿子是个癞子，一会儿要去搔搔头才行。二儿子经常流鼻涕，时不时用手去揩。三儿子胳肢窝生了痒疮，要不时筛动胳膊。老农很恼火，经常不要三个儿子见客人。

一天，家里来了个多年不见的老朋友，老农害怕三个儿子动作不雅观，丢人现眼，就不让儿子上桌吃饭。可客人非要老农的三个儿子一起吃饭，老农无奈，只好叮嘱儿子们快吃快走。

吃了一会儿，三个儿子的毛病犯了，东摇西晃，忸怩作态，快要忍不住了。老农瞪了他们一眼，想要赶他们离席。突然，大儿子伸手在头上一拍，迅速搔了一下，非常遗憾地说："唉，我今天在山上看见好大一只野兔，可惜没有追到，让它跑了！"说完就舒舒服服地吃饭。二儿子看穿了哥哥的把戏，急忙接过哥哥的话头说："真的吗？要是我的话，我就会砰的一声把它打死！"边说边比打枪的手势，迅速将即将流出来的鼻涕揩了，然后放心地吃起饭来。三儿子见了，连忙边筛胳膊边撒娇似的说："真的打死了才安逸哟，今天中午就有兔肉吃了！"

客人不明就里，哈哈大笑地说："你的三个儿子真有趣！"老农也开心地笑着说："有趣！有趣！"

36 想象奇特有创意，场景描写显生机

——《鸟的天堂》的语文资源开发与训练设计

经典推荐

《鸟的天堂》是S版小学《语文》四年级下册、人教版小学《语文》四年级上册、西师版小学《语文》六年级上册、翼教版小学《语文》四年级上册、沪教版小学《语文》四年级上册、语文A版《语文》四年级下册收录的课文。《鸟的天堂》是一篇散文，因为它的说明语言较多，语言精美，也可以说是说明文，再者本文写的是作者观光所经历的感受，也可称作游记。

《鸟的天堂》是著名作家巴金先生的作品。作者巴金，是中国当代著名作家，曾任全国政协副主席，中国作家协会主席。

选编这篇课文的目的，一是引导学生通过阅读想象画面，感受大自然的和谐美好；二是让学生在读中感悟作者细腻、生动的描写方法。

鸟的天堂

我们吃过晚饭，热气已经退了。太阳落下了山坡，只留下一段灿烂的红霞在天边。

我们走过一条石子路，很快就到了河边。在河边大树下，我们发现了几只小船。

我们陆续跳上一只船。一个朋友解开了绳，拿起竹竿一拨，船缓缓地动了，向河中心移去。

河面很宽，白茫茫的水上没有一点波浪。船平静地在水面移动。三支桨有规律地在水里划，那声音就像一支乐曲。

在一个地方，河面变窄了。一簇簇树叶伸到水面上。树叶真绿得可爱。那是许多茂盛的榕树，看不见主干在什么地方。

当我说许多株榕树的时候，朋友们马上纠正我的错误。一个朋友说那只有一株榕树，另一个朋友说是两株。我见过不少榕树，这样大的还是第一次看见。

我们的船渐渐逼近榕树了。我有机会看清它的真面目，真是一株大树，枝干的数目不可计数。枝上又生根，有许多根直垂到地上，伸进泥土里。一部分树枝垂到水面。从远处看，就像一株大树卧在水面上。

榕树正在茂盛的时期，好像把它的全部生命力展示给我们看。那么多的绿叶，一簇堆在另一簇上面，不留一点缝隙。那翠绿的颜色，明亮地照耀着我们的眼睛，似乎每一片绿叶上都有一个新的生命在颤动。这美丽的南国的树！

船在树下泊了片刻。岸上很湿，我们没有上去。朋友说这里是“鸟的天堂”，有许多鸟在这树上做巢，农民不许人去捉它们。我仿佛听见几只鸟扑翅的声音，等我注意去看，却不见一只鸟的影儿。只有无数的树根立在地上，像许多根木桩。土地是湿的，大概涨潮的时候河水会冲上岸去。“鸟的天堂”里没有一只鸟，我不禁这样想。于是船开了。一个朋友拨着桨，船缓缓地移向河中心。

第二天，我们划着船到一个朋友的家乡去。那是个有山有塔的地方。从学校出发，我们又经过那“鸟的天堂”。

这一次是在早晨。阳光照耀在水面，在树梢一切都显得更加光明了。我们又把船在树下泊了片刻。

起初周围是静寂的。后来忽然起了一声鸟叫。我们把手一拍，便看见一只大鸟飞了起来。接着又看见第二只，第三只……我们继续拍掌，树上就变得热闹了，到处都是鸟声，到处都是鸟影。大的，小的，花的，黑的，有的站在树枝上叫，有的飞起来，有的在扑翅膀。

我注意地看着，眼睛应接不暇，看清楚了这只，又错过了那只，看见了那只，另一只又飞起来了。一只画眉鸟飞了出来，被我们的掌声一吓，又飞进了叶丛，站在一根小枝上兴奋地叫着，那歌声真好听。

当小船向着高塔下面的乡村划去的时候，我回头看那被抛在后面的茂盛的榕树。我感到一点儿留恋。昨天是我的眼睛骗了我，那"鸟的天堂"的确是鸟的天堂啊！

资源开发

我们要从《鸟的天堂》一文中悟出一个道理：对大自然生命力的热爱和赞美。我们更要从课文中悟出"语文之道"，开发《鸟的天堂》的语文教育资源。那么，《鸟的天堂》可以是语文课程中哪些语文知识与能力点位的例子呢？

1.《鸟的天堂》是"动态描写"的例子，如该文的第十二自然段，对鸟儿动作的描写就用了动态描写。该段用了"叫""飞""扑"等动词，形象生动，栩栩如生。

2.《鸟的天堂》是"静态描写"的例子，如该文的第七、八自然段，通过榕树的枝、干、根、叶写了榕树大和茂盛的特点，写出了榕树那静静的样子。

3.《鸟的天堂》是"拟人手法"的例子，如该文的第十二自然段"树上就变得热闹了"、第十三自然段的"站在一根小枝上兴奋地叫着，那歌声真好听"都用了写人的词语。

4.《鸟的天堂》是“排比手法”的例子，如该文的第十二自然段用排比句“大的、小的……有的扑翅膀”。读起来节奏感强，朗朗上口。

5.《鸟的天堂》是“引号运用”的例子，如该文的第九、十、十四自然段有四处用到了引号。

6.《鸟的天堂》是“掌握区分字形”的例子，如该文中的“梢”与“稍”“捎”的区分。

7.《鸟的天堂》是“联系上下文理解词语的意思”的例子，理解该文第十三自然段中的词语“应接不暇”的意思，并用其造句。

8.《鸟的天堂》是“教会学生写字变笔画”的例子，如“灿”“规”中的偏旁“火”“夫”最后一笔都由捺变为点。

9.《鸟的天堂》是“教学生读准字音”的例子，如“枝干的数目不可计数”中“数目”的“数”读“shù”，“不可计数”中的“数”读“shǔ”。

10.《鸟的天堂》是“材料收集”的例子，如该文“鸟的天堂”指的是一株有着 500 多年树龄的古榕树，位于广东省新会市南部天马村天马河的一座小岛上。

11.《鸟的天堂》是“训练学生展开想象”的例子，如要求学生认识大榕树奇特、美丽的特点，体会大榕树上众鸟纷飞的壮观情景。

12.《鸟的天堂》是“训练学生理解课题”的例子，如“天堂”，常用来比喻幸福美好的生活环境。课文中“鸟的天堂”指的是大榕树。

13.《鸟的天堂》是“教多音字组词”的例子，如，“泊 bó（停泊），pō（湖泊、血泊）”。

14.《鸟的天堂》是“积累词语”的例子，如“灿烂”“白茫茫”“静寂”等词语。

15.《鸟的天堂》是“感叹号运用”的例子，如：“这美丽的南国的树!”

16.《鸟的天堂》是“按时间先后顺序写”的例子，如该文第十二自然段动态描写鸟就是按时间先后描写的。

17.《鸟的天堂》是“详略得当训练”的例子，如作者第一次经过鸟的天堂时详写静态，动态略写，第二次经过鸟的天堂时详写鸟的动态。

18.《鸟的天堂》是“点面结合描写”的例子，如该文第十三自然段描写鸟的可爱和它们在“天堂”里生活的情景。

19.《鸟的天堂》是“从远到近写”的例子，如：该文第五、六、七自然段写大榕树。

20.《鸟的天堂》是“借景抒情”的例子，如该文第八自然段是借榕树抒发感情。

21.《鸟的天堂》是“直抒胸臆”的例子，如该文最后一个自然段。

22.《鸟的天堂》是“场景描写”的例子，如该文第十二自然段描写“到处都是鸟声，到处都是鸟影。大的，小的，花的，黑的，有的站在树枝上叫，有的飞起来，有的在扑翅膀”众鸟纷飞的场景。

23.《鸟的天堂》是“教学生省略号”的例子，如该文第十二自然段“接着又看见第二只，第三只……我们继续拍掌，到处都是鸟影”用了省略号。

点位论证

在众多“可能”的教学点位中，我们应该选择教什么呢？我们应该用《鸟的天堂》教“场景描写”。理由如下：其一，“场景描写”是语文的知识点，而且是开发学生展开想象的方式。其二，“场景描写”是《鸟的天堂》特有的，第七、八、十二、十三自然段最为突出，其余语文的知识与能力点位在其他课文也常遇到。其三，教学“场景描写”时学生的想象力丰富，善用拟人，在老师的引导下，他们会有许多童话般的说法。其四，“关心自然和生命，感受大自然的和谐美好”符合《课标》要求。其五，课后的思考和练习中，第三题：读下面的句子，说说你体会到了什么。你也可以找出自己认为写得好的句子读一读，仔细体会作者的思想感情。如：“那么多的绿叶，一簇堆在另一簇上面，不留一点缝隙。”“那翠绿的颜色，明亮地照耀着我们的眼睛，似乎每一片绿叶上都有一个新的生命在颤动。这美丽的南国的树!”作者从绿色中感受到有一种生命力在涌动，赞美榕树充满活力的蓬勃生机。这里通过场景描写来展现了“树的绿”。由此可见，“场景描写”也是编者的意图和本课的重点。

训练设计

第一步，接触案例。

同学们，请读下面三段文字，并与课文第七、八、十二自然段对照。

我们的船渐渐逼近榕树了。我有机会看清它的真面目，真是一株大树，枝干的数目多。枝上又生根，根伸进泥土里。一部分树枝垂到水面。从远处看，就像一株大树。

榕树正在茂盛的时期，好像把它的全部生命力展示给我们看。很多的绿叶。那绿的颜色，照着我们的眼睛。这美丽的树。

起初周围是静寂的。后来忽然起了一声鸟叫。我们把手一拍，便看见一只大鸟飞了起来。接着又看见很多只大鸟。我们继续拍掌，树上就变得热闹了。鸟真多。

第二步，探究规律。

上面三段文字与课文第七、八、十二自然段有什么不同?

1. 两段文字都写树大和树叶多，鸟多。上面三段文字只单调地写出了树大、树叶多、鸟多。而课文中场景描写优美，且描写的对象更形象、更生动，容易吸引人。

2. 效果不同。上段文字，单调乏味；课文第七、八、十二自然段因为语言富于变化，用了一些优美的动词，而且用了拟人的修辞手法，所以生动形象，富有情趣，充满智慧。

关于场景描写的魅力，我们还能举出例子来吗？

【资料】场景描写举例：

1. 日照香炉生紫烟，遥看瀑布挂前川。飞流直下三千尺，疑是银河落九天。（李白《望庐山瀑布》）

2. 千里黄云白日曛，北风吹雁雪纷纷。莫愁前路无知己，天下谁人不识君？（高适《别董大二首》之一）

3. 杨柳渡头行客稀，罟师荡桨向临圻。（王维《送沈子福之江东》）

4. 故人西辞黄鹤楼，烟花三月下扬州。孤帆远影碧空尽，惟见长江天际流。（李白《送孟浩然之广陵》）

5. 锯木厂后边的草地上，普鲁士兵正在操练。（〔法国〕都德《最后一课》）

6. 我们上了轮船，离开栈桥，在一片平静的好似绿色大理石桌面的海上驶向远处。在我们面前，天边远处仿佛有一片紫色的阴影从海里钻出来。（〔法国〕莫泊桑《我的叔叔于勒》）

第三步，训练能力。

1. 请读这两段文字，找出场景描写榕树的语句。

我有机会看清它的真面目，真是一株大树，枝干的数目不可计数。枝上又生根，有许多根直垂到地上，伸进泥土里。一部分树枝垂到水面。从远处看，就像一株大树卧在水面上。

榕树正在茂盛的时期，好像把它的全部生命力展示给我们看。那么多的绿叶，一簇堆在另一簇上面，不留一点缝隙。那翠绿的颜色，明亮地照耀着我们的眼睛，似乎每一片绿叶上都有一个新的生命在颤动。这美丽的南国的树！

【参考答案】

（1）真是一株大树，枝干的数目不可计数。

（2）枝上又生根，有许多根直垂到地上，伸进泥土里。一部分树枝垂到水面。

（3）那么多的绿叶，一簇堆在另一簇上面，不留一点缝隙。

2. 请读这段文字，找出场景描写众鸟纷飞的语句。

起初周围是静寂的。后来忽然起了一声鸟叫。我们把手一拍，便看见一只大鸟飞了起来。接着又看见第二只，第三只……我们继续拍掌，树上就变得热闹了，到处都是鸟声，到处都是鸟影。大的，小的，花的，黑的，有的站在树枝上叫，有的飞起来，有的在扑翅膀。

【参考答案】

到处都是鸟声，到处都是鸟影。大的，小的，花的，黑的，有的站在树枝上叫，有的飞起来，有的在扑翅膀。

3. 请读下面这段话，并试着找出文中的场景描写。

深蓝的天空中挂着一轮金黄的圆月，下面是海边的沙地，都种着一望无际的碧绿的西瓜。其间有一个十一二岁的少年，项带银圈，手捏一柄钢叉，向一匹猹用力地刺去。那猹却将身一扭，反从他的胯下逃走了。（鲁迅《少年闰土》）

【参考答案】

深蓝的天空中挂着一轮金黄的圆月，下面是海边的沙地，都种着一望无际的碧绿的西瓜。

4. 文中共出现了几次“鸟的天堂”，意思一样吗？

【参考答案】

“天堂”是指人们想象中的舒适、快乐的生活环境，文中的“鸟的天堂”是说那株大榕树是鸟儿们生活的乐园。文中出现的几次“鸟的天堂”意思并不一样。四次加引号的“鸟的天堂”是作者引用别人的话，指天马河上的那棵大榕树，表示一种特定的称谓，是对大榕树的一种夸张的形容；而课文题目和最后一句话中不加引号的“鸟的天堂”，是因为作者亲眼见到被人们誉为“鸟的天堂”的大榕树后，感到鸟儿们的生活十分自由、幸福，真像在天堂中一样，所以在作者心里，大榕树确确实实是鸟的天堂。

37 矛盾手法表情感，用整体突出部分

——《示儿》的语文资源开发与训练设计

经典推荐

陆游的《示儿》是小学语文传统课文，因为其爱国的主题，被人教版《语文》六年级下册、语文S版《语文》五年级下册、北师大版《语文》七年级下册、西师版《语文》五年级上册、沪教版《语文》二年级上册、苏教版国标本《语文》六年级上册、语文A版《语文》四年级上册、湘教版《语文》五年级下册、浙教版《语文》六年级上册等课本广泛选入。

作者陆游是伟大的爱国诗人，他的一生和他九千多首诗中始终贯穿和洋溢着强烈的爱国主义精神；作品《示儿》是爱国之绝唱，是陆游的绝笔，感人至深、传诵千古。这首诗作为诗人临终的遗嘱，谆谆告诫自己的儿子要爱国，完成祖国统一大业，是很好的爱国主义教育资源。自南宋以来，凡是读过这首诗的人无不为之感动。《示儿》是中华民族宝贵的文化遗产，诗中所表现的爱国热忱催人泪下，发人深省。诗里“但悲不见九州同”的哀音，对祖国统一，认同回归，时至今日仍然是有力的呼声。

经典呈现

示[①] 儿

〔宋〕陆游

死去元[②]知万事空，
但悲不见九州[③]同[④]。
王师[⑤]北定中原[⑥]日，
家祭[⑦]无[⑧]忘告乃翁[⑨]！

注释：

①示：告知，教导。②元：原来，本来。③九州：泛指中国。④同：统一。⑤王师：指南宋军队。⑥中原：这里指当时被金兵占领的北方地区。⑦家祭：祭祀家中先人。⑧无：不要。⑨乃翁：你的父亲。

资源开发

《示儿》是爱国之绝唱，是陆游的绝笔，感人至深、传诵千古。陆游深深的爱国情怀是课文内容，也是教学内容。利用陆游的《示儿》进行爱国主义教育，是正确的，也是必要的。语文教学不仅要解读文本表达的爱国情怀，而且要解读表达爱国情怀的文本。那么，《示儿》是语文课程中哪些知识与能力点位的例子呢？

1. 《示儿》是教学“多音字读音组词”的例子，如“空”是多音字，空（kōng）（天空）、空（kòng）（空白）。在本文读一声。

2. 《示儿》是教学“通假字”的例子，如“元”通“原”，指原来、本来。“无”通“勿”，是不要的意思。

3.《示儿》是教学“结合注释理解诗意”的例子，如“示（告知，教导）”“元（通‘原’，原来，本来）”“但（只）”“悲（因……而牵挂，悲伤，痛苦）”“同（统一）”“无（通‘勿’，不要）”“乃（你）”“翁（父亲）”“九州（泛指中国）”“王师（指南宋军队）”“中原（这里指当时被金兵占领的北方地区）”“家祭（祭祀家中先人）”等。

4.《示儿》是教学“翻译古诗词时需增补诗句中原来省掉的主语”的例子，如“死去元知万事空”，“元知”本来就知道，“万事空”什么都没有了的意思。理顺这句话时需增补诗句中原来省掉的主语“我”，还需按我们今天的语言习惯调换诗句中词语的顺序。

5.《示儿》是教学“了解中原文化”的例子，如广义的“中原”是指包括河南省大部分地区以及河南周围的河北省南部、山西省南部、陕西省东部及山东省西部各一部分在内的黄河中下游地区，这里是中华文明的发源地，是华夏民族的摇篮。狭义的“中原”专指河南。通常所说的“中原”是指狭义的“中原”，即代指河南。因为河南不仅是绝大部分中国人的祖居之地，而且中国历史上绝大部分时间的政治、经济和文化中心都在河南。

6.《示儿》是教学“搜集文章写作背景，理解作者思想情感”的例子，如诗人陆游生活的时代政治动荡，金人南侵，南宋统治者屈辱求和，苟且偷安，导致国破家亡，民不聊生，引起诗人陆游无比悲愤。直至他临终时，已经 85 岁高龄了，但“北定中原”“还我河山”的爱国主义思想情感仍有增无减。他的心事依然是盼望着北伐的胜利和祖国的统一，对光复中原，洗雪国耻表示了深切的期望和坚定的信念。

7.《示儿》是教学“古代第二人称代词”的例子，如“乃”是你的意思。

8.《示儿》是教学“诗用笔曲折，表达诗人思想情感”的例子。这首诗用笔曲折，情真意切地表达了诗人临终时复杂的思想情感，既有对抗金大业未就的无穷遗恨，也有对神圣事业必成的坚定信念。全诗有悲的成分，但基调是激昂的。诗的语言浑然天成，没有丝毫雕琢，全是真情的自然流露，但比着意雕琢的诗更美，更感人。

9.《示儿》是教学“语言特色”的例子。从语言看，这首诗的另一特色是不假雕饰，直抒胸臆。这里，诗人表达的是他一生的心愿，倾注的是他满腔的悲慨。诗中所蕴涵和积蓄的情感是极其深厚、强烈的，但却出之以极其朴素、平淡的语言，从而自然达到真切动人的艺术效果。贺贻孙在《诗筏》中就说这首诗“率意直书，悲壮沉痛……可泣鬼神”。这说明，凡真情流露之作，本来是用不着借助于文字渲染的，越朴素、越平淡，反而更能示其感情的真挚。

10.《示儿》是教学紧扣诗眼“悲”字，引导学生反复朗读诗文，读出诗中的“味儿”的例子，如：（1）对大好河山落于金兵铁蹄之下，不能收复的悲痛。（2）壮志未酬，未能再披戎装，亲自杀敌的悲伤。（3）对南宋政权偏安一隅，不思收复中原故土的悲愤。（4）对于中原遗民沦为亡国奴，苟且偷生的悲悯。

点位论证

在众多可能的教学点位中，我们选择教什么呢？我们选择用《示儿》教“用整体突出部分”。理由如下：其一，“用整体突出部分”是语文的知识与能力点，而且是开发学生语言智慧的方式。其二，“用整体突出部分”是《示儿》特有的，“死去元知万事空，但悲不见九州同”这一句对此表现得很突出，其余的语文知识与能力点在其他课文也常遇到。其三，“死去元知万事空，但悲不见九州同”这句的大意是人死了，什么都不再牵挂了，只牵挂着祖国统一；什么都不再盼望了，只盼望祖国统一。这似乎前后矛盾，实则统一，有着独特的表达功能。其四，在整体与部分的矛盾中，整体往往作为背景，起反衬作用，在与部分的差距和对比中，突出部分的独特性。“死去元知万事空，但悲不见九州同”这句很有表现力，突显了祖国统一在陆游心中的最高地位。

训练设计

第一步，接触案例。

1. 同学们，这样的语言现象还有很多。在语文课本里就有这样一类句子：

（1）初入草原。听不见一点声音，也看不见什么东西，除了一些忽飞忽落的小鸟。（《草原》）

（2）我望望爸爸的鼻子，又望望伯伯的鼻子，对他说：“大伯，您跟爸爸哪儿都像，就是有一点不像。”（《我的伯父鲁迅先生》）

（3）三百来户都欢天喜地，只有老王太太跟他两口子，没有挑到好牲口……（《分马》）

（4）荷塘的四面，远远近近，高高低低都是树，而杨柳最多。这些树将一片池塘重重围住，只在小路一旁，漏着几段空隙，像是特为月光留下的。（《荷塘月色》）

（5）街上黑沉沉的一无所有，只有一条灰色的路，看得分明。（《药》）

（6）其文漫灭，独其为文犹可识……（《游褒禅山记》）

（7）才到房门，只见赵姨娘和周姨娘两个人来瞧宝玉。宝玉和众人都起身让座，独凤姐不理。（《红楼梦》）

2. 课外书中这样的现象也很常见：

（1）万事俱备，只欠东风。

（2）人常说，人旺财不旺，财旺人不旺，他什么都不缺，就

是缺钱。什么都没有，就是老婆有病，病过三年，竟死了。（贾平凹《火纸》）

（3）允怒曰：“董卓伏诛，士民莫不称贺，此何人，独敢哭耶?”（《三国演义》）

3. 日常生活中也随处可见这类句子：

广告语：“今年过节不收礼，收礼只收脑白金。”

4. 其实我们自己也经常这样说：

（1）我们全班所有的同学都完成了，就我一个还在不停地算着。

（2）爸爸心里装着一切人，唯独没有他自己。

（3）全班同学都能按时交作业，唯独你小明没有交……

（4）房间里一点声音也没有，只听见钟表的“滴答”声。

（5）这次考试，全班同学都及格了，只有王丁同学不及格。

第二步，探究规律。

这样的语言现象都有一个共同特征：前后矛盾。我们不能片面地反对违反逻辑上的矛盾律，而要做具体分析。无意违反矛盾律，是错误；有意违反矛盾律，是艺术，是语言的艺术技巧。在一定的语言环境中，人们可以根据表达的需要，有意利用前后语句的矛盾关系，表达独特的体验、特别的哲理。谭永祥在《修辞新格》中首次将这种语言艺术作为一种修辞手法，称作“舛互”辞格。

舛互是指对某一事物既全部肯定又部分否定，或者既全部否定又部分肯定，利用字面矛盾，达到突出强调效果的一种辞格。

舛互可以分为全部肯定（部分否定）式和全部否定（部分肯定）式两种。

（1）全部肯定（部分否定）式，简称全肯式。例如：“三百来户都欢天喜地。只有老王太太跟她两口子没有挑到好牲口，牵了一匹热毛子马。这号马，十冬腊月天一身毛退得一干二净，冷得直哆嗦，出不去门。”（周立波《分马》）

（2）全部否定（部分肯定）式，简称全否式。例如："人常说，人旺财不旺，财旺人不旺，他什么都不缺，就是缺钱。什么都没有，就是老婆有病，病过三年，竟死了。"（贾平凹《火纸》）

第三步，训练能力。

1. 解说下面各句中矛盾的合理性。

示例："我家的后面有一个很大的园，相传叫百草园……其中似乎确凿只有一些野草……"（鲁迅《从百草园到三味书屋》）

【参考答案】

"似乎"表示时隔已久，记不清了；"确凿"表示"我"对儿时的乐园感情深，印象深。

（1）我国有世界上没有的万里长城。

（2）无表情也是一种表情。

（3）最佳的表演就是不表演。

（4）艺术的最高技巧是无技巧。

2. 欣赏下面句子的艺术效果。

（1）初入草原。听不见一点声音，也看不见什么东西，除了一些忽飞忽落的小鸟。（《草原》）

（2）我望望爸爸的鼻子，又望望伯伯的鼻子，对他说："大伯，您跟爸爸哪儿都像，就是有一点不像。"（《我的伯父鲁迅先生》）

（3）三百来户都欢天喜地，只有老王太太跟他两口子，没有挑到好牲口……（《分马》）

（4）荷塘的四面，远远近近，高高低低都是树，而杨柳最多。这些树将一片池塘重重围住，只在小路一旁，漏着几段空隙，像是特为月光留下的。（《荷塘月色》）

（5）街上黑沉沉的一无所有，只有一条灰色的路，看得分明。（《药》）

3. 仿照例句写一写。

（1）什么都可以有，就是不能有病；什么都可以没有，就是不能没有良心。

（2）死海不死。

（3）真实的谎言。

38 文章巧用曲折写，补叙曲折显奇效

——《小英雄雨来》的语文资源开发与训练设计

经典推荐

《小英雄雨来》是新中国成立初期被选入全国小学语文课本的。人教版小学《语文》第9册、语文A版和S版小学《语文》第9册、北师大版小学《语文》第11册，以及冀、鄂、鲁、长春版、浙教版等版本均收入了本文。它是著名作家管桦在抗战时期写的同名中篇小说，选入课文时有改动。讲的是在战火连天、枪炮轰鸣的抗日战争时期，晋察冀边区的少年雨来，聪明勇敢，游泳本领强，为掩护革命干部，机智地同敌人作斗争的故事。把故事叙述得一波三折，扣人心弦，跌宕生姿：怎么会找不着雨来的尸首？雨来又怎么没有死？文章巧妙地用补叙的形式突出雨来的聪明、机智、勇敢，产生了很好的艺术效果。

这篇课文既能让人感受到小英雄雨来机智、勇敢的优秀品质，又能让人感受到运用补叙曲折写的悬念美。可让学生学会这种简单、实用和高效的写作技巧。

经典呈现

小英雄雨来

12 岁的雨来住在还乡河旁边的芦苇村，他练就了一身游泳的好本领。

秋天，爸爸同妈妈叫雨来去上夜校，雨来来到东庄学堂向一位女老师学念书。

女老师斜着身子，用手指点着黑板上的字，念着："我们是中国人，我们爱自己的祖国。"

大家就随着女老师的手指，齐声轻轻地念起来："我们——是——中国人，我们——爱——自己的——祖国。"

有一天，雨来从夜校回到家，听到了爸爸与妈妈的对话：鬼子又"扫荡"了，民兵都到区上集合，并告诉妈妈，明天去告诉舅舅，叫他把村里的民兵带到区上去集合。妈妈问："区上在哪儿?""你去河北一带村里打听。"就听见爸爸走出去的脚步声。不大一会儿听见狗叫。

第二天，果然鬼子又来扫荡了。交通员李大叔来他家躲避，雨来掩护他，被鬼子抓住。

经过一阵挣扎，鬼子要他说出李大叔的下落，雨来就不告诉他。鬼子见他不愿意，就用糖块和金戒指利诱他，只要说出李大叔在哪儿。雨来每次回答："我什么也没看见。"鬼子气急败坏，把雨来打得遍体鳞伤。可是雨来非常坚定，毫不屈服。鬼子无计可施，只好枪毙雨来。

太阳已经落下去。蓝蓝的天上飘着的浮云像一块一块红绸子，映在还乡河上，像开了一大朵一大朵鸡冠花。苇塘的芦花被风吹起来，在上面飘飘悠悠地飞着。

芦花村里的人听到河沿上响了几枪。老人们含着泪，说："雨来是个好孩子！死得可惜！""有志不在年高。"

芦花村的孩子们，雨来的好朋友铁头和三钻儿几个人，听到枪声都呜呜地哭了。

交通员李大叔在地洞里等了好久，不见雨来来搬缸，就往另一个出口走出来。发现敌人已经走远了。

可是雨来怎么还不见呢？他一打听，才知道雨来被鬼子打死在河里了！

李大叔脑袋轰的一声，眼泪就流下来了。他一股劲儿地跟着人们向河沿跑。到了河沿，别说尸首，连一滴血也没看见。大家就顺着河岸向下找。突然铁头叫起来："啊！雨来！雨来！"

在芦苇丛里，水面上露出个小脑袋来。雨来还是像小鸭子一样抖着头上的水，用手抹一下眼睛和鼻子，扒着芦苇，向岸上的人问道："鬼子走了？"

"啊！"大家都高兴得叫起来，"雨来没有死！雨来没有死！"

原来枪响以前，雨来就趁鬼子不防备，一头扎到河里去。鬼子慌忙向水里打枪，可是我们的小英雄雨来已经从水底游到远处去了。

资源开发

《小英雄雨来》把故事叙述得一波三折，扣人心弦，荡气回肠，跌宕生姿，峰回路转。我们从本文叙述中得知雨来是一位聪明、机智、勇敢，敢于同敌人作斗争的人。重温《小英雄雨来》中那句不止激励过一代人的名句："我们是中国人，我们爱自己的祖国！"我们更要从本文中悟出"语文之道"，开发《小英雄雨来》的语文教育资源。那么，《小英雄雨来》可以是语文课程中哪些语文知识与能力点位的例子呢？

1.《小英雄雨来》是"教学补叙"的例子，如本文第七自然段写到雨来每次回答："我什么也没看见。"鬼子气急败坏，把雨来打得遍体鳞伤。可是雨来非常坚定，毫不屈服。鬼子无计可施，只好枪毙雨来。本文第十自然段写到原来枪响以前，雨来就趁鬼子不防备，一头扎到河里去了。鬼子慌忙向水里打枪，可是我们的小英雄雨来已经从水底游到远处去了。

2.《小英雄雨来》是“教学语言描写”的例子，如：“我什么也没看见。”“雨来是个好孩子！死得可惜！”“有志不在年高。”“也许鬼子把雨来扔在河里，冲走了！”“雨来没有死！雨来没有死！”

3.《小英雄雨来》是“教学多音字”的例子，如“还”：(huán) 还钱，(hái) 还好。“弹”：(dàn) 子弹，(tán) 弹琴。

4.《小英雄雨来》是“教学读准字音”的例子，如“扎”(zhā) 扎根，“拧”：(níng) 拧开。

5.《小英雄雨来》是“教学破折号运用”的例子，如本文第四自然段中的“我们——是——中国人，我们——爱——自己的——祖国”就用了破折号。

6.《小英雄雨来》是“教学引号运用”的例子，如该文第五自然段中爸爸和妈妈的对话。爸爸对妈妈说鬼子又“扫荡”了，民兵都到区上集合，并告诉妈妈，明天去告诉舅舅，叫他把村里的民兵带到区上去集合。妈妈问：“区上在哪儿？”“你去河北一带村里打听。”就用了引号。

7.《小英雄雨来》是“教学感叹号运用”的例子，如该文第十五自然段中的“啊！”大家都高兴得叫起来，“雨来没有死！雨来没有死！”就用了感叹号。

8.《小英雄雨来》是“教学叠词的例子”的例子，如该文中“呆呆地”“蓝蓝的”“空空的”等叠词的运用。

9.《小英雄雨来》是“详略得当训练”的例子，如第一自然段介绍故事背景写得很简略，第七自然段写敌人对雨来严刑逼供，雨来一点也不屈服写得详细。

10.《小英雄雨来》是“训练概括能力”的例子。如给每一个自然段拟定一个小标题。

点位论证

在众多“可能”的教学点位中，我们选择教什么呢？我们选择用《小英雄雨来》教“藏因露果的补叙写法”走出写曲折的误区。其一，“藏因露果的补叙写法”不但是语文知识与能力点位，而且是开发学生语言智慧的方式。其二，“藏因露果的补叙写法”是《小英雄雨来》特有的，表现得很突出，其余的语文知识与能力点位在其他课文也常遇到。其三，藏因露果的补叙是本文的重要写法，具有主导性。因而补叙的写法成为该文的亮点。其四，由对雨来最后没死的交代，可以得出规律：藏因露果的补叙可以获得很好的艺术效果，也是一种简单、实用和高效的写作技巧。其五，《课标》也提出了应“根据内容表达的需要，采用不同的写法”。其六，本文按照故事情节发展，大家都沉浸在雨来牺牲的悲痛中，结果峰回路转，大家又为雨来还活着而高兴。其七，“藏因露果的补叙写法”先故意漏掉“雨来潜水远游”“没有死”这个情节，然后在人们困惑不解时才补充交代。这样，不仅故事内容本身表现了雨来的聪明、勇敢，而且故事的叙述形式也突出了雨来的聪明、勇敢。由此可见，“藏因露果的补叙写法”也是编者的意图和本文的重点。

训练设计

第一步，接触案例。

请读下面一段文字。

抗日战争时期，晋察冀边区北部的芦花村，有一个十二岁的小孩，聪明勇敢。他就是雨来。有一天，日本鬼子又来扫荡了。雨来为了掩护交通员李大叔采取了“调虎离山”计，结果自己被捕了。鬼子把雨来押到河边枪毙。村里人听见几声枪响。老人含着泪说："雨来是个好孩子！死得可惜！"孩子们听到枪声也呜呜地哭了。鬼子走后，许多人都跑向河边，去找雨来的尸首，从河岸找到河里，从上游找到下游，根本找不着。孩子们大声呼喊。突然，在芦苇丛里，水面上冒出来一个小脑袋。雨来向小鸭子一样抖着头上的水。大家高兴地叫起来："雨来没有死！雨来没有死！"原来，枪响以前，雨来趁鬼子不防备，一头扎到河里游走了。鬼子慌忙开枪。可是我们的小英雄雨来已经从水底游到远处去了。

第二步，探究规律。

那么，《小英雄雨来》一文究竟隐藏了一个怎样的叙述规律呢？我们只需要做一个语言实验就能够发现规律。如果按照事物发展的先后顺序叙述，"枪响以前，雨来趁鬼子不防备，一头扎进河里去。鬼子慌忙向水里开枪，可是雨来已经从水底游到远处去了"应该放在什么位置？放在不同的位置，效果如何？

如果放在"鬼子把雨来押到河边去枪毙"后面，就是顺序。顺序使文章脉络清晰，但是使文章少了曲折和悬念。

这个实验告诉我们：如果在叙述过程中故意遗漏或者隐藏某个情况或情节，直到必要时才补充一笔，对遗漏或隐藏的某个情况或情节作些补充说明和交代，就可以获得好的艺术效果。这就是补叙。《小英雄雨来》是一篇传统课文，也是曲折写的范例。所以这篇课文的叙述之谜就是：先故意漏掉"雨来潜水远游没有死"这个情节，然后在人们困惑不解时才补充交代。这样，不仅故事内容本身表现了雨来的聪明、勇敢，而且故事的叙述形式也突出了雨来的聪明、勇敢。这就是运用补叙，曲折写。补叙是一种兴波技巧，也是一种简单、实用和高效的写作技巧，其内容可以是对原因的交代。

还有哪些藏因露果补叙的例子呢？

【资料】关于“补叙”的种种创新例子：

例子 1：童谣歌曲《蝴蝶花》也用了补叙：“你看那边有一只小小的花蝴蝶，我轻轻地走过去，想要捉住它。为什么蝴蝶不害怕？为什么蝴蝶不害怕？哟！原来是一朵美丽的蝴蝶花。”

例子 2：《特殊的考试》：“动物电视台要招聘一名主持人，主持‘小小卫生员’节目。小熊围上洁净的围巾来了。小猴戴上心爱的白手套来了。小狐狸穿着漂亮的红皮鞋来了，小白兔也穿上新衣服赶来了。

小熊来到电视台门前，看见果皮绕开走了。小猴子来了，想捡，怕弄脏手套，也绕开果皮朝前面走了。小狐狸来应聘，心想别弄脏红皮鞋，也绕开果皮走开了。小白兔来了，看见地上有一块果皮，就把果皮捡起来，扔进垃圾箱。台长来了，宣布小白兔被录取了。原来，门口的果皮就是考题!”

第三步，训练能力。

1. 读下面一段话，运用藏因露果，把这段话曲折写。

《可书》讲了有三个道人，捡到一袋钱。先拿一部分钱叫一个人去买酒菜，剩下两个人商量把他杀了，买菜那个人心想把菜下毒，毒死剩下的两个人，自己吞那一口袋钱，结果回来后，剩下的两个人把买菜人杀了，把他丢下深山沟里。剩下的两个人开心地吃菜。第二天人们发现洞里两个人也死了。

【资料】写作建议：

可以先故意漏掉等酒菜的二位道人秘密商量的情况，直到读者疑惑不解“为什么要杀买酒菜的道人”时，才补充说明：原来，等酒菜的二道人早就秘密商量，等买酒菜的那个道人回来，我们就把他杀了，然后我们两个人分这一口袋钱。也可以先故意漏掉买酒菜的道人路上投毒的情况，直到读者疑惑不解“洞里的两个道人怎么死的”时，才补充说明：原来，上街买酒菜的道人也在路上算计：“我要放些毒药在酒菜中，毒死那两个道人，我就可以独吞那一口袋钱了。”

2. 请从下面提供的情景中选择你熟悉的一个情景，运用藏因露果，补写一个片段。

情景1：迟到了……

情景2：考试时……

情景3：开家长会了……

情景4：和同学有矛盾了……

情景5：被老师或家长批评了……

3. 欣赏曲折写的片段。

一个贫穷的人拿着唯一的一枚银币去买东西，店里的人却说银币是假的，便将钱退回，不肯把食物给他。穷人听说钱是假的，急得眼泪掉了下来，心想：家里的老母亲又要挨饿，怎么办？正当他伤心难过的时候，一位军人从门外经过，问明原因，随即拿出一枚银币给他，并把那枚假银币随手放进了自己的上衣口袋里。后来，军人上了战场。有一天，敌人的一颗子弹打在军人的身上，军人只感到前胸一震，却没有受伤。他摸摸全身，从上衣口袋里掏出了那枚假银币。

39 初识古文抓重点，词语彰显文章意

——《两小儿辩日》的语文资源开发与训练设计

经典推荐

《两小儿辩日》一文选自《列子·汤问》，相传是战国时郑国人列御寇所著。文章通过两小儿辩日使孔子不能判断谁是谁非，说明了从不同角度看待问题，会有不同的结果，没有绝对的对错，所以即使是连孔子也无法判断。说明了孔子“知之为知之，不知为不知”的实事求是的态度，从而体现孔子谦虚谨慎的教育与学习态度，文章还表明了就连孔子也有不知道的，所以学无止境，要保持好学之心。

此文已被选入上海市九年义务教育制《语文》六年级上册、人教版《语文》六年级下册、义务教育课程标准实验教科书《语文》七年级下册、苏教版《语文》七年级下册、北京课改版《语文》七年级上册、鄂教版《语文》七年级上册、鲁教版《语文》五年级下册。

经典呈现

孔子东游①，见两小儿辩斗②，问其故③。

一儿曰：“我以④日始出时去⑤人近，而日中⑥时远也。”

一儿以日初出远，而日中时近也。

一儿曰："日初出大如车盖[7]，及[8]日中则[9]如盘盂[10]（yú），此不为[11]远者小而近者大乎？"

一儿曰："日初出沧（cāng）沧凉凉[12]，及其日中如探汤[13]，此不为近者热而远者凉乎？"

孔子不能决[14]也。

两小儿笑曰："孰[15]（shú）为汝[16]（rǔ）多知（zhì）乎？"

【注释】

①游：游学，游历。

②辩斗：辩论，争论。

③故：原因，缘故。

④以：以为，认为。

⑤去：离。

⑥日中：中午。

⑦车盖：古时车上的篷盖，像雨伞一样，呈圆形。

⑧及：到了。

⑨则：就。

⑩盘盂：过去吃饭的碗，盘子。盘：圆的盘子。盂：一种装酒食的敞口器具。

⑪为：是。

⑫沧沧凉凉：清凉而略带寒意。

⑬探汤：把手伸到热水里去。意思是天气很热。

⑭决：裁决，判断。

⑮孰：谁，哪个。

⑯汝：你。

【译文】

孔子向东游历，见到两个小孩在争辩，就问他们争辩的原因。

一个小孩说："我认为太阳刚升起的时候距离人近，而到正午的时候距离人远。"

另一个小孩认为太阳刚升起的时候距离人远，而到正午的时候距离人近。

一个小孩说："太阳刚出来升起的时候大得像车盖。到了正午就像圆盘一样大，这不是远的小而近的大吗？"

另一个小孩说："太阳刚出来的时候略带凉意，到了中午的时候就像把手放进热水里一样，这不是近的热而远的凉吗？"

孔子不能决断。两个小孩笑着说："谁说你见多识广啊？"

资源开发

《两小儿辩日》是一篇寓言故事。文章叙述了古时候，两个小孩凭着自己的直觉，一个认为太阳在早晨离人近，一个认为太阳在中午离人近，为此，各持一端，争执不下，从"孔子不能决也"中可以看出就连孔子这样博学的人也不能作出判断。这个故事说明为了认识自然、探求客观真理，要敢于独立思考、大胆质疑；也说明宇宙无限，知识无穷，再博学的人也会有所不知，学习是无止境的。我们要从该文中悟出"语文之道"，开发《两小儿辩日》的语文教育资源。那么，《两小儿辩日》可以是语文课程中哪些语文知识与能力点位的例子呢？

1.《两小儿辩日》是"初识古文之乎者也"的例子。在文中有很多的感叹语"也"和"乎"。应初步了解古文的感叹语。

2.《两小儿辩日》是"古文对话"的例子。文中是两个小朋友的古文对话，区别现代课文和古代课文的对话。现代课文的说是用"说、问、答"等来表示，古代课文的说用"曰"来表示。

3.《两小儿辩日》是"运用冒号和引号"的例子。文中对话甚多，所以大量使用了冒号和引号。

4.《两小儿辩日》是"划分停顿"的例子。初识古文，应该学会朗读的时候注意停顿。如："孔子东游，见/两小儿/辩斗，问其故。一儿曰：'我以/日始出时/去人近，而日中时/远也。'"掌握好停顿，方能了解古文的意思。

5.《两小儿辩日》是"古文初译"的例子。此文是简单的对话古文，为翻译古文奠定了一定的基础。

6.《两小儿辩日》是"学习运用注释翻译古文"的例子。要能够熟悉的运用课后注释翻译出古文的现代含义。

7.《两小儿辩日》是"运用比喻"的例子，如在文中，小孩把太阳比作车盖和盘盂。要区别古语和今语的比喻作用。

8.《两小儿辩日》是"了解孔子"的例子，如能够从文中了解到孔子的为人。

9.《两小儿辩日》是教学"寓言故事"的例子。文章是一篇寓言故事，可以探索寓言故事的寓意。

10.《两小儿辩日》是"词类活用"的例子，如在文中有一个词语"东游"，在文中名词活用为状语。

11.《两小儿辩日》是"通假字"的例子。在古文中有很多的通假字，在本文也有两个这样的词语，即"知""为"。

12.《两小儿辩日》是"一词多义"的例子，如文中的"其"和"为"就是文中的一词多义的代表。

13.《两小儿辩日》是"古今异义"的例子。文中的"盘盂"和"汤"及"去"都与现代文中的意思不同。如《两小儿辩日》："孰为汝多知乎"的"知"的今义是知道的意思，古义是聪明的意思。

14.《两小儿辩日》是"积累文言词"的例子，如文中的"辩斗""故""日中"等与现代汉语都有不同的意思。

点位论证

在众多"可能"的教学点位中，我们选择教什么呢？我们用

《两小儿辩日》教“学习理解文言词汇，根据文言词汇的现代意思理解课文内容”。理由如下：其一，“学习理解文言词汇，根据文言词汇理解课文内容”是文言教学的重要内容，而且是开发学生理解词语内容的方式。其二，“学习理解文言词汇，根据文言词汇理解课文内容”是寓言故事《两小儿辩日》特有的，文中的字词理解方面表现得很突出，其余的语文知识与能力点在其他课文中也常遇到。其三，理解文言词汇的意思，是课文的主要内容，具有主导性。其四，我们还可以迁移训练，举一反三，小学《语文》教材中还有一篇古文语言故事《画蛇添足》也可以用此方法来理解。其五，用古文的方式，写出具有代表性的寓言故事是其特有的。其六，学生的想象力丰富，因此该文能较好地引导学生对其科学性的探索。其七，《两小儿辩日》课后练习第二题明确要求学生借助注释和工具书理解课文内容，说说两小儿是怎样争辩的。其八，课后的思考和练习中，有很多关于词语理解、一词多义、古今词语对比的内容。所以，本课的重点应该放在“学习理解文言词汇，根据文言词汇的现代意思理解课文内容”上。

训练设计

第一步，接触案例。

同学们，请读下面一段文字，注意读懂读通顺。

一儿曰：“我以日始出时去人近，而日中时远也。”

一儿以日初出远，而日中时近也。

一儿曰：“日初出大如车盖，及日中则如盘盂（yú），此不为远者小而近者大乎？”

一儿曰：“日初出沧（cāng）沧凉凉，及其日中如探汤，此不为近者热而远者凉乎？”

第二步，探究规律。

上面的文字是选自《两小儿辩日》的内容。

你能说说其大概的意思吗？首先请同学们找出文中需要重点理解的词语。

学习理解文言词汇，根据文言词汇的现代意思理解课文内容。我们还能举出例子来吗？

【资料】关于《画蛇添足》课文中的重点词语的理解。

第三步，训练能力。

1. 请读下面《画蛇添足》古文，并找出重点词语进行理解，从而把握文章的主要内容。

楚有祠者，赐其舍人卮酒，舍人相谓曰："数人饮之不足，一人饮之有余。请画地为蛇，先成者饮酒。"

一人蛇先成，引酒且饮之，乃左手持卮，右手画蛇，曰："吾能为之足。"未成，一人之蛇成，夺其卮曰："蛇固无足，子安能为之足？"遂饮其酒。

为蛇足者，终亡其酒。

【参考答案】

（1）祠（cí）：祭祀。周代贵族一年四季都要祭祀祖宗，每个季度祭祀都有专门的称呼，春天祭祀叫"祠"。祠者：主持祭祀的人。

（2）舍人：指左右亲近的人。

（3）卮（zhī）：古代盛酒的器具。

（4）相谓：互相商量，共同议论。

（5）请画地为蛇：要求大家在地上画蛇。画地：在地面上画（画的过程）。为蛇：画蛇（画的结果）。

（6）引酒且饮之：拿起酒壶准备饮酒。引：拿，举。

（7）蛇固无足：蛇本来就没有脚。固：本来，原来。

（8）子：对人的尊称，您；你。

(9) 安能：怎么能，哪能。

(10) 为：给，替

(11) 遂：于是，就。

(12) 赐：赏赐，古代上给下，长辈给晚辈送东西叫赐。

(13) 为之足：给它画上脚。足（此句中的足）：画脚。

(14) 终：最终、最后。

(15) 且：准备。

(16) 成：完成。

(17) 余：剩余。

(18) 足：脚。

(19) 亡：丢失，失去。

(20) 为：给，替。

(21) 谓：对……说。

2. 读下面一篇文言文，结合词语注释把它翻译出来。

伯牙善鼓①琴，钟子期善听。伯牙鼓琴，志在高山②，钟子期曰："善哉（zāi）③，峨峨④兮（xī）⑤若泰山！"志在流水，钟子期曰："善哉，洋洋⑥兮若江河！"伯牙所念，钟子期必得之。子期死，伯牙谓世再无知音，乃破琴绝⑦弦，终身不复鼓。

【注释】

①鼓：弹。②志在高山：心里想到高山。③哉：语气词，表示感叹。④峨峨：高。⑤兮：语气词，相当于"啊"。⑥洋洋：广大。⑦绝：断绝。

【参考答案】

伯牙擅长弹琴，钟子期擅长倾听。伯牙弹琴的时候，心里想到巍峨的泰山，钟子期听了赞叹道："好啊！这琴声就像巍峨的泰山！"伯牙弹琴时，心里想到澎湃的江河，钟子期赞叹道："好啊，这琴声宛如奔腾不息的江河！"无论伯牙想到什么，钟子期都能准确地说出他心中所想的。钟子期去世后，伯牙认为世界上再也没有比钟子期更了解自己的知音了。于是，他把自己心爱的琴摔破了，断绝了琴弦，终生不再弹琴。

3. 课外延伸：

(1) 司马光七岁，凛然如成人，闻讲《左氏春秋》，爱之，退为家人讲，即了其大旨。自是手不释书，至不知饥渴寒暑。群儿戏于庭，一儿登瓮，足跌没水中，众皆弃（去），光持石击瓮，（破）之，水迸，儿得活。

A. 解释加点的词。

①众皆弃去（　　　　）②破之（　　　　）

B. 翻译下面的句子。

自是手不释书，至不知饥渴寒暑。

(2) 曾子①之妻之市，其子随之而泣。其母曰："女②还，顾③反为女杀彘④。"妻适市来，曾子欲捕彘杀之。妻止之曰："特⑤与婴儿戏耳。"曾子曰："婴儿非与戏也。婴儿非有智也，待父母而学者也。听父母之教。今子欺之，是教子欺也。母欺子，子而不信其母，非所以成教也。"遂烹彘也。

【注释】

①曾子：孔子的弟子。②女：通"汝"。③顾：回来。④彘：猪。⑤特：只不过。

A. 下列各组中加点的词意义相同的一组是（　　）

a. ①曾子之妻之市；②听父母之教。b. ①其子随之而泣；②今子欺之。c. ①汝还；②顾反为汝杀彘。

B. 解释加点的词。

①妻止之，止（　　　　　　）；②遂烹彘也，遂（　　　　　）

C. 将下面的句子译为现代汉语。

婴儿非有智也，待父母而学者也，听父母之教。

D. 在阅览室找出相关的课文读一读（如《掩耳盗铃》《刻舟求剑》《精卫填海》等），有兴趣的同学可以翻译一下。

40 调动感官写景物，生动形象显画面

——《观潮》的语文资源开发与训练设计

经典推荐

“八月十八潮，壮观天下无。”这是北宋大诗人苏东坡咏赞钱塘秋潮的千古名句。千百年来，钱塘江以其奇特卓绝的江潮，不知有多少游人看客为之倾倒。

《观潮》这篇课文被选入人教版《语文》四年级上册，也被选入语文S版《语文》四年级上册、浙教版四年级上册、冀教版四年级上册、沪教版四年级上册、北京版四年级下册等多个版本。记叙的是一次观潮的盛况，写的是作者耳闻目睹的潮来前、潮来时、潮头过后的景象，写出了大潮的奇特、雄伟、壮观。

课文结构清楚，层次分明。作者生动形象地描绘出了钱塘江潮的汹涌澎湃、气势磅礴，使人读后不禁发出阵阵由衷的赞叹：钱塘江大潮真不愧为自古以来的“天下奇观”！

观　潮

钱塘江大潮，自古以来被称为天下奇观。

农历八月十八是一年一度的观潮日。这一天早上，我们来到

了海宁市的盐官镇，据说这里是观潮最好的地方。我们随着观潮的人群，登上了海塘大堤。宽阔的钱塘江横卧在眼前。江面很平静，越往东越宽，在雨后的阳光下，笼罩着一层蒙蒙的薄雾。镇海古塔、中山亭和观潮台屹立在江边。远处，几座小山在云雾中若隐若现。江潮还没有来，海塘大堤上早已人山人海。大家昂首东望，等着，盼着。

午后一点左右，从远处传来隆隆的响声，好像闷雷滚动。顿时人声鼎沸，有人告诉我们，潮来了！我们踮着脚往东望去，江面还是风平浪静，看不出有什么变化。过了一会儿，响声越来越大，只见东边水天相接的地方出现了一条白线，人群又沸腾起来。

那条白线很快向我们移来，逐渐拉长，变粗，横贯江面。再近些，只见白浪翻滚，形成一堵两丈多高的水墙。浪潮越来越近，犹如千万匹白色战马齐头并进，浩浩荡荡地飞奔而来；那声音如同山崩地裂，好像大地都被震得颤动起来。

霎时，潮头奔腾西去，可是余波还在漫天卷地般涌来，江面上依旧风号浪吼。过了好久，钱塘江才恢复了平静。看看堤下，江水已经涨了两丈来高了。

资源开发

在《观潮》一文中，作者描绘了潮水汹涌澎湃、雷霆万钧的情状和声威，还描写了大潮的奇特，钱塘江大潮真不愧为自古以来的“天下奇观”！我们更要从课文中悟出“语文之道”，开发《观潮》的语文教育资源。那么，《观潮》可以是语文课程中哪些语文知识与能力点位的例子呢？

1. 《观潮》是“一字多义”的例子，如该文标题观潮的“观”与第一自然段中天下奇观的“观”所表达的意思不一样。

2. 《观潮》是“多音字”的例子，如“潮”“号”“称”都有两个读音。

3.《观潮》是“拟人手法”的例子，如该文第二自然段中的句子“宽阔的钱塘江横卧在眼前”。

4.《观潮》是“比喻手法”的例子，如该文第四自然段中的句子“再近些，只见白浪翻滚，形成一堵两长多高的水墙”。

5.《观潮》是“夸张手法”的例子，如该文第四自然段中的句子“浪潮越来越近，犹如千万匹白色战马齐头并进，浩浩荡荡地飞奔而来；那声音如同山崩地裂，好像大地都被震得颤动起来”。

6.《观潮》是“归类积累词语”的例子，如写声音的“人声鼎沸”“风号浪吼”，写形态的“风平浪静”“水天相接”“浩浩荡荡”“漫天卷地”。

7.《观潮》是“总分结构”的例子，如该文第一自然段先总说，后分述。

8.《观潮》是“学习写作顺序”的例子，如写观潮按照潮来前、潮来时、潮头过后的顺序，描写了大潮由远而近、奔腾西去的全过程。

9.《观潮》是“动静结合描写”的例子，如该文写潮来前：“江面很平静，越往东越宽，在雨后的阳光下，笼罩着一层蒙蒙的薄雾。”潮来时：“浪潮越来越近，犹如千万匹白色战马齐头并进，浩浩荡荡地飞奔而来；那声音如同山崩地裂，好像大地都被震得颤动起来。”

10.《观潮》是“衬托手法”的例子，如作者着重对观潮者神态、动作的描写，“人山人海”“昂首东望”“人声鼎沸”“踮着脚”“又沸腾起来”，从中体会观潮人的惊喜之情，从另一个角度体会钱塘江大潮之奇。

11.《观潮》是“详略得当训练”的例子，如该文第三、四自然段写潮来时很详细，最后一个自然段写潮头过后就简略，有详有略。

12.《观潮》是“结构清楚，层次分明”的例子，如第一自然段总写，第二自然段写潮来前，第三、四自然段写潮来时，最后一个自然段写潮头过后。

13.《观潮》是“联系上下文，理解词句意思”的例子，如该文第一自然段中的“自古以来被称为天下奇观”。可以说，全文都在诠释“天下奇观”。教师可以引导学生联系上下文理解词语“天下奇观”的意思，并联系理解句中加点词的意思，再找找还有哪些可以称得上是天下奇观。

14.《观潮》是“联系生活实际，理解词句意思”的例子，如“人群又沸腾起来”中“沸腾”一词的理解。教师可以引导学生回忆平时在生活中的例子，我们看到了精彩的、优美的景观时，都会怎样做，回忆人们的语言动作去表演、理解“沸腾”一词。

15.《观潮》是“材料收集”的例子，如课后资料袋有介绍钱塘江的秋潮，我们也可以建议学生课后继续搜集有关钱塘江大潮的文字和图片资料，再和大家交流。

16.《观潮》是“语言积累”的例子，如该文第三、四自然段是全文的重点部分，描写了潮来时的壮观景象。引导学生在熟读的基础上把这部分背诵下来。

17.《观潮》是“听看想法描写景物”（通过对所见所闻和所想的描写来写景）的例子。写声音，从“闷雷滚动”到“山崩地裂”；写景象，从“一条白线”到想“万马奔腾……”其生动优美、富有感染力的语言把钱塘江大潮描绘得有声有色、气势非凡，使我们眼前仿佛浮现出大潮的画面，感受到大潮的响声越来越大，大潮越来越近，潮头越来越高，声势越来越猛。读来使人如临其境，如闻其声，如见其景，深受震撼。

18.《观潮》是“体会形象句子”的例子。可以用“浪潮越来越近，犹如战马飞奔而来”与课文中的原句进行比较，体会作者是如何把江潮写得更加形象的。

点位论证

在众多“可能”的教学点位中，我们应该教什么呢？我们就用《观潮》教“听看想法描写景物”。理由如下：其一，“听看想法描写景物”是一种语文技能，而且是开发学生语言智慧的方式。其二，“听看想法描写景物”是《观潮》特有的，第三、四自然段对此表现得很突出，其余的语文与知识能力点在其他课文中也常遇到。其三，写观潮是课文的主要内容，采用“听看想法描写景物”是该文的亮点。其四，用“听看想法描写景物”，可以得出规律：运用一定的观察顺序，写写所见、所闻、所想的景物。我们还可以迁移训练，举一反三，写写自然景观。其五，《课标》也提出了中段学生要留心周围事物，能不拘形式地写出自己的见闻、感受和想象，注意表现自己觉得新奇有趣的或印象最深、最受感动的内容。其六，选编这篇课文的目的，是引导学生一边读书一边想象画面，并通过品味重点词句、重点语段，体会课文在表达上的特点。本单元导读提示：体会作者的生动表达。并且本单元的习作也是写一处景观或者身边的景物。其七，课后的思考和练习中，第一题，体会课文描写的壮观场面，要求把第三、四自然段背下来。第三题，发现课文中许多写得具体形象的语句，找出来读一读，谈谈对这些描写的体会，再抄下来。由此可见，“听看想法描写景物”也是编者的意图和本课的重点。

训练设计

第一步，接触案例。

同学们，请读下面一段文字，并与课文第三、四自然段对照。

午后一点左右，从远处传来响声。顿时人声鼎沸，有人告诉我们说：潮来了！我们踮着脚往东望去，江面还是风平浪静，看不出有什么变化。过了一会儿，只见潮水来了，人群又沸腾起来。

潮水很快地向我们移来。再近些，潮水很高。浪潮越来越近，汹涌澎湃、气势磅礴、雷霆万钧。

第二步，探究规律。

上面的文字与课文第三、四自然段有什么不同？

1. 它们都写潮来时的景象，上面的文字直接描述，课文第三、四自然段却写了看到的大潮的样子、颜色，又写了听到的大潮的声音，还写了由看到的听到的而想到的，描绘出了钱塘潮的汹涌澎湃、气势磅礴。可见，“听看想法描写景物”更生动形象。

2. 效果不同。上面的文字，单调乏味；课文第三、四自然段因为语言富于变化，而且用了比喻、夸张、衬托等，所以生动形象，又有变化，能引起读者的兴趣。

用“听看想法描写景物”，我们还能举出例子来吗？

【资料】举例：

1. 咆哮奔腾（写江潮的声音和样子）的大潮过了盐官镇继续西行到达老盐仓，潮头一头撞（写江潮来势凶猛的样子）在九米高的老盐仓大坝上，发出雷鸣般的巨响（写听到声音想到雷鸣，可见江潮声音巨大），白色（写浪花的颜色）的浪花冲向天空（写浪花腾飞的样子）。巨浪翻滚着（写浪潮翻涌的样子），“隆隆”（写声音）地叫着以一泻千里之势沿来路卷回去（写江潮卷回的样子），这就是“回头潮”。

（节选自《钱塘江大潮》　作者：王绍腾　发表于中国少年儿童出版社《小学生参观游记》）

2. 体育场的中心有五个叔叔在忙着燃放烟花，四周站满了观看的人（写看到的体育场上的情景，说明烟花好看）。烟花可好看了！随着"嘭……嘭……"（写听到燃放烟花的声音）的响声，一个个小火球儿拖着亮亮的尾巴（写烟花升空时的颜色样子）飞上天空，到了高处（写烟花的位置）"啪"（写声音）地炸开，成为奇异的形状，有的像星星，有的像流星（写由烟花的样子想到的），有的是圆形，有的是圆球形，还有的是树枝形……（写烟花在空中炸开后的样子）颜色多种多样，有红的，橙的，绿的，蓝的，还有五颜六色的……（写烟花的颜色）观众的喝彩声此起彼伏（写听到的观众的反应，说明烟花漂亮）。

（节选自《看烟花》　作者：李嘉成　发表于 2010 年第 13 期《语文报》小学五六年级版）

第三步，训练能力。

1. 先根据课文内容填空，再完成作业。

午后一点左右，从远处传来隆隆的响声，好像（闷雷滚动）。顿时（人声鼎沸），有人告诉我们，潮来了！我们（踮着脚）往东望去，江面还是（风平浪静），看不出有什么变化。过了一会儿，响声（越来越大），只见东边水天相接的地方出现了一条白线，人群又（沸腾）起来。

那条白线很快向我们移来，逐渐（拉长），（变粗），（横贯江面）。再近些，只见白浪翻滚，形成一堵（两丈多高的水墙）。浪潮越来越近，（犹如千万匹白色战马齐头并进，浩浩荡荡地）飞奔而来；那声音如同（山崩地裂），好像（大地都被震得颤动起来）。

（1）作者在描写大潮到来时的壮观景象时，按照从________到________的顺序观察的。不但写了亲眼看到的浪潮的____________，还写了亲耳听到的浪潮的____________，由此想到了____________。写得有声有色，生动形象。

（2）比较句子。

a. 浪潮越来越近，犹如战马飞奔而来。

b. 浪潮越来越近，犹如千万匹白色战马飞奔而来。

c. 浪潮越来越近，犹如千万匹白色战马齐头并进，浩浩荡荡地飞奔而来。

(第一句把意思说完整了，第二句写出了大潮的颜色和数量，第三句更具体地写出了大潮发出的巨响和浩大的声势。)

(3) 背诵这段话。

2. 运用听看想的描写方法，改写下面这段话。(任选其一)

雨点儿落在我的头上、身上，我仰面向上，闭着眼，张着口品着那点点雨滴，顿时，雷声响过，倾盆大雨下个不停。(下雨)

等着，等着，天色由黎明的鱼肚白色，逐渐成淡蓝色。大家全神贯注地凝视对面的山峰，中央山脉的顶峰亮了，接着一片霞光四射，只一眨眼，如轮的旭日跃升而出。刹时万道金光投向大地，阳光普照大地，又是崭新的一天!(日出)

3. 学习作者按合理的顺序写声音、写样子、写想的、写人们反应的方法，从下面景物中选一处，再仔细观察后写一篇习作。(波浪、烟花、云彩、喷泉等)

41 拟人手法巧运用，生动形象表真情

——《山中访友》的语文资源开发与训练设计

经典推荐

《山中访友》选自人教版《语文》六年级上册，出自著名诗人、散文家李汉荣先生之手，是他发表于1995年第3期《散文》杂志的一篇杰作，是一篇构思新奇、富有想象力、充满好奇心的散文。

英国浪漫主义诗人济慈曾发出感叹："大地的诗歌是从来不会死亡的！"的确，大自然有如一首首耐人寻味的诗，细细品来，其芳香沁人心脾！有如一幅幅精美绝伦的画，久久凝望，其神韵美人心田！有如一支支动人心弦的曲，静静聆听，其旋律情韵悠长！《山中访友》写的就是作者李汉荣"带着满怀的好心情"，走进这幅美丽的山水画，与山里的众美景，有如"朋友般""亲人般"互诉心声，营造了一个如诗如画的童话世界，表达了对大自然的热爱之情！

山中访友

走出门，就与微风撞了个满怀，风中含着露水和栀（zhī）

子花的气息。早晨，好清爽！

不坐车，不邀游伴，也不带什么礼物，就带着满怀的好心情，踏一条幽径，独自去访问我的朋友。

那座古桥，是我要拜访的第一个老朋友。啊，老桥，你如一位德高望重的老人，在这涧水上站了几百年了吧？你把多少人马渡过对岸，滚滚河水流向远方，你弓着腰，俯身凝望着那水中的人影、鱼影、月影。岁月悠悠，波光明灭，泡沫聚散，唯有你依然如旧。

走进这片树林，鸟儿呼唤我的名字，露珠和我交换眼神。每一棵树都是我的知己，它们迎面送来无边的青翠，每一棵树都在望着我。我靠在一棵树上，静静地，仿佛自己也是一棵树。我脚下长出的根须，深深扎进泥土和岩层；头发长成树冠，胳膊变成树枝，血液变成树的汁液，在年轮里旋转、流淌。

这山中的一切，哪个不是我的朋友？我热切地跟他们打招呼：你好，清凉的山泉！你捧出一面明镜，是要我重新梳妆吗？你好，汩（gǔ）汩的溪流！你吟诵着一首首小诗，是邀我与你唱和吗？你好，飞流的瀑布，你天生的金嗓子，雄浑的男高音多么有气势。你好，陡峭的悬崖！深深的峡谷衬托着你挺拔的身躯，你高高的额头上仿佛刻满了智慧。你好，悠悠的白云！你洁白的身影，让天空充满宁静，变得更加湛蓝。喂，淘气的云雀，叽叽喳喳地在谈些什么呢？我猜你们津津乐道的，是飞行中看到的好风景。

捡起一朵落花，捧在手中，我嗅（xiù）到了大自然的芬芳清香；拾一片落叶，细数精致的纹理，我看到了它蕴含的生命的奥秘，在它们走向泥土的途中，我加入了这短暂而别有深意的仪式；捧起一块石头，轻轻敲击，我听见远古火山爆发的声浪，听见时间隆隆的回声。

忽然，雷阵雨来了，像有一千个侠客在天上吼叫，又像有一千个醉酒的诗人在云头吟咏。满世界都是雨，头顶的岩石像为我撑起的巨伞，我站立之处成了看雨的好地方，谁能说这不是天地给我的恩泽？

雨停了。幽谷里传出几声犬（quǎn）吠，云岭上掠过一群归鸟。我该回家了。我轻轻地挥手，告别山里的朋友，带回了满怀的好心情、好记忆，还带回一路月色。

资源开发

优美和谐的自然环境，必然为我们带来身心的愉悦和无限的乐趣。“明月松间照，清泉石上流”，让我们感受清幽；“大漠孤烟直，长河落日圆”，让我们触摸壮丽；“流连戏蝶时时舞，自在娇莺恰恰啼”，让我们聆听喧闹；“春水碧如天，画船听雨眠”，让我们亲近悠闲。《山中访友》就告诉我们这样一个道理：要想与自然和谐相处，就要像对待朋友一样善待自然。我们更要从课文中悟出“语文之道”，开发《山中访友》的语文教育资源。那么，《山中访友》可以是语文课程中哪些语文知识与能力点位的例子呢？

1.《山中访友》是“拟人手法”的例子，如该文第三、四、五自然段，作者去拜访的自然界中的朋友们，都是用写人的方式来写的。

2.《山中访友》是“比喻手法”的例子，如：“啊，老桥，你如一位德高望重的老人，在这涧水上站了几百年了吧？”“忽然，雷阵雨来了，像有一千个侠客在天上吼叫，又像有一千个醉酒的诗人在云头吟咏。”把老桥和雷阵雨写得形象生动，更有利于学生理解。

3.《山中访友》是“反问手法”的例子，如：“这山中的一切，哪个不是我的朋友？”“谁能说这不是天地给我的恩泽？”通过反问起到强调的作用。

4.《山中访友》是“排比手法”的例子，如该文第六自然段把相同形式的不同分句放在一起，是一种比较复杂的排比句。

5.《山中访友》是联想和想象的例子。如该文第三、四、五自然段，都是联想与想象的例子，不但使文章显得形象生动，更能训练学生的联想与想象能力。

6.《山中访友》是“第二人称写作”的例子，如该文在写作上最明显的一个特点是用第二人称进行写作，如同和人对话，显得亲切自然。

7.《山中访友》是“分号运用”的例子，如该文第六自然段用排比的形式写作者感受的句子。

8.《山中访友》是“改写句子”的例子，如：“谁能说这不是天地给我的恩泽?”这是一个疑问句，可以要求学生把它改写成陈述句。

9.《山中访友》是“同一词语在不同语境中有不同意思”的例子，如：“走出门，就与微风撞了个满怀，风中含着露水和栀子花的气息。”“不坐车，不邀游伴，也不带什么礼物，就带着满怀的好心情，踏一条幽径，独自去访问我的朋友。”这两句话中都有“满怀”这个词，教师要引导学生根据语境来理解词语的不同意思，并用“满怀________”来练习说话。

10.《山中访友》是“连续使用动词”的例子，如该文第六自然段连续使用了一系列的动词，教师可引导学生用心体会，并试着用连续的动词写一段话。

11.《山中访友》是“仿写句子”的例子，如：“忽然，雷阵雨来了，像有一千个侠客在天上吼叫，又像有一千个醉酒的诗人在云头吟咏。”这是一个“……像……又像……”的句式，教师可引导学生体会这种句式的特点，然后进行仿写。

12.《山中访友》是“多音字教学”的例子，如“唱和”的“和”在这里应读“hè”，这个字还可以读和（huó）面，和（huò）稀泥，和（hú）牌，和（hé）平，教师要引导学生识记。

13.《山中访友》是“感叹句”的例子，如该文第五自然段用了大量的感叹句，不但增强了文章的气势，而且更加深刻地抒发了作者的情感。

点位论证

在众多“可能”的教学点位中，我们选择教什么呢？我们就用《山中访友》教“拟人的写作方法”。理由如下：其一，“拟人的写作手法”是语文的知识点，并且是培养学生写作能力的有效方式，只要学生掌握了这种写作方法，对学生写作能力的提高很有帮助。其二，“拟人的写作方法”是该课最大的写作特点，第三、四、五自然段表现得很突出，把作者去拜访的自然界的朋友全都用拟人化的方式呈现出来了。其三，“拟人的写作方法”使描写的对象更生动形象，让抽象的情感变得具体可感，便于学生的理解。其四，“拟人的写作方法”表意丰富，更利于表达作者鲜明的感情色彩，增强语言的亲切感。其五，《课标》也提出了“在阅读中要体会作者的思想感情，初步领悟文章的基本表达方法”的要求。其六，学生的想象力丰富，善用拟人，在老师的引导下，他们会有许多诗意的说法。其七，课后的思考和练习中，第四题要求把喜欢的段落背下来，学生大多会不约而同地喜欢上第三、四、五自然段中作者去拜访不同的朋友的内容。课后的第三题：“阅读下面的句子，体会这样写的好处。”由此可见，“拟人的写作方法”也是编者的意图和本课的重点。

训练设计

第一步，接触案例。

同学们，请读下面一段文字，并与课文第五自然段对照。

我家养了一盆水仙花，水仙花是在水中生长的花卉。初冬的时候把水仙花的根部泡在水里，过一段时间它就从根部长出绿色的芽，再过几天芽就变成了叶子。叶子是绿色的，有两个在一起，也有三个在一起。又过了几天，水仙就长大了。我每天都去观察，有一天，我发现水仙花开花了，外面有六个白色的花瓣，里面有个黄色的花瓣，再里面就是黄色的花蕊，非常好看。我凑近一闻，真香啊！

第二步，探究规律。

上段文字与课文第五自然段有什么不同？

1. 它们都写自然界的景物，上段文字全用的是叙述性语言，课文第五自然段却是用的描写性语言。虽然同样是写景，描写性语言还是更能打动读者。

2. 效果不同。上段文字，语言平淡，只能起到介绍性的作用，不能打动读者；课文第五自然段因为语言富于变化，而且用了拟人的手法，所以，语言显得生动形象，富有情趣。

用拟人的手法来写景。我们还能举出例子来吗？

【资料】“拟人手法”自古以来都是文学作品中重要的写作方法，比如：

感时花溅泪，恨别鸟惊心。

无可奈何花落去，似曾相识燕归来。

好雨知时节，当春乃发生。随风潜入夜，润物细无声。

天下伤心处，劳劳送客亭；春风知别苦，不遣柳条青。

潺潺的流水唱着欢快的歌，哗啦啦地向东流去，水中的鱼儿自由自在地游着，好不快活！

迎着扑面而来的春风，路边沉睡了一个冬天的小草，倔强地把头从地底下伸了出来。

春风姑娘是坚强的，她与凛冽的寒风战斗，把春天的温暖带给我们；春风姑娘是温柔的，她轻轻把嫩苗唤醒，把蒲公英吹醒，把花朵抚醒，把大地拍醒，让人们生活在五彩的世界里；春风姑娘是小巧的，她翩翩的舞姿、清脆的歌喉、飘逸的秀发，让世界充满生机，让人们充满活力；春风姑娘是快乐的，她拂过湖面，湖面荡起了涟漪。

天气渐渐地转凉了，一片片枯黄的叶子像一只只美丽的黄蝴蝶，纷纷离开了大树妈妈温暖的怀抱，轻轻地从树上飘落下来，飞落到草地、小河、庄稼上。

第三步，训练能力。

1. 请读下面选自《索溪峪的“野”》的片段，并试着引导学生理解文章的写作方法。

水是野的。索溪像是一个从深山中蹦跳而出的野孩子，一会儿绕着山奔跑，一会儿撅着屁股，赌着气又自个儿闹去了。他尤其爱跟山路哥哥闹着玩：一会儿手牵手，并肩而行；一会儿横铲一脚，将山路拦腰截断。山路哥哥倒不觉得有什么了不起，他请树木大叔帮忙，几棵大树往索溪身上一搭，反从它身上跨过去了。山路哥哥还找石头弟弟帮忙，几块巨石一垫，山路便化成一条虚线，一跳一跳地从水中过去了。山路哥哥还有更巧妙的办法，它在河床上垫一排大卵石，从水底下一个猛子扎过去。这样的“路”，还可以过汽车——汽车吼叫着，车身摇晃着，卵石挤碰着，水花四溅，我们的心也怦怦直跳……平生没走过这么“野”的路！

（1）选段紧紧围绕着哪个字来写的？

（2）“野”在本文中是什么意思？

（3）选段主要运用了什么修辞手法？有什么样的作用？

（4）选段表达了作者怎样的思想感情？

【参考答案】

（1）选段紧紧围绕“野”字来写的。

（2）“野”在本文中不仅指环境是天然的、不加修饰的纯朴的美，还说人到了这里心灵得到了净化，思想得到了陶冶，脑子里一切意念便都净化了，单单地剩下一个字：野。

（3）选段主要运用了拟人的修辞手法。作用：运用拟人的修辞手法，具体描写溪水和山路互相嬉戏、玩耍，表现索溪曲折起伏的特点，同时也表达溪水和山路相依相绕的密切关系，显得形象生动。

（4）通过写索溪峪溪水与山路的互相嬉戏、玩耍，赞颂了溪水天然野性的美，表达了作者畅游其间无比愉快的心情。

2. 读下面《行道树》选段，体会拟人手法的妙处。

当夜幕降临的时候，整个城市都是繁弦急管，都是红灯绿酒。而我们在寂静里，我们在黑暗里，我们在不被了解的孤独里。但我们苦熬着，牙龈咬得酸痛，直等到朝霞的彩旗冉冉升起，我们就站成一列致敬。无论如何，我们这座城市总得有一些人迎接太阳！如果别人都不迎接，我们就负责把光明迎来。

3. 比较下面两句的表达效果。

（1）春天来了，桃花开了。

（2）人面不知何处去，桃花依旧笑春风。（崔护《题都城南庄》）

42 真实细腻抓内心，创意写作开新篇

——《穷人》的语文资源开发与训练设计

经典推荐

《穷人》是俄国著名作家列夫·托尔斯泰写的一篇短篇小说。真实细腻的心理描写是本文最大的特点。课文以桑娜的内心矛盾为主线，记叙了一个寒风呼啸的夜晚，桑娜与渔夫主动收养已故邻居西蒙的两个孤儿的故事，真实地反映了沙俄专制制度下渔民的悲惨生活，赞美了桑娜和渔夫宁可自已吃苦也要帮助别人的美好品质。

这是一篇很经典的课文，被北师大版、济南人教版、冀教版、人教版、语文S版、北京版、鲁教版以及沪教版等多个版本选入小学《语文》教材中。

《课标》在小学高段语文目标中要求，学生能在阅读中体会作者的思想感情，初步领悟文章的基本表达方法，对文本的内容、语言、角色人物的写法说出自己的看法，并能写简单的记事作文、想象作文。而《穷人》一课顺应了《课标》的要求，也符合小学高段学生的年龄特点。

经典呈现

穷 人（梗概）

渔夫的妻子桑娜坐在火炉旁补一张破帆。屋外寒风呼啸，汹涌澎湃的海浪拍击着海岸，外面又黑又冷，这间渔家的小屋里却温暖而舒适。地很干净，炉子里的火还没熄，食具在搁板上闪闪发亮。床上，五个孩子正在海风呼啸声中安静地睡着。丈夫清早驾着小船出海，这时还没回来。桑娜听着波涛的轰鸣和狂风的怒吼，感到心惊肉跳。

古老的钟发哑地敲了十下，十一下……始终不见丈夫回来。桑娜沉思：丈夫不顾惜身体，冒着寒冷和风暴出去打鱼，她自己也从早到晚地干活，还只能勉强填饱肚子。孩子们没有鞋穿，不论冬夏都光着脚跑来跑去；吃的是黑面包，菜只有鱼。不过，感谢上帝，孩子们都还健康。没什么可抱怨的。桑娜倾听着风暴的声音，“他现在在哪儿？上帝啊，保佑他，救救他，开开恩吧！”她一面自言自语，一面在胸前划着十字。

睡觉还早。桑娜想起生病的邻居西蒙。“没有一个人照顾她啊！”桑娜边想边敲门，可无人答应。

“寡妇的日子真困难啊！”桑娜想，“孩子虽然不算多——只有两个，可是全靠她一个人张罗，如今又加上病。唉，寡妇的日子真难过啊！进去看看吧！”她推开门发现，西蒙冰冷发青的脸上显出死的宁静。就在这死去的母亲旁，睡着两个很小的孩子。

桑娜抱回孩子。她的心跳得很厉害，自己也不知为什么要这样做，但是觉得非这样做不可。她把这两个熟睡的孩子放在床上，让他们同自己的孩子睡在一起，又连忙把帐子拉好。

桑娜脸色苍白，神情激动。她忐忑不安地想：“他会说什么呢？这是闹着玩的吗？自己的五个孩子已经够他受的了……是他来啦？……不，还没来！……为什么把他们抱过来啊？……他会揍我的！那也活该，我自作自受……嗯，揍我一顿也好！”

门吱嘎一声，仿佛有人进来了。桑娜一惊，从椅子上站起来。

“不，没有人！上帝，我为什么要这样做？……如今叫我怎么对他说呢？……”桑娜沉思着，久久地坐在床前。

渔夫拖着被撕破的鱼网回来了，恶劣的天气导致他空手而归。

两人问候几句后都沉默了一阵。

“你知道吗？”桑娜说，“咱们的邻居西蒙死了。唉！她死得好惨哪！两个孩子都在她身边，睡着了。他们那么小……一个还不会说话，另一个刚会爬……”桑娜沉默了。

渔夫皱起眉，他的脸变得严肃，忧虑。“嗯，是个问题！”他搔搔后脑勺说，“嗯，你看怎么办？得把他们抱过来，同死人呆在一起怎么行！哦，我们，我们总能熬过去的！快去！别等他们醒来。”

但桑娜坐着一动不动。

“你怎么啦？不愿意吗？你怎么啦，桑娜？”

“你瞧，他们在这里啦。”桑娜拉开了帐子。

资源开发

课文内容不等于教学内容，这就要求我们对课文进行资源开发。《穷人》这篇经典之作，又隐藏着哪些语文教学资源呢？《穷人》可以是语文课程中哪些语文知识与能力点位的例子呢？

1.《穷人》是“梳理小说中的人物”的例子，如该篇小说提到的穷人有哪些？（桑娜、渔夫和西蒙）

2.《穷人》是“通过抓线索、找主线简要概括课文内容”的例子，如该文以“穷”为线索，以桑娜的内心矛盾为主线，记叙了一个寒风呼啸的夜晚，桑娜与渔夫主动收养已故邻居西蒙的两个孤儿的故事。

3.《穷人》是“情感目标达成”的例子，如该文能让我们感受到桑娜宁可自己吃苦，也要帮助别人的美好心灵，进而产生乐于助人的想法。

4.《穷人》是“叙述方法”的例子，如该文是按照故事的发展顺序写的，思路清晰。

5.《穷人》是“省略号运用”的例子，如该文描写桑娜抱走西蒙的孩子后的矛盾心理时，用了多个省略号。我们可以理解省略号“此时无声胜有声”的作用。

6.《穷人》是“问号和感叹号运用”的例子。

7.《穷人》是“对比手法”的例子，如该文第一段，屋外的恶劣环境与屋内的舒适环境形成鲜明的对比。

8.《穷人》是“关联词应用”的例子，如该文运用了“不论……都……”“虽然……可是……”“非……不可”等句式。

9.《穷人》是“对话描写”的例子，如该文桑娜和渔夫的对话中，提示语可以出现在对话中的不同位置。

10.《穷人》是“语言、动作和神态描写”的例子，如得知邻居西蒙死后，渔夫的“皱眉、脸变严肃、搔后脑勺”以及与桑娜的一系列对话等例子。

11.《穷人》是“外貌描写”的例子，如该文对小说中的人物都有外貌描写。

12.《穷人》是“环境描写”的例子，如该文第一段室内外环境的经典对比描写。

13.《穷人》是“一词多用”的例子，如该文两次提到“沉默”一词，但每次表达的作用不同。

14.《穷人》是“真实细腻的心理活动描写”的例子，如全文用大量笔墨描写了桑娜真实细腻的心理活动，表现了桑娜善良美好的品德。

15.《穷人》是“侧面描写”的例子，如本文标题是“穷人”，可文中无一个“穷”字，但我们处处可以感受到穷人的贫困。同样，全文没有一句赞美的话，然而穷人的高尚品质却被表现得感人肺腑。

16.《穷人》是“抓重点词段理解课文”的例子，如本文中的“心惊肉跳”“忐忑不安”等词以及桑娜抱走孩子后心情忐忑不安那一段，是全文的重点，最能突出桑娜的美好心灵。

17.《穷人》是“联系上下文和时代背景感受人物品质”的例子。

18.《穷人》是“续写”的例子，可让学生想象并续写渔夫一家收养两个孩子后的生活情景。

点位论证

在众多“可能”的教学点位中，我们应该教什么呢？我认为可以用《穷人》教“真实细腻的心理活动描写”。理由如下：其一，“真实细腻的心理活动描写”是语文的知识点，是开发学生语言智慧的方式。其二，“真实细腻的心理活动描写”是《穷人》的一大特色。该文中，贯穿全文的主线就是桑娜的“内心矛盾”，它是我们感受到桑娜美好心灵的关键。其三，可以通过“真实细腻的心理活动描写”对学生进行迁移训练，如让学生说说自己犯错时的紧张心理。其四，通过“真实细腻的心理活动描写”塑造人物形象，感受人物品质，很好地体现了《课标》在第三学段中提出的“阅读叙事性作品，初步领悟文章基本表达方法”的要求，真正做到了把课文特点与学段目标要求有机结合。其五，“真实细腻的心理活动描写”符合本课的单元目标，即要求学生能在读懂课文的基础上，学习作者是如何通过对环境、人物心理活动等方面的描写，抒发美好情感的。其六，人教版《语文》教材课后“思考和练习”的第二题，要求“把文中描写环境、语言对话和表现人物心理活动的句子找出来有感情地读一读，说说从这些描写中，可以看出桑娜和渔夫是怎样的人”。课后还有一个小练笔，“要求结合课文内容和表达方法续写《穷人》。”由此可见，“心理活动描写”也是编者的意图和本课的重点。

训练设计

第一步，接触案例。

《穷人》一文，当桑娜把邻居西蒙的孩子抱回家，安顿好他们之后，有一段心理活动描写，非常精彩：

桑娜脸色苍白，神情激动。她忐忑不安地想：“他会说什么呢？这是闹着玩的吗？自己的五个孩子已经够他受的了……是他来啦？……不，还没来！……为什么把他们抱过来啊？……他会揍我的！那也活该，我自作自受……嗯，揍我一顿也好！”

请同学们思考：

1. 从这段话中，可以体会到桑娜的内心是__________。文中“__________”这个词最能概括桑娜把两个孤儿抱回家后的心情。

2. 为了表现“穷人”的高尚品质，作者是如何描写的，这样写有什么好处？试想一下，如果去掉上段的心理描写，只写桑娜抱回孩子的一些行为动作，感觉会有什么不同。

第二步，探究规律。

1. 此段文字把桑娜没征得丈夫同意，就把两个孩子抱回家的矛盾心理刻画得淋漓尽致：先是害怕，继而紧张、担忧甚至责备自己，最后坚定的复杂心理。“桑娜的内心矛盾”是全文的主线，如果该段去掉心理活动描写，那么桑娜那种宁可自己吃苦也要帮助别人的美好品质就不会表现得那么充分了。

2. 由此可见，“心理活动的描写”能让读者准确把握人物的内心活动，生动的心理描写，对感受人物形象有很大的帮助。

3. 心理活动的描写还有例子吗？请欣赏如下片段：

（1）我边走边想：“昨天读到什么地方了？那本书放在哪里？左边第三排，不错……”走到门口，便看见书店里仍像往日一样挤满了顾客。我可以安心了。但我又担忧那本书会不会卖光，因为一连几天都看见有人买，昨天好像只剩下一两本了。（摘自课文《窃读记》）

（2）下课的时候，我“玩疯”了。一阵清脆的铃声把我“拖进”了教室。刚坐到位置上，我就觉得不对劲，糟糕，我下课只顾着玩，忘记上厕所了。我咬紧牙关，皱着眉头，握紧拳头，夹紧双脚，拼命地忍啊，忍啊。我看着墙上的钟，嘀嗒嘀嗒地走着，平时这钟走得挺快的，而今天却怎么走得这么慢呀！

第三步，训练能力。

1. 当你做错事时，你心里是怎样想的？读读下面这位作者的描写，请在括号中填上合适的词语。

我走在街上，一点也不敢（　　）。似乎人行道上有许多双行人的眼睛在（　　）地盯着我，盯着我的书包；似乎背后有相识的同学在对我（　　）地议论着。我把头（　　）更低，只看得见马路从我脚下慢慢滑过去，我仿佛走了一段（　　）的路。

【参考答案】

抬头　嘲讽　指指点点　埋得　漫长。

2.“我”不小心打碎了爸爸心爱的花瓶，心里非常害怕。有下面两种方法表达“我”当时的心理活动，说说你更喜欢哪种表达方式，为什么？

（1）“我心里十分紧张，很担心爸爸回来骂我，一听到门外的脚步声，我就感到害怕，真希望我能逃过这一劫……”

（2）“我直呆呆地望着大门，仿佛听到了爸爸咚咚咚的敲门声和那嘎吱的咬牙声，他似乎正冲进家门，冲我举起他那强有力的大手……我好像全身的每块肌肉都在颤抖，两腿直打哆嗦……”

【参考答案】

显然，第二种表达方法更生动，它运用“幻觉描写”来刻画人物心理，“紧张”“害怕”等词虽只字未提，但人物的这些心理特征却跃然纸上，给读者留下了深刻印象。

3. 相同的事，人的处境不同，内心想法不同，请猜猜下面两个同学的心思：

家长会结束了，妈妈马上就要回来了，悲悲心神不宁地在房间里走来走去。哎，______________________________

家长会结束了，妈妈马上就要回来了，欢欢兴高采烈地在房间里走来走去。哈！______________________________

4. 李军平时很贪玩。老师马上要宣布昨天语文考试的成绩了，此时的李军心里可不平静，他会想些什么呢？请充分发挥你的想象，写一段李军心理活动的句子。

____

____

【参考答案】

老师就要宣布昨天的语文考试成绩了，李军不停地在心里念叨：“神啊！保佑我吧！我再也不踢球了，不看电视了，不玩电脑游戏了。老师啊！手下留情！你让我过了这一关，我以后上课一定好好听讲，千万千万别让我不及格啊！”

43 读中揣摩好句子，理清思路悟品质

——《我的伯父鲁迅先生》的语文资源开发与训练设计

经典推荐

《我的伯父鲁迅先生》是鲁迅的侄女周晔写的一篇纪念文章。文章所记的几个片断，都是日常生活小事，却很生动地反映了鲁迅高尚人格的若干侧面。由于是以小孩的口吻叙述的，更给人以朴实、亲切之感。“伯父”是侄女对鲁迅的亲切称呼，“先生”则是对鲁迅的崇敬与爱戴，因此，题目就充分表达了作者对鲁迅的无比热爱与敬仰之情。

《我的伯父鲁迅先生》是人教课标版、苏教版、冀教版、语文S版小学《语文》六年级上册课文。

《我的伯父鲁迅先生》文中人物的语言、动作、神态描写非常好，对于理解人物品质很有帮助。同时，也是学生学习描写人物方法的一个很好的例子。

此文是引导学生潜心研读、感受人物形象的极好范本。

经典呈现

我的伯父鲁迅先生（节选）

……伯父去世了，他的遗体躺在万国殡仪馆的礼堂里，许多人都来追悼他，向他致敬，有的甚至失声痛哭。数不清的挽联挂满了墙壁，大大小小的花圈堆满了整间屋子。送挽联送花圈的有工人，有学生，各色各样的人都有。那时候我有点惊异了，为什么伯父得到这么多人的爱戴？……

就在伯父逝世那一年的正月里，爸爸妈妈带我到伯父家里去团聚。在晚餐桌上，伯父跟我谈起《水浒传》里的故事和人物。老实说我读《水浒传》不过囫囵吞枣地看一遍，只注意紧张动人的情节。伯父问我的时候，我就张冠李戴地乱说一气。伯父摸着胡子，笑了笑，说："哈哈！还是我的记性好。"听了伯父这句话，我又羞愧，又悔恨，比挨打挨骂还难受。从此，我读什么书都不再马马虎虎了。

……

有一次，在伯父家里，大伙儿围着一张桌子吃晚饭。我望望爸爸的鼻子，又望望伯父的鼻子，对他说："大伯，您跟爸爸哪儿都像，就是有一点不像"。

"哪一点不像呢？"伯父转过头来，微笑着问我。他嘴里嚼着，嘴唇上的胡子跟着一动一动的。

"爸爸的鼻子又高又直，您的呢，又扁又平。"我望了他们半天才说。

"你不知道，"伯父摸了摸自己的鼻子，笑着说，"我小的时候，鼻子跟你爸爸的一样，也是又高又直的。"

"那怎么——"

"可是到了后来，碰了几次壁，把鼻子碰扁了。"

"碰壁？"我说，"您怎么会碰壁呢？是不是您走路不小心？"

“你想，四周围黑洞洞的，还不容易碰壁吗?”

“哦!”我恍然大悟，“墙壁当然比鼻子硬得多了，怪不得您把鼻子碰扁了。”

在座的人都哈哈大笑起来。

有一天黄昏时候，呼呼的北风怒号着，天色十分阴暗。我们走到离伯父家门口不远的地方，看见一个拉黄包车的坐在地上呻吟，车子扔在一边。

我们走过去，看见他两只手捧着脚，脚上没穿鞋，地上淌了一摊血。他听见脚步声，抬起头来，饱经风霜的脸上现出难以忍受的痛苦。

……

爸爸跑到伯父家里，不一会儿，就跟伯父拿了药和纱布出来。他们把那个拉车的扶上车子，一个蹲着，一个半跪着，爸爸拿镊子给那个拉车的夹出碎玻璃片，伯父拿来硼酸水给他洗干净。他们又给他敷上药，扎好绷带。

……

伯父又掏出一些钱来给他，叫他在家里休养几天，把剩下的药和绷带也给了他。

天黑了，路灯发出微弱的光。我站在伯父家门口看着他们，突然感到深深的寒意，摸摸自己的鼻尖，冷得像冰，脚和手也有些麻木了。我想，这么冷的天，那个拉车的怎么能光着脚拉着车在路上跑呢?

伯父和爸爸回来的时候，我就问他们。伯父的回答我现在记不清了，只记得他的话很深奥，不容易懂。我抬起头来清清楚楚地看见，而且现在也清清楚楚地记得，他的脸上不再有那种慈祥的愉快的表情了，变得那么严肃。把他那枯瘦的手按在我的头上，半天没动，最后深深地叹了一口气。

……

的确，伯父就是这样的一个人，他为自己想得少，为别人想得多。

资源开发

《我的伯父鲁迅先生》一课，作者对人物的语言、神态和行动作了生动精彩的描写，反映了鲁迅先生爱憎分明，“为自己想得少，为别人想得多”的高尚品质，表达了对鲁迅先生的敬爱之情。因而我们更要从课文中悟出“语文之道”，开发《我的伯父鲁迅先生》的语文教育资源。那么，《我的伯父鲁迅先生》可以是语文课程中哪些语文知识与能力点位的例子呢？

1.《我的伯父鲁迅先生》是一个近义词、反义词教学的典型例子，如：

【近义词】

爱戴——拥戴　　悔恨——懊恨、懊悔、后悔

深奥——深刻　　饱经风霜——饱经沧桑

【反义词】

爱戴——憎恶　　深奥——浅显　　恍然大悟——百思不解

2.《我的伯父鲁迅先生》是“结合时代背景理解含义深刻的句子”的例子，如文中的很多句子都表现了鲁迅先生同旧社会作斗争的勇敢精神、爱憎分明的精神和乐观态度。

3.《我的伯父鲁迅先生》是“句式变换”的例子，如：(1) 缩句：大大小小的花圈堆满了整间屋子。(2) 将反问句改为陈述句：a. 四周围黑洞洞的，还不容易碰壁吗？b. 那个拉车的怎么能光着脚拉着车在路上跑呢？

4.《我的伯父鲁迅先生》是“概括文章主要内容与中心思想”的例子，如：本文记叙了（　　）事，赞扬了（　　　）精神，表现了（　　）感情，抒发了作者（　　）之情。

5.《我的伯父鲁迅先生》是“词语造句训练”的例子，可用词语“失声痛哭”“爱戴”“囫囵吞枣”“恍然大悟”“饱经风霜”

等造句。

6.《我的伯父鲁迅先生》是“分段写段意”的例子，如课文以空行为标志，可分为五个部分，每部分各写了什么？课文第二、三、四、五部分，对第一部分提出的问题——“为什么伯父得到这么多人的爱戴”做出了回答。

7.《我的伯父鲁迅先生》是“总分结构”的例子，如该文第一自然段先总说，后分述。

8.《我的伯父鲁迅先生》是“前后相呼应”的例子，如该文最后一段的内容，照应了“为什么伯父得到这么多人的爱戴”的来历，并点明了主题，前后相呼应。

9.《我的伯父鲁迅先生》是“联系上下文和生活实际，理解词意思”的例子，如对“饱经风霜”一词的理解。引导学生：“你在生活中见过饱经风霜的人吗？怎样从外貌上看出他是一个饱经风霜的人呢？”

10.《我的伯父鲁迅先生》是“学会给课文加小标题”的例子，如“读《水浒传》”“谈碰壁”“救助车夫”等。

11.《我的伯父鲁迅先生》是在阅读中感悟“心理描写”的例子，如课文一开始紧扣一个“多”字，写“我”的心理产生了疑问：“为什么伯父得到这么多人的爱戴？”文章在下面通过回忆的形式叙述了四件事。可见，这段心理描写是引出故事的重要环节。

12.《我的伯父鲁迅先生》是在阅读中感悟“刻画人物性格，表现人物品质”的例子，如课文在写“救助车夫”时，两个“清清楚楚”强调了当时的情景给“我”印象之深；通过伯父的表情、动作、声音的描摹，透露了伯父对不幸的劳苦大众的同情之心和对万恶的旧社会的痛恨之情，表现了伯父“心事浩茫连广宇”的忧国忧民的高贵品质。

13.《我的伯父鲁迅先生》是在阅读中感悟“语言描写，表现人物个性”的例子，如各段语言描写的句子，写出了鲁迅先生含蓄、幽默、风趣的性格特点和不怕挫折、不惧迫害的顽强斗争精神和革命的乐观主义精神。

14.《我的伯父鲁迅先生》是在阅读中感悟“行动描写，突出精神品质”的例子，如在“救助车夫”一节中，短短的两句话，用了九个动词，具体准确地写出了鲁迅先生兄弟俩救治受伤车夫的感人情景，也表现出他们对劳苦大众的热爱，同时使人物的形象更加鲜明高大。

15.《我的伯父鲁迅先生》是“如何写人物对话”的例子，如“谈碰壁”中作者与鲁迅先生的对话。

16.《我的伯父鲁迅先生》是“学生学习描写人物方法”习作的例子，如文章人物的语言、动作、神态描写非常好。

点位论证

在众多“可能”的教学点位中，我们应该教什么呢？笔者认为用“读文找疑—互相质疑—合作解疑”作为本课教学主线，旨在激发学生的探索精神，培养学生的自学能力。因而我们应该用《我的伯父鲁迅先生》教“在阅读中揣摩文章的表达顺序，体会作者的思想感情，初步领悟文章基本的表达方法”。理由如下：

其一，《课标》强调：语文是实践性很强的课程，应着重培养学生的语文实践能力，在教学中尤其要重视培养良好的语感和整体把握的能力。整体把握是学生在快速阅读后对信息的筛选、整合提出疑问的过程，是语文实践能力的体现，也是本单元的目标之一。

其二，《课标》对六年级学段的学生要求“在阅读中揣摩文章的表达顺序，体会作者的思想感情，初步领悟文章基本的表达方法”，再加上本单元导读中提到要“理清文章思路”的要求，确定了本课的教学重点为“引导学生理清文章思路，掌握课文结构”。

其三，朗读感悟，叶圣陶先生说：“朗读自有它的目的，主要在真正理解所读的东西，从而得到启发，受到教育，获得间接经验，从而提高觉悟，丰富见识。”知识的积累是从少到多、由浅入深的过程。指导学生读好这篇课文，能使学生更好地感受文章所蕴含的思想感情，从而产生强烈的感情共鸣，这对于理解一些含义深刻的句子是一个很好的办法。

训练设计

第一步，接触案例。

1. 按照课文内容，选择词语填空。

（1）伯父去世了，他的遗体躺在万国殡仪馆的礼堂里，许多人都来________（纪念，追悼）他，向他致敬，有的甚至失声痛哭。

（2）“哦!”我________（恍然大悟，豁然开朗），“墙壁当然比鼻子硬得多了，怪不得您把鼻子碰扁了。”

（3）他听见脚步声，抬起头来，________（饱经风霜，愁容满面）的脸上现出难以忍受的痛苦。

2. 读句子，联系上下文和生活实际，完成练习。

（1）伯父摸着胡子，笑了笑，说：“哈哈！还是我的记性好。”

①这句话表面在夸自己，实际上是________________________

②这句话体现了________________________________

（2）他的脸上不再有那种慈祥的愉快的表情了，他变得那么严肃。他没有回答我，只把枯瘦的手按在我的头上，半天没动，最后深深地叹了一口气。

（3）这句话通过对鲁迅的________和________的描写，表现了鲁迅____________________

3. 试着给课文各部分加上小标题。

(1) ____________ (2) ____________

(3) ____________ (4) ____________

(5) ____________

第一部分与其他部分的关系是____________，课文最后一个自然段在全文中的作用是____________。

第二步，片断探究。

1. “你不知道，”伯父摸了摸自己的鼻子，笑着说：“我小的时候，鼻子跟你爸爸一样，也是又高又直的。”

“那怎么——”

“可是到了后来，碰了几次壁，就把鼻子碰扁了。”

“碰壁?”我说，“您怎么会碰壁呢? 是不是您走路不小心?”

“你想，四周围黑洞洞的，还不容易碰壁吗?”

“哦!”我恍然大悟，“墙壁当然比鼻子硬得多了，怪不得您把鼻子碰扁了。”

在座的人都哈哈大笑起来。

(1) 联系上下文解释词语。

恍然大悟：____________。

(2)“碰了几次壁，把鼻子碰扁了”实际上指的是什么?

(3)“四周围黑洞洞的”怎么理解?

(4) 把文中画线的句子改为陈述句：

(5) 这段话表现了____________。

2. 爸爸跑到伯父家里，不一会儿，就跟伯父拿了药和纱布出来，他们把那个拉车的扶上车子，一个蹲着，一个半跪着，爸爸拿镊子给那个拉车的夹出碎玻璃片，伯父拿硼酸水给他洗干净。他们又给他敷上药，扎好绷带。

这个片断写了________这件事，通过________的描写，表现了鲁迅____________。

本片断中描写动作的词语有____________。

第三步，能力训练。

时间就是生命

鲁迅是我国伟大的文学家、思想家、革命家。他在从事写作的三十年间，写作和翻译了六百多万字。

有人说鲁迅是天才，可是他自己说："哪里有天才，我是把别人喝咖啡的工夫都用在写作上了。"

鲁迅充分利用时间，总想在较少的时间内为革命做更多的事情。他曾经说："节省时间，就等于延长一个人的生命。"他工作起来从不知道疲倦，常常白天做别的工作，晚上写文章，一写就写到天亮。他在书房里总是不停地工作。有时也靠在躺椅上看看书，他认为这就是休息。

鲁迅到了晚年，对时间抓得更紧。不管斗争多么紧张，环境多么恶劣，身体多么不好，他总是如饥似渴地学习，夜以继日地忘我工作。病重的时候他就想着病好了要做什么事，病稍微好一些他就动手做起来。他在逝世前不久，发着烧，体重不足八十斤，可他仍然抓紧时间写作和翻译文章。他在逝世前三天，还为别人的小说写了序言，逝世前一天还记了日记。鲁迅一直战斗到最后，从没浪费过时间。

鲁迅不仅珍惜自己的时间，也珍惜别人的时间。开会从不迟到，就是下大雨，他也总是冒着雨准时赶到。他曾经说过：时间就是生命，无缘无故耗费别人的时间和图败害命没有什么两样。

鲁迅珍惜时间，为的是认真学习和写作，他几十年如一日，把毕生精力都献给了革命事业。

1. "哪里有天才，我是把别人喝咖啡的工夫都用在写作上了。"

这句话的意思是______________________________。

2. 鲁迅先生把忙碌后看书当作________，把无缘无故耗费别人的时间看作是________，把节省的时间看作是__________。

3. 鲁迅先生晚年的时候，对时间抓得更紧，他总____________地学习，____________地忘我工作。

4. 按要求写句子。

不管……总是……：________________________

不仅……也……：________________________

5. 文章第________自然段写鲁迅先生珍惜自己的时间，第________写他珍惜别人的时间。文章赞扬了____________________。

44 以文载道授方法，以文悟道教求真

——《自己的花是让别人看的》的语文资源开发与训练设计

经典推荐

《自己的花是让别人看的》于2009年7月编入人教版第三版小学《语文》五年级下册，是我国著名语言学家、教育家、北京大学终身教授季羡林先生撰写的一篇精美隽永的经典散文，同时被鄂教版四年级上册、鲁教版五年级上册、西师版三年级下册等多种版本的《语文》教材选用。

《自己的花是让别人看的》讲述作者再次来到德国，又看到这番情景，表达了自己旧地重游的感受，即对德国奇丽风景和与众不同风俗习惯的赞美之情。

经典呈现

自己的花是让别人看的

爱美大概也算是人的天性吧。宇宙间美的东西很多，花在其中占重要的地位。爱花的民族也很多，德国在其中占重要的地位。

四五十年以前我在德国留学的时候，曾多次对德国人爱花之

真切感到吃惊。家家户户都在养花。他们的花不像在中国那样，养在屋子里，他们是把花都栽种在临街窗户的外面。花朵都朝外开，在屋子里只能看到花的脊梁。我曾问过我的女房东：你这样养花是给别人看的吧！她莞（wǎn）尔一笑，说："正是这样！"

正是这样，也确实不错。走过任何一条街，抬头向上看，家家户户的窗子前都是花团锦簇、姹（chà）紫嫣（yān）红。许多窗子连接在一起，汇成了一个花的海洋，让我们看的人如入山阴道上，应接不暇。每一家都是这样，在屋子里的时候，自己的花是让别人看的；走在街上的时候，自己又看别人的花。人人为我，我为人人。我觉得这一种境界是颇耐人寻味的。

今天我又到了德国，刚一下火车，迎接我们的主人问我："你离开德国这样久，有什么变化没有？"我说："变化是有的，但是美丽并没有改变。"我说"美丽"指的东西很多，其中也包含着美丽的花。我走在街上，抬头一看，又是家家户户的窗口上都开满了鲜花。多么奇丽的景色！多么奇特的民族！我仿佛又回到了四五十年前，我做了一个花的梦，做了一个思乡的梦。

资源开发

《自己的花是让别人看的》不同于一般的纯粹写景文章，季老先生用精练概括的语言以文载道，以文悟道。作者先点明了德国是一个爱花的国度，再回忆了自己早年在德国留学时亲身感受到德国人非常爱花，然后用优美生动的语言，描述了德国家家户户窗口都开满鲜花的情景，并抒发了自己的感慨，"人人为我，我为人人"这种境界"耐人寻味"。我们应该让学生在语言文字的训练中潜移默化地受到"人人为我，我为人人"的教育。那么，《自己的花是让别人看的》可以是语文课程中哪些语文知识与能力点位的例子呢？

1. 《自己的花是让别人看的》是"启示下文，突出主题"的例子，如该文第一自然段“宇宙间美的东西很多，花在其中占重要的地位。爱花的民族也很多，德国在其中占重要的地位”启示下文，为全文定下基调。

2.《自己的花是让别人看的》是“引人深思”的例子，如该文第二自然段为什么“家家户户都在养花”？为什么“把花都栽种在临街窗户的外面”？

3.《自己的花是让别人看的》是“了解文化风俗差异”的例子，如该文第二自然段中“他们的花不像在中国那样，养在屋子里，他们是把花都栽种在临街窗户的外面。花朵都朝外开，在屋子里只能看到花的脊梁”。这些描述可以帮助学生了解中外文化风俗习惯存在的差异。

4.《自己的花是让别人看的》是“句子加工厂”的例子，如在形容花的景象时，作者用到了“花团锦簇、姹紫嫣红”等词句，从而使句子变得更加优美。

5.《自己的花是让别人看的》是“比喻手法”的例子，如第三自然段中“许多窗子连接在一起，汇成了一个花的海洋”就是生动的比喻句。

6.《自己的花是让别人看的》是“一词多义”的例子，如第四自然段中“美丽”既指花景妖娆，又象征人性之美。

7.《自己的花是让别人看的》是“情感升华”的例子，如“多么奇丽的景色！多么奇特的民族”无不流露出季老先生对德国奇丽风景和异土风俗的赞美之情。

8.《自己的花是让别人看的》是“导读指南针”的例子。老师要指导学生抓住课文主要内容，培养他们提出问题、解决问题的能力。（第一自然段中要适当读出“花”“德国”各自“在其中占重要的地位”；第二自然段要读出作者对德国人爱花之真切感到吃惊的语气；第三自然段要图文结合、读想结合、读议结合，再现美景，充分表达出作者对这奇丽风景的欣赏和赞美，进而达到熟读能诵；第四自然段要读出作者由衷的赞叹之情。）

9.《自己的花是让别人看的》是“写景悟理”的例子，如该文通过写景，悟出“人人为我，我为人人”的深刻哲理。

10.《自己的花是让别人看的》是“引号运用”的例子，如该文多次运用引号引用作者和房东的对话。

点位论证

在诸多“可能”的知识点中，我们选择用《自己的花是让别人看的》教学生掌握语文知识，提高语言表达能力。这也是教学的真正目标，即通过写景归结到“人人为我，我为人人”的“以文载道，以文悟道”。理由如下：其一，“以文载道，以文悟道”是语文的重要功能，而且是开发学生概括文章主要内容及中心思想的渠道。其二，“以文载道，以文悟道”是从《自己的花是让别人看的》中充分挖掘出来的表达方式，也能在其他类似文章中找到这种影子，如《心田上的百合花》（西师版《语文》五年级上册）。其三，“人人为我，我为人人”是该文说明的主要事理，是课文的主要内容，具有主导性。作者把“每一家都是这样，在屋子里的时候，自己的花是让别人看的；走在街上的时候，自己又看别人的花”升华到“人人为我，我为人人”上来。其四，《课标》也提出了语文课程致力于培养学生的语言文字运用能力，提升学生综合素养的目标。语文课程应注重引导学生多读书、多积累，重视语言文字运用的实践，在实践中领悟文化内涵和语文应用规律。其五，“人人为我，我为人人。我觉得这一种境界是耐人寻味的”。可以让学生在“悟”的过程中感受奇丽景象，积累优美语句，启发学生联系生活实际谈谈类似的实例，加深对这句话以及课题的理解。如：学生轮流值日打扫教室卫生，______________等，都是______________的具体体现。由此可见，“以文载道，以文悟道”也是编者的主要意图和本课的教学重点。

训练设计

第一步，走进案例。

同学们，请仔细品读下面一段文字，并与课文第三自然段对照。

正是这样，也确实不错。走过任何一条街，抬头向上看，家家户户的窗子前都是花团锦簇、姹（chà）紫嫣（yān）红。许多窗子连接在一起，汇成了一个花的海洋，让我们看的人如入山阴道上，应接不暇。每一家都是这样，在屋子里的时候，自己的花是让别人看的；走在街上的时候，自己又看别人的花。

第二步，探究规律。

上段文字与课文第三自然段有什么不同？

1. 这两段文字都写到了花的景象。

2. 上段文字只为写花而写花，课文第三自然段却通过写花悟出“人人为我，我为人人”的道理，并让学生受到启发教育。由此可见，“以文载道，以文悟道”才是该文的主脉。

“以文载道，以文悟道”的表达方式，我们还能举出例子来吗？

【资料】关于可以用“以文载道，以文悟道”的种种创新表达：

1. 竹：每攀登一小步，都做一次小结。
2. 稻穗：空虚者的头总是昂得最高。
3. 流星：虽然短暂，但很灿烂。
4. 太阳：乌云遮不住光芒。
5. 晚霞：夕阳无限好，但已近黄昏。
6. 火山：气势磅礴但毫无价值。

第三步，训练能力。

1. 怎样理解“人人为我，我为人人。我觉得这一种境界是耐人寻味的”这句话，并举出生活实例。如果给“人人为我，我为人人”配上关联词，你可以配：“只有……才能…… 因为……所以…… 之所以…… 是因为……”

“这一种境界”在这里指“人人为我，我为人人”。“我为人人”是说每个人心中要有他人，要有社会责任感，要用实际行动为大众着想，为社会尽到自己的义务。如果大家都这么想这么做就必然会换来“人人为我”的结果。虽然“人人为我”放在前面，但实际上“我为人人”是前提，只有“我为人人”尽到责任和义务，才会实现“人人为我”的美好愿望。“人人为我，我为人人”的实例很多，比如：保护环境、带课外书到班上建立图书角等等，都是人人为我，我为人人。

【资料】

（1）赠人玫瑰，手有余香。

（2）帮助别人，快乐自己！

（3）予人方便，自己方便。

（4）那一条整洁的街道依旧整洁如新。从前我经常看到一些老太太用肥皂来洗刷人行道，现在这人行道仍然像是刚才洗刷过似的，躺下去打一个滚，决不会沾上一点尘土。

——节选自季羡林《重返哥廷根》

2. 请读下面台湾地区最高产作家林清玄的《心田上的百合花》（西师版《语文》五年级上册），并试着删掉文中的最后一个自然段。

在一个偏僻遥远的山谷里，有一个高达数千尺的断崖。不知道什么时候，断崖边上长出了一株小小的百合。

百合刚刚诞生的时候，长得和杂草一模一样。但是，它心里知道自己不是一株野草。它的内心深处，有一个内在的纯洁的念头：“我是一株百合，不是一株野草。唯一能证明我是百合的方法，就是开出美丽的花朵。”

有了这个念头，百合努力地吸收水分和阳光，深深地扎根，直直地挺着胸膛。

终于在一个春天的清晨，百合的顶部结出了第一个花苞。

……

百合说：“我要开花，是因为我知道自己有美丽的花；我要开花，是为了完成作为一株花的庄严使命；我要开花，是由于自己喜欢以花来证明自己的存在。不管有没有人欣赏，不管你们怎么看我，我都要开花！”

在野草和蜂蝶的鄙夷下，野百合努力地释放内心的能量。有一天，它终于开花了，它那灵性的洁白和秀挺的风姿，成为断崖上最美丽的颜色。这时候，野草与蜂蝶再也不敢嘲笑它了。

百合花一朵一朵地盛开着，花朵上每天都有晶莹的水珠，野草们以为那是昨夜的露水，只有百合自己知道，那是极深沉的欢喜所结的泪滴。

……

几十年后，远在百里外的人，从城市，从乡村，千里迢迢赶来欣赏百合开花。许多孩童跪下来，闻嗅百合花的芬芳；许多情侣互相拥抱，许下了“百年好合”的誓言；无数的人看到这从未见过的美，感动得落泪，触动内心那纯净温柔的一角。

那里，被人称为“百合谷地”。

不管别人怎么欣赏，满山的百合花都谨记着第一株百合的教导：“我们要全心全意默默地开花，以花来证明自己的存在。”

3. 从下列句子可以悟出什么“道来”？谈谈自己的理解，选写一篇小练笔加以论证，并在全班进行交流。

（1）朋友多了路好走。

（2）校园是我家，文明靠大家。

（3）国家的命运关系到人民的切身利益。

（4）天下兴亡，匹夫有责。

45 学“匆匆”时间流逝，用形象表现抽象

——《匆匆》的语文资源开发与训练设计

经典推荐

《匆匆》一文是我国现代著名散文作家朱自清的名篇之一。作者把空灵抽象的时间用具体形象的事物描述出来，表达了对时光流逝的无奈和惋惜。

《匆匆》作为一篇经典课文，被选入了多个版本之中，如人教版小学《语文》六年级下册、鄂教版小学《语文》六年级上册、长春版小学《语文》五年级上册、西师版小学《语文》六年级上册、人教（课标）版小学《语文》六年级下册、冀教版小学《语文》五年级上册、鲁教版小学《语文》五年级下册等。

《匆匆》是一篇经典的散文。全篇格调统一，具有音韵美，读来朗朗上口。整篇课文除了让学生感受散文的语言美外，还让学生明白了时间的可贵。对于小学生来说，进行良好思想的引导是很有必要的。同时，这篇课文对学生写作训练也很有帮助。

匆　匆

燕子去了，有再来的时候；杨柳枯了，有再青的时候；桃花谢了，有再开的时候。但是，聪明的，你告诉我，我们的日子为什么一去不复返呢？——是有人偷了他们罢：那是谁？又藏在何处呢？是他们自己逃走了罢：现在又到了哪里呢？

我不知道他们给了我多少日子；但我的手确乎是渐渐空虚了。在默默里算着，八千多日子已经从我手中溜去；像针尖上一滴水滴在大海里，我的日子滴在时间的流里，没有声音，也没有影子。我不禁头涔涔而泪潸潸了。

去的尽管去了，来的尽管来着；去来的中间，又怎样地匆匆呢？早上我起来的时候，小屋里射进两三方斜斜的太阳。太阳他有脚啊，轻轻悄悄地挪移了；我也茫茫然跟着旋转。于是——洗手的时候，日子从水盆里过去；吃饭的时候，日子从饭碗里过去；默默时，便从凝然的双眼前过去。我觉察他去的匆匆了，伸出手遮挽时，他又从遮挽着的手边过去。天黑时，我躺在床上，他便伶伶俐俐地从我身上跨过，从我脚边飞去了。等我睁开眼和太阳再见，这算又溜走了一日。我掩着面叹息。但是新来的日子的影儿又开始在叹息里闪过了。

在逃去如飞的日子里，在千门万户的世界里的我能做些什么呢？只有徘徊罢了，只有匆匆罢了，在八千多日的匆匆里，除徘徊外，还剩些什么呢？过去的日子如轻烟，被微风吹散了，如薄雾，被初阳蒸融了；我留着些什么痕迹呢？我何曾留着像游丝样的痕迹呢？我赤裸裸来到这世界，转眼间也将赤裸裸的回去罢？但不能平的，为什么偏要白白走这一遭啊？

你聪明的，告诉我，我们的日子为什么一去不复返呢？

资源开发

叶圣陶先生说："课文无非是个例子。"一篇课文是供老师和学生学习的载体。那么《匆匆》这篇课文有哪些语文知识与能力点位的例子呢？

1.《匆匆》是"变抽象为形象"的例子，如该文第三自然段中的"洗手的时候，日子从水盆里过去；吃饭的时候，日子从饭碗里过去；默默时，便从凝然的双眼前过去。我觉察他去的匆匆了，伸出手遮挽时，他又从遮挽着的手边过去。天黑时，我躺在床上，他便伶伶俐俐地从我身上跨过，从我脚边飞去了。等我睁开眼和太阳再见，这算又溜走了一日。我掩着面叹息。但是新来的日子的影儿又开始在叹息里闪过了"。这些句子把时间的流逝放在生活细节中去写，这样就使抽象的时间流逝，变得形象化，学生在学习时更容易理解掌握。

2.《匆匆》是"运用排比手法"的例子，如该文第一自然段："燕子去了，有再来的时候；杨柳枯了，有再青的时候；桃花谢了，有再开的时候。"第三自然段："洗手的时候，日子从水盆里过去；吃饭的时候，日子从饭碗里过去；默默时，便从凝然的双眼前过去。"这些排比句的运用有助于整篇课文气势的构成，同时也使得文章具有音乐美。

3.《匆匆》是"设问和反问区别运用"的例子，如该文第一自然段中用到了设问，最后一个自然段中用到了反问。在同一篇课文中出现两种问句，便于学生体会、区分和把握这两种问句的不同用法和作用。

4.《匆匆》是"学习比喻修辞手法"的例子，在这篇文章中多次用到了比喻修辞手法。如"像针尖上一滴水滴在大海里，我的日子滴在时间的流里，没有声音，也没有影子"一句，把时间流逝比作针尖上的一滴水滴在大海里。日子显得多么渺小，消失得那么快，无声无息，无影无踪。在这样的比喻中让时间流逝的感觉变得非常的形象具体。

5.《匆匆》是“学习拟人手法”的例子，如“太阳他有脚啊”“天黑时，我躺在床上，他便伶伶俐俐地从我身上跨过”，从这些句子中我们都能看到拟人手法的巧妙运用。

6.《匆匆》是“换算”的例子，如文中用“八千多日子”来表达自己生活了多久，用一个看似很长的时间来表现时间的飞逝。

7.《匆匆》是“分号和句号的不同用法”的例子，如在整篇课文中多次用到了分号和句号。尤其是在排比句中，分号出现比较频繁，所以这正是一篇进行分号教学的很好的文本载体。

8.《匆匆》是“破折号用法”的例子，如文中两次出现了破折号，一次是在问号后面，既“但是，聪明的，你告诉我，我们的日子为什么一去不复返呢？——是有人偷了他们罢：那是谁？”一次是在词语后面“于是——洗手的时候，日子从水盆里过去；吃饭的时候，日子从饭碗里过去；默默时，便从凝然的双眼前过去”。我们可以就这两处进行破折号用法的教学。

9.《匆匆》是“冒号用法”的例子，如“是有人偷了他们罢：那是谁？又藏在何处呢？是他们自己逃走了罢：现在又到了哪里呢”一句中就出现了两次冒号，师生可就此作简单的讨论，不作为重点。

10.《匆匆》是“仿写句子”的例子，在课上可让学生仿照第三自然段用“……的时候，日子……；……的时候，日子……”的句型造句，结合生活实际做仿写练习。

11.《匆匆》是“前后照应”的例子，如课文第一自然段中“聪明的，你告诉我，我们的日子为什么一去不复返呢”一句，和课文最后一个自然段之间构成了前后照应的关系。

12.《匆匆》是“多音字教学”的例子，如课文中“薄雾”一词的读音是学生很容易读错的地方，也很难区分。我们在教学

过程中应着重强调。(用字意来区分读音)

13.《匆匆》可做“复沓运用”的例子，如例句：“只有徘徊罢了，只有匆匆罢了；在八千多日的匆匆里，除徘徊外，又剩些什么呢?”

14.《匆匆》是“利用上下文，理解文中重点词语意思”的例子，如对文中“伶伶俐俐”“挪移”“徘徊”“头涔涔而泪潸潸”“遮挽”“凝然”等词语的理解。

15.《匆匆》是“叠词短句运用”的例子，如“伶伶俐俐”“轻轻悄悄”“头涔涔”“泪潸潸”等。这些叠词用在文中，给文章增加了音韵美。

16.《匆匆》可做“形近字辨析”的例子，如“匆”和“勿”。在书写时有部分同学会在这两个字上迷糊，所以老师要提醒。

17.《匆匆》是“抒情教学”的例子，可让学生简单了解借景抒情、借事抒情，直接抒情、间接抒情；然后再来分析课文中抒情的地方属于哪种。

18.《匆匆》是“散文体裁”的例子。

19.《匆匆》是“朗读教学”的例子。散文又被称为美文，所以散文读起来朗朗上口。而《匆匆》正是散文中的经典之一，用来做朗读练习非常合适。

20.《匆匆》是“培养学生留心观察周围事物习惯”的例子。课文中大量运用了生活中的事物来描写抽象的时间，如果没有留心生活是做不到的。可让学生发现这点并向作者学习，做个生活的有心人，为写作积累素材。

点位论证

在众多“可能”的教学知识点中，我们应该教什么呢？我们用《匆匆》教“变抽象为形象”。理由如下：其一，“变抽象为形象”是语文的知识能力，还是语文写作的能力。其二，“变抽象为形象”是《匆匆》特有的，文中多处运用比喻、排比、拟人等修辞手法将抽象的时间化为生活中经常见到的事物，使学生能够更加形象、直观地感受到时间的流逝。其三，时间飞逝，我们要珍惜时间是本文的主要内容，而用不同形象的事物来具体地描写抽象的时间流逝是本文的最大特色。其四，《课标》要求高段学生能够体会作者感情，而“变抽象为形象”正是帮助学生能够更加准确地理解文意、体会情感的方式。其五，《课标》中，要求高段学生“养成留心观察周围事物的习惯”。“变抽象为形象”中的“形象”是需要学生长期留心观察生活才能完成的，因此这个点位的确立符合《课标》的要求。其六，课后练习第三题中，让学生说说作者是怎样具体描述日子去来的匆匆的。这就是让学生去感受文中“变抽象为形象”的例子。由此可以看出，“变抽象为形象”是本课学习的一个重点。虽然文中的排比、比喻也很出色，但是这些修辞手法在其他文本中常见，几乎普遍存在；并且这些修辞的运用也只是为了展现文中出现的形象事物。因此，“变抽象为形象”是本课的亮点更是重点。

训练设计

第一步，接触案例。

同学们，请默读下面的文字并和课文第三自然段对照。

春雨的色彩

春雨，像春姑娘纺出的线，轻轻地落到地上，沙沙沙，沙沙沙……

田野里，一群小鸟正在争论一个有趣的问题，春雨到底是什么颜色的？

小燕子说：“春雨是绿色的，你们瞧，春雨落到草地上，草就绿了，春雨淋在柳树上，柳枝也绿了。”

麻雀说：“不对，春雨是红色的，你们瞧，春雨洒在桃树上，桃花红了，春雨滴在杜鹃丛中，杜鹃花也红了。”

小黄莺说：“不对，不对，春雨是黄色的，你们瞧，春雨落在油菜地里，油菜花黄了，春雨落在蒲公英上，蒲公英花也黄了。”

春雨听了大家的争论，下得更欢了，沙沙沙，沙沙沙……

第二步，探究规律。

有感情地朗读上面的文字。看看此段文字和课文第三段有什么相同之处。并想一想文中主要写了什么，是用生活中哪些事物来体现的。

【参考答案】

(1) 两段文字都是用生活中的具体事物来把抽象的事物形象化，使读者更易把握文意。

(2) 文中主要写了春雨的色彩，是用草的颜色、桃花的颜色、油菜花的颜色来体现的。因为春雨本身是没有颜色的，但是春雨会滋润大地，使万物复苏，那么各种花的色彩就是春雨的色彩。用形象的春花春草的色彩来描写抽象的春雨的色彩，使抽象的事物形象化，便于学生理解。

第三步，训练能力。

1. 找出课文中具体描述日子去来匆匆的语句并抄下来，然后仿照这样的写法，联系自己的生活，写出“日子”是怎样在自己毫不注意时流逝的。

摘录句子：____。

仿写句子：____。

作者列举了生活中的具体细节，表现出了日子的来去匆匆。如：“于是——洗手的时候，日子从水盆里过去；吃饭的时候，日子从饭碗里过去；默默时，便从……但是新来的日子的影儿又开始在叹息里闪过了。"

同学们可用"……的时候，日子……"的句式，联系自己的生活实际进行仿写。如"看电视的时候，日子从屏幕上过去；玩耍的时候，日子随着笑声流走；跑步的时候，日子也在脚步声中远去……"

2. 阅读下面的文字，说说文中把妈妈的爱形象化成生活中的哪些事物。

妈妈的爱

在一个很热很热的夜晚，
我从梦中醒来，
妈妈正给我扇着扇子，
汗水湿透了她的衣裳。
啊，妈妈的爱是清凉的风。

有一个很凉很凉的雨天，
妈妈到学校接我，
一把伞遮住我的头顶，
雨水却打在妈妈的身上。
啊，妈妈的爱是遮雨的伞。

有一回我病了，
妈妈抱我去医院，
摸着我很烫很烫的额头，
妈妈着急的哭了。
啊，妈妈的爱是低落的泪。

有一次，我打破了暖瓶，
对妈妈又说了谎，

妈妈的批评叫我脸红，
我不敢抬头看她的眼睛，
啊，妈妈的爱是责备的目光。

一次老师让用“最”字造句，
我说：“我最爱妈妈。”
妈妈告诉我：“最该爱的是祖国，
祖国是我们所有人的妈妈。”
啊，妈妈的爱是亲切的教诲。

【参考答案】

把妈妈的爱形象化成清凉的风、遮雨的伞、低落的泪、责备的目光、亲切的教诲。

3. 试着用生活中的事物来把“风”描绘得形象具体。

风，无影无形，难以把握，不同程度的风也有不同形象。你看——微风来的时候，红旗轻轻飘动；狂风来的时候，柳条空中狂舞；暴风来的时候，________________；飓风来的时候，________________。

【参考答案】

大树左摇右晃　　房屋瑟瑟发抖

46 用多种说明方法，写事物主要特点

——《鲸》的语文资源开发与训练设计

经典推荐

《鲸》是人教版（课标本）小学《语文》五年级上册的课文。它是一篇常识性的说明文，课文知识性较强。《鲸》还被北京版第十册、语文S版第八册、人教版第九册三个版本选编。

《鲸》在文字表达上运用了丰富的说明方法，如列数字、作比较、举例子、打比方等。作者抓住鲸的几个主要特点（形体、进化过程、种类及生活习性），用准确的语句进行了通俗的说明。课文中细致地描写了鲸活动时的场景，如鲸的捕食、呼气、睡觉……能激发学生探索动物世界的兴趣。

课文文意较为浅显，大多数内容都可在反复朗读后理解。描写鲸进化过程的第二自然段，是本课的难点。理解本段要抓住“时间变化”这一脉络。选编本文的意图不仅要学生了解鲸的特性，更要学习作者用多种方法说明事物特点的表达方法。学生阅读文章应重视“课文是怎样介绍的”。教学就要开启学生的探索欲，使之体会文中的说明方法并逐步运用到自己的习作实践中。

鲸

不少人看过象，都说象是很大的动物。其实还有比象大得多的动物，那就是鲸。目前已知最大的鲸约有十六万公斤重，最小的也有两千公斤。我国发现过一头四万公斤重的鲸，约十七米长，一条舌头就有十几头大肥猪那么重。它要是张开嘴，人站在它嘴里，举起手来还摸不到它的上腭，四个人围着桌子坐在它的嘴里看书，还显得很宽敞。

鲸生活在海洋里，因为体形像鱼，许多人管它叫鲸鱼。其实它不属于鱼类，而是哺乳动物。在很远的古代，鲸的祖先跟牛羊的祖先一样，生活在陆地上。后来环境发生了变化，鲸的祖先生活在靠近陆地的浅海里。又经过了很长很长的年代，它们的前肢和尾巴渐渐变成了鳍，后肢完全退化了，整个身子成了鱼的样子，适应了海洋的生活。

鲸的种类很多，总的来说可以分为两大类：一类是须鲸，没有牙齿；一类是齿鲸，有锋利的牙齿。

鲸的身子这么大，它们吃什么呢？须鲸主要吃虾和小鱼。它们在海洋里游的时候，张着大嘴，把许多小鱼小虾连同海水一齐吸进嘴里，然后闭上嘴，把海水从须板中间滤出来，把小鱼小虾吞进肚子里，一顿就可以吃两千多公斤。齿鲸主要吃大鱼和海兽。它们遇到大鱼和海兽，就凶猛地扑上去，用锋利的牙齿咬住，很快就吃掉。有一种号称“海中之虎”的虎鲸，常常好几十头结成一群，围住一头三十多吨重的长须鲸，几个小时就能把它吃光。

鲸跟牛羊一样用肺呼吸，这也说明它不属于鱼类。鲸的鼻孔长在脑袋顶上，呼气的时候浮出海面，从鼻孔喷出来的气形成一股水柱，就像花园里的喷泉一样；等肺里吸足了气，再潜入水中。鲸隔一定的时间必须呼吸一次。不同种类的鲸，喷出的气形成的水柱也不一样：须鲸的水柱是垂直的，又细又高；齿鲸的水柱是倾斜的，又粗又矮。有经验的人根据水柱的形状，就可以判断鲸的种类和大小。

鲸每天都要睡觉。睡觉的时候，总是几头聚在一起，它们通常会找一个比较安全的地方，头朝里，尾巴向外，围成一圈，静静地浮在海面上。如果听到什么声响，它们立即四散游开。

鲸是胎生的，幼鲸靠吃母鲸的奶长大。这些特征也说明鲸是哺乳动物。长须鲸刚生下来就有十多米长，七千公斤重，一天能长三十公斤到五十公斤，两三年就可以长成大鲸。鲸的寿命很长，一般可以活几十年到一百年。

资源开发

《鲸》一文运用多种说明方法给我们介绍了鲸。尽管鲸体形巨大，但也有柔和的须鲸、凶猛的齿鲸之分。我们从这个自然现象中也有人生感悟：与人交往时，不能只凭外貌就判断一个人的善恶。既然是语文课文，我们更要从文中看到语文知识点，开发《鲸》的语文教育资源。《鲸》是哪些语文知识与能力点位的例子呢？

1.《鲸》是“多种说明方法”的例子，如用列数据“十六万公斤”“十七米”“三十多吨”等，说明鲸的大、重、长；用作比较“一条舌头就有十几头大肥猪那么重”，形象说明鲸如何庞大；用举例子“常常好几十头结成一群，围住一头三十多吨重的长须鲸，几个小时就能把它吃光”，说明齿鲸吃得多吃得快；用打比方“从鼻孔喷出来的气形成一股水柱，就像花园里的喷泉一样”，说明须鲸呼气水柱的明显特点。

2.《鲸》是“抓住事物主要特点进行说明”的例子。本文从鲸的外形、进化、种类、生活习性（吃食、呼吸、睡觉、成长）

等方面说明了鲸。在介绍须鲸和齿鲸的不同点时，抓住了它们的吃食、呼气的水柱两方面进行描写。

3. 《鲸》是“过渡句”的例子，如“鲸的身子这么大，它们吃什么呢”有承上启下的作用。其前半句“鲸的身子这么大”是承接第一自然段，而后半句“它们吃什么呢”是对第四自然段内容的提示。

4. 《鲸》是“冒号运用”的例子，如：①“不同种类的鲸，喷出的气形成的水柱也不一样：……”②“鲸的种类很多，总的来说可以分为两大类：……”

5. 《鲸》是“按照时间顺序介绍动物进化过程”的例子，如课文第二自然段是本课的难点内容，介绍了鲸从古到今的漫长进化过程。此段是以时间为顺序的：“在很远的古代——后来环境发生了变化——又经过了很长很长的年代。”

6. 《鲸》是“前后呼应”的例子，如第二自然段“其实它不属于鱼类，而是哺乳动物”。第五自然段“鲸跟牛羊一样用肺呼吸，这也说明它不属于鱼类”。第七自然段“鲸是胎生的，幼鲸靠吃母鲸的奶长大。这些特征也说明鲸是哺乳动物”。这几处句子贯穿全文，共同强调了：鲸不是鱼类，而是哺乳动物。

7. 《鲸》是“准确运用数字”的例子，如：①“一头近四万公斤重的鲸”中，用了“近”；②“约有十六万公斤重”“约十七米长”中用了“约”；③“一顿就可以吃两千多公斤”“围住一头三十多吨重的长须鲸”“刚生下来就有十多米长”中用了“多”。这几个表示“大概”的词都充分体现作者使用数据的准确性。

8. 《鲸》是“动词恰当运用”的例子，如，连续的动词“张着—吸进—闭上—滤出来—吞进”恰当地描写了须鲸的进食特点，“遇到—扑上去—咬住—吃掉”也描写出了齿鲸吃鱼、兽的过程。

9. 《鲸》是“区别、使用状语词”的例子。课后第3题：“①须鲸主要吃虾和小鱼；②鲸隔一定的时间必须呼吸一次；③

鲸每天都要睡觉，睡觉的时候，总是几头聚在一起。体会加点词意思的不同，以及受到什么启发。”

10.《鲸》是“设问句”的例子，如：“鲸的身子这么大，它们吃什么呢？须鲸主要吃虾和小鱼……齿鲸主要吃大鱼和海兽。”让孩子们带着浓厚的兴趣读下文。

点位论证

在众多的教学知识点中，我们该教什么呢？根据《课标》对第三学段（5～6 年级）的阅读、写作要求，我们应该用《鲸》教“运用多种说明方法，说明事物主要特点”。理由如下：其一，“运用多种说明方法，说明事物主要特点”是语文阅读、写作的能力，而且是观察认识世间万物的手段。其二，“运用多种说明方法，说明事物主要特点”是《鲸》这类说明文特有的，第一、七自然段表现得尤为突出。其余的语文知识点在其他课文也常遇到。其三，鲸的体形、进化过程、种类及生活习性，是该文说明的主要事项，具有主导性。运用多种说明方法，抓住鲸的主要特点进行说明是该文的亮点。其四，《课标》也提出了“阅读说明性文章，能抓住要点，了解课文的基本说明方法”的要求。其五，课后的思考练习第 1 题：“默读课文，说说课文是从哪几个方面介绍鲸的，你最感兴趣的是什么。”学生说出课文抓住了鲸的哪些主要特点进行说明。其六，课后思考练习第 2 题：“课文使用了哪些说明方法？”该文运用了多种说明方法，以数字说明最为明显，也是编者收编本文的意图和教学重点。其七，课后的小练笔，在弄清楚“课文是怎样写的”的基础上，尝试“运用多种说明方法，说明事物主要特点”，转换人称以“鲸的自述”为内容写一篇小短文。

训练设计

第一步，接触案例。

同学们，请读课文中的下面几句文字：

目前已知最大的鲸约有十六万公斤重，最小的也有两千公斤。我国发现过一头四万公斤重的鲸，约十七米长，一条舌头就有十几头大肥猪那么重。它要是张开嘴，人站在它嘴里，举起手来还摸不到它的上腭，四个人围着桌子坐在它的嘴里看书，还显得很宽敞。

鲸的种类很多，总的来说可以分为两大类：一类是须鲸，没有牙齿；一类是齿鲸，有锋利的牙齿。

有一种号称“海中之虎”的虎鲸，常常好几十头结成一群，围住一头三十多吨重的长须鲸，几个小时就能把它吃光。

鲸的鼻孔长在脑袋顶上，呼气的时候浮出海面，从鼻孔喷出来的气形成一股水柱，就像花园里的喷泉一样。

不同种类的鲸，喷出的气形成的水柱也不一样：须鲸的水柱是垂直的，又细又高；齿鲸的水柱是倾斜的，又粗又矮。

第二步，探究规律。

这几段文字介绍了鲸的哪些主要特点，是怎样来介绍说明鲸的？用了哪些说明方法，有什么好处？

（1）用列数据说明鲸的大、重、长，用举例子说明齿鲸吃食的凶猛，用分类别说明鲸的两大类：须鲸、齿鲸，用打比方说明鲸的呼气形态，用作比较的方法说明须鲸和齿鲸呼气水柱的不同点。

（2）运用恰当的说明方法，让说明对象更生动、形象，表达效果好。因为语言富于变化，而且用了大量数据，所以我们了解得更准确，极具真实性。

第三步，训练能力。

1. 下面是苏教版《语文》第五册课文《航天飞机》的节选。思考作者是如何运用各种说明方法，说明事物主要特点的？

一架飞机在天空自由自在地飞着。他一会儿俯冲，一会儿爬升，一会儿翻筋斗，觉得很得意。

突然一声呼啸，一个庞然大物腾空而起。只见他三角形的翅膀，尖尖的脑袋，方方的机尾，转眼间便飞得无影无踪了。飞机想："这是什么呀？怎么飞得这样快呢？"

他找到智慧老人，想问个究竟。智慧老人笑着说："刚才你见到的是航天飞机。他比你飞得更高更快。你能飞两万米高就不错了，他却能飞几十万米高。从东海之滨到帕米尔高原，你要飞行四个多小时，他只需要飞行七分钟。"智慧老人停了停，又说："航天飞机的本领可大了！他能绕着地球转圈圈，在太空中释放和回收人造地球卫星。卫星出了毛病，他就伸出巨大的手臂把卫星捞回机舱，带到地面上来维修。"

【参考答案】

短文运用列数据、举例子、做比较等说明方法，介绍说明了飞机的形状、飞行状态及飞行高度等主要特点。

2. 上面的文字是以第三人称"飞机"的口吻写作的。请学生试着把上文中的主语"飞机"转换成第一人称"我"，并再读读。

3. 学习该文后，我们知道了要介绍说明一种事物，就先要抓住说明对象的主要特点，运用多种说明方法进行写作。学生可根据课文及自己收集的材料，完成课后的小练笔，转换人称以"鲸的自述"写一篇小短文。

【参考答案】

鲸

我是鲸，也常被人们叫作鲸鱼，我虽生活在海里，但我不属于鱼类，而是跟牛羊一样用肺呼吸。我是胎生的，吃妈妈的奶长大。所以，我是哺乳动物。

我的体形巨大，比陆地上的象大得多。我有四万公斤重，十七米长。我的舌头就有十几头大肥猪那么重。我要是张开嘴，十几个小朋友都可以在我嘴里跳舞呢！

我是没有牙齿的须鲸。我进食时，先和着海水把小鱼虾吸进嘴里，再把海水从须板中间滤出来，就把美味吞进肚子里了。隔一段时间，我必须浮出水面呼气。我从鼻孔呼出的水柱是垂直的，又细又高。看那边，我的另一同类——齿鲸也在呼气呢。它的水柱是倾斜的，又粗又矮。有经验的人们，一看水柱就知道我们的大小、种类。

齿鲸可凶猛了，它们长着能撕咬大鱼、海兽的锋利牙齿！我必须马上潜入海里了。不然，一不小心被它当猎物吃掉就惨了。

47 伏笔妙用藏情怀，轻描淡写显灵气

——《丰碑》的语文资源开发与训练设计

经典推荐

《丰碑》这篇课文意境优美，人物形象鲜明生动。本课的教学重点是通过对军需处长冻死时的神态、动作、穿着及将军的神态的描写，体会军需处长的献身精神。教学难点是理解为什么说被大雪覆盖的军需处长成了一座晶莹的丰碑。为了解决这一重点和难点，课文采用了特殊的表现手法——伏笔。

《丰碑》在小学语文教材中已经用了好多年了，很多版本的教材都选入了这篇文章，如人教版五年级下册、教科版四年级上册，还有北京版、湘教版、鄂教版等语文教材。

这篇课文的作者李本深是解放军艺术学院文学系进修学员，文学创作二级。作品《沙漠蜃楼》获两届解放军文艺奖，《神戏》获 20 世纪 90 年代《人民文学》优秀小说奖，报告文学《大漠沙如雪》获 1997 年《解放军文艺》新作品三等奖，《孤烟》《丰碑》等 7 篇小说获省级刊物优秀作品奖。《丰碑》这篇课文是根据他的同名小说改编的，文中所展现的长征途中的英雄事迹，值得同学们学习。

经典呈现

丰　碑

红军队伍在冰天雪地里艰难地前进。严寒把云中山冻成了一个大冰坨。狂风呼啸，大雪纷飞，似乎要吞掉这支装备很差的队伍。

将军早把他的马让给了重伤员。他率领战士们向前挺进，在冰雪中为后续部队开辟一条通路。等待着他们的是恶劣的环境和残酷的战斗，可能吃不上饭，可能睡雪窝，可能一天要走一百几十里路，可能遭到敌人的突然袭击。这支队伍能不能经受住这样严峻的考验呢？将军思索着。

队伍忽然放慢了速度，前面有许多人围在一起，不知在干什么。

将军边走边喊："不要停下来，快速前进！"

"前面有人冻死了。"警卫员跑回来告诉他。

将军愣了一下，什么话也没说，快步朝前走去。

一个冻僵的老战士，倚靠光秃秃的树干坐着。他一动不动，好似一尊塑像，身上落满了雪，无法辨认他的面目，但可以看出，他的神态十分镇定，十分安详：右手的中指和食指间还夹着半截纸卷的旱烟，火已被雪打灭；左手微微向前伸着，好像在向战友借火。单薄破旧的衣服紧紧地贴在他的身上。

将军的脸色顿时严峻起来，嘴角边的肌肉抽动着。忽然他转过脸向身边的人吼道："把军需处长给我叫来！为什么不给他发棉衣？"

呼啸的狂风淹没了将军的话音。没有人回答他，也没有人走开。他红着眼睛，像一头发怒的豹子，样子十分可怕。

"听见没有，警卫员？叫军需处长跑步过来！"将军两腮的肌肉抖动着。

这时候，有人小声告诉将军："他就是军需处长……"

将军愣住了，久久地站在雪地里。他的眼睛湿润了。他深深吸了一口气，缓缓地举起右手，举到齐眉处，向那位跟云中山化为一体的军需处长敬了一个军礼。

风更狂了，雪更大了。大雪很快地覆盖了军需处长的身体，他成了一座晶莹的丰碑。

将军什么话也没说，大步走进漫天的风雪中。他听见无数沉重而坚定的脚步声。那声音似乎在告诉人们：如果胜利不属于这样的队伍，还会属于谁呢？

资源开发

《丰碑》这篇课文表现出军需处处长舍己为人的高贵品质，教育学生要有一种先人后己的做人之道。我们不但要从文中悟出"人生之道"，更要从文中悟出"语文之道"，开发出《丰碑》的语文教育资源。那么，《丰碑》可以是语文课程中哪些语文知识与能力点位的例子呢？

1.《丰碑》是"有感情地朗读课文"的例子，如描写军需处处长的那段话，我们可以从朗读中体会人物的品质。

2.《丰碑》是"环境描写"的例子，如"严寒把云中山冻成了一个大冰坨，狂风呼啸，大雪纷飞"写出了天气的寒冷、环境的恶劣。

3.《丰碑》是"对话描写"的例子，如："将军边走边喊：'不要停下来，快速前进！''前面有人冻死了。'警卫员跑回来告诉他。"写出对话的不同方式。

4.《丰碑》是"动作描写"的例子，如："左手微微向前伸着，好像在向战友借火。"这样写，借火的动作就形象地浮现在读者的脑海中，也表现出军需处处长视死如归的精神。

5.《丰碑》是"神态描写"的例子，如课文写军需处处长和将军的神态，从中体会到将军的感情变化，体会人物的品质。

6.《丰碑》是教“外貌描写”的例子，如对被冻死的军需处处长的外貌描写，表现出军需处处长对死毫无畏惧的精神。

7.《丰碑》是“比喻手法运用”的例子，如：“严寒把云中山冻成了一个大冰坨。”把云中山比作一个大冰坨，说明气温很低。

8.《丰碑》是“巩固反问句”的例子，如：“那声音似乎在告诉人们：如果胜利不属于这样的队伍，还会属于谁呢?”说明胜利一定会属于这样的队伍。

9.《丰碑》是“被”字句用法的例子，如“火已被雪打灭”。

10.《丰碑》是“省略号运用”的例子，如旁边的人告诉将军，被冻死的是军需处长，后面的就省略了，因为其他的话就可以不必引出，所以就省略了。

11.《丰碑》是“深刻领会文章所表达的思想内容，从中受到感染和教育”的例子，如从课文的语句中体会到军需处处长舍己为人的品质。

12.《丰碑》是“指导学生积累好词好句”的例子，如课文中描写将军的词句用得很好，积累起来有助于习作。

13.《丰碑》是“伏笔写法”的例子。如：“他一动不动，好似一尊塑像，身上落满了雪，无法辨认他的面目。”将军看到一位冻死的老战士，脸色变得严肃，向身边的人吼道：“把军需处长给我叫来！为什么不给他发棉衣?”这时候，有人小声告诉将军：“他就是军需处长……”先写将军看到一个冻死的老战士非常生气，叫警卫员去把军需处处长找来，这时，身边的人才小声告诉他，冻死的人就是军需处处长。

点位论证

在这么多可以教的内容中，我们应该教什么呢？我们应该用

《丰碑》教学生伏笔的认识和运用。理由如下：其一，“伏笔写法”是语文写作的知识点，有助于提高学生的写作水平。其二，伏笔是这篇课文表情达意的主线，是本课特有的表现手法，其他的知识点另外的课文也有。其三，这篇课文是人教版《语文》五年级下册的一篇课文，从《课标》知道在语文学习过程中，不但要学习语文知识，还要培养学生的爱国主义感情、社会主义思想道德，使其逐步形成积极的人生态度和正确的价值观。作者运用伏笔的手法使军需处处长的形象一下子就高大起来了，让我们更能理解军需处处长的崇高品质。课文激发了学生的爱国热情，正确引导了学生的人生观和价值观。其四，根据年龄特点和学段的习作教学目标，要求学生写一篇完整的文章。要写出完整的文章，就要学会布局谋篇，学会不同的表现手法，这样学生的文章才会灵活多变，精彩纷呈。这篇课文的表现手法——伏笔，是教学生伏笔写法的较好例子。其五，根据课后的思考与练习第三题“把描写军需处长和将军神态的部分多读几遍，说说从这些描写中你体会到了什么？”也就是伏笔这一段，让学生从这段的描写中体会到军需处处长舍己为人的高尚品质。

训练设计

第一步，接触案例

同学们，请默读下面的文字。

1. 一个冻僵的老战士，倚靠光秃秃的树干坐着。他一动不动，好似一尊塑像，身上落满了雪，无法辨认他的面目，但可以看出，他的神态十分镇定，十分安详：右手的中指和食指间还夹着半截纸卷的旱烟，火已被雪打灭；左手微微向前伸着，好像在向战友借火。单薄破旧的衣服紧紧地贴在他的身上。

将军的脸色顿时严峻起来，嘴角边的肌肉抽动着。忽然他转过脸向身边的人吼道：“把军需处长给我叫来！为什么不给他发棉衣?”

呼啸的狂风淹没了将军的话音。没有人回答他，也没有人走开。他红着眼睛，像一头发怒的豹子，样子十分可怕。

“听见没有，警卫员？叫军需处长跑步过来!”将军两腮的肌肉抖动着。

这时候，有人小声告诉将军：“他就是军需处长……”

2. 军需处长把棉衣给了战士，自己却冻死了。

请同学们找出上面两段文字的不同之处。

【参考答案】

(1) 两段文字都是写军需处长冻死的事。第一段用伏笔，有了主线，事情才得以顺利发展，如果用第二段，那么后面的事就没法写了。

(2) 效果不同。第一段文字情节富于变化，伏笔引起将军误会了，因此，引出了将军情感的变化。第二段文字就显得单调乏味，平淡无奇。

第二步，探究规律。

伏笔是文章或文艺作品中，在前段里为后段所做的提示或暗示。上面这段话中“身上落满了雪，无法辨认他的面目”就是一个伏笔，为后面将军看到冻死的军需处处长时很生气做了铺垫，他叫警卫员把军需处处长叫来，责问为什么不给他发棉衣。将军为什么会这样说呢？因为身上落满了雪，无法辨认死者的面目。他不知道冻死的就是军需处处长，所以他认为这是军需处处长的失职。如果换成这样：军需处处长把棉衣给了战士，自己冻死了。这样直接说出来，不设伏笔，就没有将军的情感变化，就不能体现军需处处长的光辉形象。

运用伏笔写法的例子：

冰心的作品《小桔灯》的第一自然段，特意交代竹凳、墙上的电话，暗示下文中主人公小姑娘将和这两件物件打上交道。果然，第三自然段中，小姑娘“挪动竹凳”“登上竹凳想去摘墙上的听话器”，原来，小姑娘的妈妈生病了，她想打电话叫医生来为妈妈看病。这些物件的提前出现，为故事情节的发展埋下了伏笔。

第三步，训练能力。

1. 阅读例文，体会伏笔写法。

(1) 房那边暗昏昏的紫楠大床上，寂寂吊着珠罗纱帐子。(《金锁记》)

这句是对七巧患骨痨病的丈夫生活环境的描绘。“暗昏昏”和“寂寂”表面上是写色泽和气氛，事实上，由于音韵的连绵对称，事物的情感得到强化，语义上所指的范围也得到了扩张，让人感受到七巧生活在那种“孤寂无依”之中，给七巧的最后悲剧埋下了伏笔。

(2) 雨来最喜欢这条紧靠着村边的还乡河。每到夏天，雨来、铁头和三钻儿，还有许多小朋友，好像一群鱼，在河里钻上钻下，藏猫猫，狗刨，立浮，仰浮。雨来仰浮的本领最高，能够脸朝天在水里躺着，不但不沉底，还要把小肚皮露在水面上。(《小英雄雨来》)

这句话表面是对小英雄雨来平时喜欢在水里玩耍的叙述，实际上给后面雨来在鬼子向他开枪时跳到河里，最终安全脱险埋下了伏笔。

2. 我们从下列几段文字中找出它们的伏笔。

(1) 船长老爹对儿子说：你看，那跟在我们船后面的东西，那是全世界水手闻风丧胆的鲨鱼，神秘，凶猛。儿子后来接了父亲的班，他驾着船跑遍五湖四海，而那魔鬼如影随形，在每一个海岸线旁冷冷守候。终于，他时日无多时，鼓起勇气，主动寻找鲨鱼，做一次了断。不要以为你能轻易吃到我，已经成为船长的儿子嚷道。鲨鱼只是淡淡回答：海神托我把这个交给你。一颗价值连城的珍珠，这位船长已经无福消受了。

【参考答案】

他驾着船跑遍五湖四海，而那魔鬼如影随形，在每一个海岸线旁冷冷守候。

(2) 所有的故事，都是从一张白纸开始，有种缘分的偶然，就在伏笔于纸的瞬间开始，从第一个文字，第一个符号，不断地增多延长；随着时间的慢慢推移，总会发现，刚开始的白已经不再白，而是沾满了密密麻麻的文落；于是，我们开始慨叹，慨叹人生的匆匆，总是无奈的回望，然后才……

【参考答案】

所有的故事，都是从一张白纸开始的。

3. 仿写伏笔。

一个口吃的监考老师发现一学生在作弊，便气急败坏地指着那学生吼道："你……你你……你……你竟敢作弊，站起来!"

语毕，有5名学生站了起来。

【资料】学生仿写。

一个口吃的小朋友想叫一位小伙伴来和他打乒乓球，他指着旁边的一群伙伴说："你……你你……你来打乒乓球。"结果来了四个小伙伴。

4. 欣赏伏笔笑话。

(1) 一女士看到医生给开的B超检查单却不知在哪儿做。

女士：医生，这个13超在哪儿呢?

医生：不是13超，是B超!

(2) 从前有个人钓鱼，钓到了只鱿鱼。

鱿鱼求他："你放了我吧！烤别的来吃吧!"

那个人说："要我放了你可以，但我得考你几个问题。"

鱿鱼很开心说："你考吧你考!"

然后鱿鱼被烤了……

48 万变不离提示语，运筹帷幄对话语

——《陶罐和铁罐》的语文资源开发与训练设计

经典推荐

《陶罐和铁罐》已入选人教版语文教材多年，是人教版《语文》第五册课文。鲁教版《语文》第五册、冀教版《语文》第六册、教科版《语文》第七册也都选用了这篇文章。

作者黄瑞云，1989 年被评为全国教育系统劳动模范，获“人民教师奖章”。他发表过学术论文 50 余篇、艺术散文 60 余篇、新诗 40 余首、传统诗词 300 首余、寓言 500 余篇、幽默作品 100 余篇。其作品多次获奖，如 1989 年春，《黄瑞云寓言》（第二版）获“中国新时期优秀少儿读物奖”一等奖和中国寓言学会“金骆驼奖”一等奖；1996 年 2 月，《黄瑞云寓言》（第三版）获湖北省“屈原文学奖”。

《陶罐和铁罐》是一篇寓言故事，它主要通过对话展现情节、推动故事发展，塑造人物形象，说明道理。成人关注寓言一般会比较关注寓体，对本体可能会轻视。可是孩子却不一样。他们首先会被故事吸引，故事是否有趣往往成为喜欢与否的标准。在这一点上，《陶罐和铁罐》做得很好。课文一直围绕陶罐与铁罐的对话展开，语言浅显易懂又生动有趣，通过简单的故事告诉孩子们深刻的道理，做到了深入浅出，孩子们学起来也轻松有趣。

经典呈现

陶罐和铁罐

国王的御厨里有两个罐子，一个是陶的，一个是铁的。骄傲的铁罐看不起陶罐，常常奚落它。

“你敢碰我吗，陶罐子！”铁罐傲慢地问。

“不敢，铁罐兄弟。”陶罐谦虚地回答。

“我就知道你不敢，懦弱的东西！”铁罐说，带着更加轻蔑的神气。

“我确实不敢碰你，但并不是懦弱。”陶罐争辩说，“我们生来就是盛东西的，并不是来互相碰撞的。说到盛东西，我不见得就比你差。再说……”

“住嘴！”铁罐恼怒了，“你怎么敢和我相提并论！你等着吧，要不了几天，你就会破成碎片，我却永远在这里，什么也不怕。”

“何必这样说呢？”陶罐说，“我们还是和睦相处吧，有什么可吵的呢！”

“和你在一起，我感到羞耻，你算什么东西！”铁罐说，“走着瞧吧，总有一天，我要把你碰成碎片！”

陶罐不再理会铁罐。

时间在流逝，世界上发生了许多事情。王朝覆灭了，宫殿倒塌了。两个罐子遗落在荒凉的场地上，上面覆盖了厚厚的尘土。

许多年代过去了。有一天，人们来到这里，掘开厚厚的堆积物，发现了那个陶罐。

“哟，这里有一个罐子！”一个人惊讶地说。

“真的，一个陶罐！”其他的人都高兴得叫起来。

捧起陶罐，倒掉里面的泥土，擦洗干净，它还是那样光洁，朴素，美观。

“多美的陶罐！”一个人说，“小心点儿，千万别把它碰坏了，这是古代的东西，很有价值的。”

“谢谢你们！”陶罐兴奋地说，“我的兄弟铁罐就在我旁边，请你们把他掘出来吧，他一定闷得够受了。”

人们立即动手，翻来覆去，把土都掘遍了。但是，连铁罐的影子也没见到。

资源开发

《陶罐和铁罐》这篇课文是一篇寓言，课文里的陶罐谦虚大度、宽容自尊；铁罐傲慢、轻蔑、怒不可遏，形成了鲜明的对比。那么，这篇课文有哪些语文知识与能力点位的例子呢？

1.《陶罐和铁罐》是“积累词语”的例子。本文中用“奚落”“轻蔑”“恼怒”这些表现神态和动作的词语来表现铁罐的傲慢，从这些词语中把铁罐的傲慢表现得淋漓尽致，孩子们可以从中学会描写这些神态和动作的词语。

2.《陶罐和铁罐》是“朗读”的例子。本文以陶罐和铁罐的对话为主导，他们的对话表现出了他们不同的特点和态度。可以引导孩子们分角色融入故事朗读对话，读出陶罐和铁罐的不同之处。如：“住嘴！”铁罐恼怒了，“你怎么敢和我相提并论！你等着吧，要不了几天，你就会破成碎片，我却永远在这里，什么也不怕。”读出铁罐的傲慢，恼怒。“何必这样说呢？”陶罐说，“我们还是和睦相处吧，有什么可吵的呢！”读出陶罐的谦虚大度。

3.《陶罐和铁罐》是“对话描写”的例子。三年级的学生在写对话时，表现得还是很吃力，往往写出来的对话一成不变，没有活力。那么通过学习这篇课文中陶罐和铁罐的对话描写，就可以使学生学到怎样在描写对话时体现出各自不同的特点。

4.《陶罐和铁罐》是“教提示语”的例子。在描写对话时，提示语的重要性是毋庸置疑的。提示语最重要的有三点，其一是提示语的位置——前、中、后。其二是提示语的小尾巴——标点符号。其三是提示语的内容。这篇课文中有很多陶罐和铁罐的对话描写，自然就是教“提示语”的最好例子。

5.《陶罐和铁罐》是“时间顺序”的例子。本文中的陶罐和铁罐生活在古代，后面又来到了现代，所以可以学习按照时间顺序来写文章。

6.《陶罐和铁罐》是“表演”的例子。这篇课文故事性很强，课文中的陶罐谦虚、铁罐傲慢，形成了鲜明的对比，很适合学生表演。我们可以专门设计一个舞台剧，把教室当作古代的厨房，学生们扮演厨房里的厨具，比如锅碗瓢盆，当然必不可少的是故事的两大主角——陶罐和铁罐。学生们喜欢表演，喜欢展示自己，这样寓教于乐，让他们在快乐中学习，在表演的过程中加深对课文的理解。

7.《陶罐和铁罐》是“以故事教道理”的例子。这篇课文是一篇寓言，课文里的陶罐谦虚大度，宽容自尊；铁罐傲慢，轻蔑，怒不可遏。寓言就是小故事蕴含大道理。通过学习这篇寓言，学生们懂得要全面地看问题，懂得各人有各人的长处，无论什么时候都不能骄傲自大，要正确认识自己。

8.《陶罐和铁罐》是“讲故事”的例子。本文是一篇寓言，讲的就是一个小故事，那么学习这篇课文，学生们可以学习怎样复述故事，怎样把故事讲给别人听，练习学生们的口头表达能力。

9.《陶罐和铁罐》是“学习生活常识”的例子。“人们立即动手，翻来覆去，把土都掘遍了。但是，连铁罐的影子也没见到。”那么铁罐到哪里去了呢？学习了这篇课文，我们知道，原来铁被氧化了。

点位论证

在众多的教学点中，依据《课标》精神，课本编者意图，学生知识结构和需要，我们应该教什么呢？我们用《陶罐和铁罐》教“提示语”。其一，我们知道对话是人们生活中不可或缺的，没有对话，人与人之间很难进行交流。如果用文字把人物的对话生动地记录下来，就叫“对话描写”。那么要将对话写得生动具体，最重要的就是要把提示语写好。提示语里每个表示说的词语如“说”“问”“回答”的前面都有修饰的词语，告诉我们说话者是怎样说的，怎样问的，怎样回答的。对比去掉修饰语和不去掉修饰语的不同效果，我们可以从说话人物的动作、语气、神态、心理进行修饰，使对话更生动，更具有立体感。其二，在《陶罐和铁罐》这篇课文里，陶罐和铁罐的对话，全部用了提示语，并且提示语用得特别准确，这也是这篇课文所特有的。如：(1)“你敢碰我吗，陶罐子！”铁罐傲慢地问。这一句中的提示语位置在后面，那么这句话便以句号结尾；而提示语的内容“傲慢地”更是形象生动，我们仿佛真的看见了一个“傲慢”的铁罐。(2)“住嘴！”铁罐恼怒了，“你怎么敢和我相提并论！你等着吧，要不了几天，你就会破成碎片，我却永远在这里，什么也不怕。”那么这一句的提示语就有变化了。提示语的位置出现在了中间，那么它的“小尾巴”也变成了逗号；而提示语的内容变成了“恼怒”的铁罐，我们就知道了这个时候的铁罐就不仅仅是傲慢了，他的傲慢已经升级了，变成了“恼怒”。

训练设计

第一步，接触案例。

同学们，请先阅读下面一段文字。

国王的御厨里有两个罐子，一个是陶的，一个是铁的。骄傲的铁罐看不起陶罐，常常奚落它。

“你敢碰我吗，陶罐子！”铁罐傲慢地问。

“不敢，铁罐兄弟。”陶罐谦虚地回答。

“我就知道你不敢，懦弱的东西！”铁罐说，带着更加轻蔑的神气。

“我确实不敢碰你，但并不是懦弱。”陶罐争辩说，“我们生来就是盛东西的，并不是来互相碰撞的。说到盛东西，我不见得就比你差。再说……”

“住嘴！”铁罐恼怒了，“你怎么敢和我相提并论！你等着吧，要不了几天，你就会破成碎片，我却永远在这里，什么也不怕。”

“何必这样说呢？”陶罐说，“我们还是和睦相处吧，有什么可吵的呢！”

“和你在一起，我感到羞耻，你算什么东西！”铁罐说，“走着瞧吧，总有一天，我要把你碰成碎片！”

第二步，探究规律。

从上面一段文字中，你发现了什么？

1. 不停搬家的提示语。

提示语在前：陶罐谦虚地回答：“不敢，铁罐兄弟。”（这篇课文没有出现提示语在前，老师可自行将提示语提前以用作举例）

提示语在后：“你敢碰我吗，陶罐子！”铁罐傲慢地问。

提示语在中间：“住嘴！”铁罐恼怒了，“你怎么敢和我相提并论！你等着吧，要不了几天，你就会破成碎片，我却永远在这里，什么也不怕。”

2. 提示语的小尾巴。

提示语在不停地变化位置，在标点符号方面也同样有变化。

提示语在前面，“说”后面打冒号；提示语在中间，“说”后面打逗号；提示语在后面，“说”后面打句号。

3. 提示语内容的变化。

提示语里每个表示说的词语如“说”“问”“回答”的前面都

有修饰的词语，告诉我们说话者是怎样说的，怎样问的，怎样回答的。对比去掉修饰语和不去掉修饰语的不同效果。我们可以从说话人物的动作、语气、神态、心理进行修饰，使对话更生动，更具有立体感。

那么在这段文字中，我就发现了“傲慢”“轻蔑”“恼怒”的铁罐和“谦虚”“争辩”的陶罐。

第三步，训练能力

1. 请补全下列对话的小尾巴。

是你扔的纸团吗　高尔基问

是的　小男孩站起来　鞠了个躬　请让我进去吧

来吧　我让他们放你进来　高尔基说

【参考答案】

“是你扔的纸团吗?”高尔基问。

“是的。”小男孩站起来，鞠了个躬，“请让我进去吧!”

“来吧，我让他们放你进来。”高尔基说。（选自《小摄影师》）

2. 改变提示语的位置。

(1) 妈妈对我说：“我今天很忙，不能带你去公园了。”

提示语在中间：________________

提示语在后：________________

(2)“同学们。”老师说，“我们今天比赛得了第一名。”

提示语在前：________________

提示语在后：________________

(3)“你看，外面下雨了。”玲玲说。

提示语在前：________________

提示语在中间：________________

【参考答案】

(1) 提示语在中间：“我今天很忙。”妈妈对我说，“不能带你去公园了。”

提示语在后："我今天很忙，不能带你去公园了。"妈妈对我说。

(2) 提示语在前：老师说："同学们，我们今天比赛得了第一名。"

提示语在后："同学们，我们今天比赛得了第一名。"老师说。

(3) 提示语在前：玲玲说："你看，外面下雨了。"

提示语在中间："你看。"玲玲说，"外面下雨了。"

3. 出示文段，比较一下。

文段一：

我说："你为什么把我的铅笔盒碰到了地上。"

她说："我不是故意的……"

我说："不是故意的也不行。"

她说："真对不起，真对不起。"

我说："你……"

文段二：

我双手叉着腰怒气冲冲地说："你为什么把我的铅笔盒碰到了地上。"

"我……我不是故意的……"她往后退了一步，不知所措地说。

"不是故意的也不行。"我用手指着她，趾高气扬地说，"你没看到我这个铅笔盒是新买的吗？啊！"

她赶忙把我的铅笔盒从地上拾起来，边用手擦干净边说："我真的不是故意的，真的。"

我看她这样细心，尴尬地红着脸说："你……"

这两个文段描写的是一个场面，同学不小心碰掉了"我"的铅笔盒。但文段二中把人物说话时的表情、神态、动作、心情等都在提示语中作了准确、鲜明、生动、形象的描写，而且这些提示语位置也在不断地变换。因而使所写的人物显得非常逼真形象，情态尽现，极为生动感人，使得人们一旦阅读，注意力便被吸引过去。

请将下列对话进行修改，使其生动形象。

今天放学回到家里，我正在写作业。

妈妈说："卷子发下来了吗？"

我说："发下来了。"

妈妈说："那把卷子给我看看。怎么才考 85 分呢？"

爸爸说："你怎么回事，才考 85 分？是不是上课又玩去了？"

我说："不是，我上课很认真的。是做题的时候有点粗心大意，有几道题看错了。"

妈妈对爸爸说："你别急，孩子就这一次没考好而已，下次注意就是了。"

49 拟人手法显灵性，突出事物更鲜明

——《猫》的语文资源开发与训练设计

经典推荐

人教版《语文》第七册第15课《猫》是著名作家老舍的作品。老舍是我国著名的小说家和剧作家，他被誉为“语言大师”。

在老舍先生的笔下，家中的猫活灵活现，就像顽皮可爱的孩子，字里行间流露出作者对猫的喜爱之情。老舍描述这只猫，似乎是一个慈祥的老父亲在向旁人夸耀自己那宝贝儿子。描述猫“憨态可掬”的样子，嗔怪猫的“贪玩”不着家，是为了进一步突出猫的“尽职”“尽责”，这也正是大家喜爱猫的原因。

特别是在描写猫的温柔可亲的几个动作“蹭腿”“伸脖”，调皮时的“踩梅花印”，那由着自己性子的各种各样的“叫声”等，都让人感受到了猫是一个个性鲜明的“泼小子”。

《猫》原称《我家的猫》，这篇散文1959年发表在《新观察》第16期。《猫》是一篇令人百读不厌的优秀范文，还被语文S版《语文》第十册、浙教版《语文》第九册、鲁教版《语文》第六册等选入。

经典呈现

猫

猫的性格实在有些古怪。说它老实吧，它的确有时候很乖。它会找个暖和的地方，成天睡大觉，无忧无虑，什么事也不过问。可是，它决定要出去玩玩，就会出走一天一夜，任凭谁怎么呼唤，它也不肯回来。说它贪玩吧，的确是呀，要不怎么会一天一夜不回家呢？可是，它听到老鼠的一点响动，又多么尽职。它屏息凝视，一连就是几个钟头，非把老鼠等出来不可！

它要是高兴，能比谁都温柔可亲：用身子蹭你的腿，把脖儿伸出来让你给它抓痒，或是在你写作的时候，跳上桌来，在稿纸上踩印几朵小梅花。它还会丰富多腔地叫唤，长短不同，粗细各异，变化多端。在不叫的时候，它还会咕噜咕噜地给自己解闷。这可都凭它的高兴。它若是不高兴啊，无论谁说多少好话，它一声也不出。

它什么都怕，总想藏起来。可是它又那么勇猛，不要说见着小虫和老鼠，就是遇上蛇也敢斗一斗。

小猫满月的时候更可爱，腿脚还不稳，可是已经学会淘气。一根鸡毛，一个线团，都是它的好玩具，耍个没完没了。一玩起来，它不知要摔多少跟头，但是跌倒了马上起来，再跑再跌。它的头撞在门上，桌腿上，撞疼了也不哭。它的胆子越来越大，逐渐开辟新的游戏场所。它到院子里来了。院中的花草可遭了殃。它在花盆里摔跤，抱着花枝打秋千，所到之处，枝折花落。你见了，绝不会责打它，它是那样生气勃勃，天真可爱！

资源开发

《猫》这篇课文中生动的语言，真挚的情感，尽显一位作家博大的爱心。老舍先生把家中的猫当成朋友，当作家人，当作孩子，所以无论这猫是古怪还是淘气，在他眼中都是十分可爱。正因为人与猫之间互相信任，和谐相处，才创造出了这样一个非常美好的境界。这一切，都源于作者对生活的热爱。那么，《猫》可以是语文课程中哪些语文知识与能力点位的例子呢?

1.《猫》是“字词教学”的例子，如这篇课文要同学们认识7个生字（乘、凭、职、痒、淘、辟、勃），会写13个生字（性、格、凭、贪、职、痒、稿、踩、梅、蛇、跌、撞、辟），正确读写“性格”“任凭”“贪玩”“尽职”“屏息凝视”“稿纸”“梅花”“变化多端”“跌倒”“开辟”“枝折花落”等词语，掌握多音字“折”。

2.《猫》是用“摘录法”概括段落大意的例子，如几乎每个自然段开头都有一个总起句。第二、三自然段总起句只是概括第二、三自然段内容，只有“猫的性格实在有些古怪”概括全大段的主要内容，可作为第一大段的段落大意。同样第四自然段总起句的前半部分“满月的小猫更可爱”可作为第二大段的段落大意。

3.《猫》是用“ABAB式拟声词”的例子，如该文第一自然段写猫的叫声“咕噜咕噜”。还可以训练写出其他的拟声词，如咕噜咕噜、哗啦哗啦、扑通扑通、滴答滴答等。

4.《猫》是“拟人写作手法”的例子，如作者在对猫的描写中成功地运用了拟人化的修辞手法。猫的一举一动在作者笔下都具有人格化的意味，读后令人倍感幽默风趣。如文中写它“成天睡大觉”，说它“无忧无虑，什么事也不过问”。“过问”一词精当微妙，仿佛猫成了家庭的重要一员，它本就应该参与家庭事务、家政大计的，而此时却置责任于不顾，只管自个儿图舒适求安逸去了，细细想来，真叫人耳目一新、忍俊不禁。再如“决定要出去玩玩”“撞疼了也不哭”“抱着花枝打秋千”“踩印几朵小梅花”等处用语，简直把猫写活了，而作者爱猫之心、赞赏之情也得到了淋漓尽致地表现，颇具特色。这种拟人化的描写切合儿童的心理特点，能激发儿童的欣赏趣味和学习乐趣。

5.《猫》是用“比喻句”的例子，如该文第二自然段用了比喻的手法“在你写作的时候，跳上桌来，在稿纸上踩印几朵小梅花”。

6.《猫》是“总分结构”的例子，如该文第一自然段先总说，第二自然段和第三自然段分述。

7.《猫》是“语言情趣化”的例子，如文中用了拟人的写作手法；文章第二自然段用了比喻等修辞手法，这些语言使文章生动活泼，具有文采，更有情趣。

8.《猫》是“省略号运用”的例子，如该文第五自然段中小猫可爱的地方很多，该文不可能一一写完，就可用省略号。

9.《猫》是“反问句改成陈述句”的例子，如该文第一自然段中“说它贪玩吧，的确是呀，要不怎么会一天一夜不回家呢?”可以改成“说它贪玩吧，的确是呀，要不不会一天一夜不回家”。

10.《猫》是“训练转折句”的例子，如文章三次用“可是”作转折，写出猫既老实又贪玩，虽贪玩却尽职，虽胆小却勇猛的性格特点，同时自然地流露出作者对猫的喜爱之情。

11.《猫》是“训练关联词”的例子，如第一自然段“任凭谁怎么呼唤，它也不肯回来”中的“任凭……也……”；“它屏息凝视，一连就是几个钟头，非把老鼠等出来不可”中的“非……不可”。第二自然段“无论谁说多少好话，它一声也不出”中的“无论……也……”。

12.《猫》是“可以区别温柔和温顺”的例子，如该文第二自然段中“它要是高兴，能比谁都温柔可亲”。

13.《猫》是“词语搭配”的例子，如：该文第一自然段中“暖和的地方”中的“暖和的地方”，类似的词语搭配还可写成“暖和的天气”“暖和的外套”“暖和的被子”等。该文第四自然段中“开辟新的游戏场所”，还可以写“开辟专栏”“开辟航线”

“开辟通道”等。

14.《猫》是“明贬实褒”的例子，如该文第一自然段中的“古怪”“贪玩”，该文第三自然段中的“淘气”，用这些词语本是贬义词，但是在这里却是贬义褒用，很恰当地表达出作者对猫的喜爱之情，人与猫的关系更显得亲昵，使文章富有幽默感。

15.《猫》是“过渡句”的例子，如该文第四自然段中“小猫满月的时候更可爱，腿脚还不稳，可是已经学会淘气”，将两部分的内容（大猫和小猫）紧密地联系在一起。

16.《猫》是“文章详略得当”的例子，如作者写猫的老实、尽职、温柔可亲、勇猛比写猫的贪玩、一声不响、胆小要详细。这是因为作者爱猫，所以就把猫的长处写得详细，突出优点。

点位论证

《猫》这篇文章中的“拟人”写作手法非常突出。其一，“拟人”写作手法是学生习作时不可或缺的手法。其二，“拟人”写作手法是《猫》非常突出的，本文从头至尾把猫当作人来写，如文中写它“成天睡大觉”，说它“无忧无虑，什么事也不过问”。再如“决定要出去玩玩”“撞疼了也不哭”“抱着花枝打秋千”“踩印几朵小梅花”等处用语，颇具特色。其三，学生通过朗读这些拟人句，能感知到事物具有人物的性格。这种拟人化的描写切合儿童心理特点，能激发儿童的欣赏趣味和学习乐趣。其四，利用“拟人”写作手法，学生可以充分地训练自己的写作能力。其五，学生的想象力丰富，善于运用拟人的手法来描写事物，在老师的引导下，他们会有许多童话般的说法。其六，《课标》也提出了要让学生留心周围事物，乐于书面表达，增强学生写作的自信心的要求。其七，第四单元导读提出“理解课文的表达特点”。在课后的思考和练习中，第一题要求把喜欢的段落背下来。学生大多会不约而同地喜欢上第四自然段写小猫淘气的部分。在语文园地四习作中也要求学生写喜欢的动物。所以老师在教学中要注意训练学生运用拟人的手法来描写自己喜欢的动物。

训练设计

第一步，接触案例。

同学们，请读下面一段文字。

小猫满月的时候更可爱，腿脚还不稳，可是已经学会淘气。一根鸡毛，一个线团，都是它的好玩具，耍个没完没了。一玩起来，它不知要摔多少跟头，但是跌倒了马上起来，再跑再跌。它的头撞在门上，桌腿上，撞疼了也不哭。它的胆子越来越大，逐渐开辟新的游戏场所。它到院子里来了。院中的花草可遭了殃。它在花盆里摔跤，抱着花枝打秋千，所到之处，枝折花落。你见了，绝不会责打它，它是那样生气勃勃，天真可爱！

第二步，探究规律。

1. 请同学们从这段文字中找找，哪些词语本来是用在小朋友身上的，现在却用到小猫身上去了。

【参考答案】

好玩具、不哭、打秋千、生气勃勃、天真可爱……

2. 作者为什么这么写呢?

【参考答案】

作者爱猫，运用拟人的手法来描写像顽皮可爱的小孩似的小猫。

3. 作者用拟人的手法的好处是什么?

【参考答案】

这样就把作者爱猫的感情表达出来了，使猫的特点更生动形象，富有情趣，更有灵性。

【资料一】用拟人手法描写的课文。

四 季

草芽尖尖，
他对小鸟说：
“我是春天。”

荷叶圆圆，
他对青蛙说：
“我是夏天。”

谷穗弯弯，
他鞠着躬说：
“我是秋天。”

雪人大肚子一挺，
他顽皮地说：
“我就是冬天。”

【资料二】用拟人手法描写动物的诗句：

竹外桃花三两枝，春江水暖鸭先知。（鸭拟人）

感时花溅泪，恨别鸟惊心。（鸟拟人）

【资料三】拟人手法的表现形式：

1. 小白兔盘着脚，蹲在草地上，两眼凝望着明月，好像在深思，又好像在祷告。

2. 蜘蛛用手把苍蝇拽来拽去，把苍蝇弄得晕头转向，她才高高兴兴地享用了这顿美餐。

3. 月亮阿姨早早地把太阳叔叔叫回家了。

4. 狗小弟约猫小妹一起去看日出。

5. 小白马望着斑马吃惊地说：“你纹身了？”斑马郁闷地回答说：“我的沐浴露过期了。”

6. 小蜜蜂问妈妈："我们为什么要整日劳作，劳累一生呢?"蜜蜂妈妈说："这就是我们的命运。因为我们生长在一个封建王朝制度的蜜蜂社会，民主、自由的春风还没有刮到我们蜜蜂王国。"

【参考答案】

"1"和"2"用写人的动词写动物，"3"和"4"用称呼人的名词或代词去称呼动物，"5"和"6"赋予动物拟人的语言。

第三步，训练能力。

1. 仿写拟人句：

猫要是高兴，能比谁都温柔可亲。

狗要是（　　），能比谁都（　　）

【参考答案】

狗要是忠心，能比谁都诚实可靠。

2. 按要求写一句话。

（1）写小鱼的拟人句。

（2）写小猫的拟人句。

（3）写小狗的拟人句。

【参考答案】

（1）小鱼悠然自得地在水里散步。

（2）小猫跟随着音乐节奏跳着"街舞"。

（3）小狗疑惑地问："妈妈，我们为什么对主人那么忠诚?"狗妈妈亲了亲小狗的头说："对自己的主人都不忠诚，那还算条狗吗?"

3. 请同学们用拟人的手法写自己喜欢的一种动物。

【参考答案】

（1）早上我还没有起床，感觉是妈妈在亲吻我的脸，同时有手在拉我的被子。我睁开眼睛一看，原来是我家的小狗——小豆弟弟，他祈求地看着我，好像在说："老大，今天天气真棒哦!快起来带我出去锻炼身体吧!"

（2）小乌龟在院子里徘徊了一上午，他憋着个脸对妈妈说："我们整日无所事事，还总是饿着肚子，我真为我们乌龟家族的懒惰脸红。"乌龟妈妈漫不经心地回答说："小孩子懂什么？我们并非懒惰，而是我们索取得少，世俗的欲望也少，因此我们乌龟是最长寿的动物。"

50 若要文章见真情，抓住用词准确性

——《丑小鸭》的语文资源开发与训练设计

经典推荐

安徒生（1805—1875）是丹麦19世纪著名的童话作家。他一生创作了一百多篇杰出的童话作品，包括《丑小鸭》《海的女儿》《卖火柴的小女孩》，是著名的儿童文学家。

童话是儿童文学的一种，它通过想象、夸张、拟人来塑造形象，反映一些道理，对儿童进行赞美。童话的基本特征是夸张和拟人化，其中夸张是童话的根本特征，童话的重要特征是拟人化。

这是根据丹麦著名童话作家安徒生的《丑小鸭》改写的一篇童话。文中塑造了一个丰满的童话形象：丑小鸭面对艰难曲折的生活环境和前程，仍然一心一意地追求美好的理想。出世以后，他就被人看不起，哥哥、姐姐咬，公鸡啄，养鸭的小姑娘也讨厌他，除了鸭妈妈，谁都欺负他。可怜的丑小鸭，只能离家出走，但仍然摆脱不了小鸟讥笑、猎狗追赶的厄运。尽管遭遇如此凄凉，但他仍然没有忘记对美丽的深情向往。谁能想到，原来他不是丑小鸭，竟是一只美丽的白天鹅呢？文章主要写一只丑小鸭变成白天鹅的故事，说明了要相信自己，当别人嘲笑自己时不要自暴自弃的道理。

《丑小鸭》这篇课文在很多版本的语文教材中都有选用，如人教版课标本第四册、长春版第三册、湘教版第五册、教科版第四册、冀教版第六册、北师大版第五册、西师版第四册等，众多版本的语文教材都选用了这篇课文。

经典呈现

丑小鸭

太阳暖烘烘的。鸭妈妈在草堆里，等她的孩子出世。

一只只小鸭子都从蛋壳里钻出来了，就剩下一个特别大的蛋。过了好几天，这个蛋才慢慢裂开，钻出一只又大又丑的鸭子。他的毛灰灰的，嘴巴大大的，身子瘦瘦的，大家都叫他“丑小鸭”。

丑小鸭来到世界上，除了鸭妈妈，谁都欺负他，哥哥、姐姐咬他，公鸡啄他，连养鸭的小姑娘也讨厌他。丑小鸭感到非常孤独，就钻出篱笆，离开了家。

丑小鸭来到树林里，小鸟讥笑他，猎狗追赶他，他白天只好躲起来，到了晚上才能出来找吃的。

秋天到了，树叶黄了，丑小鸭来到湖边的芦苇里悄悄地过日子。一天傍晚，一群天鹅从空中飞过。丑小鸭望着洁白美丽的天鹅，又惊奇又羡慕。

天气越来越冷，湖面结了厚厚的冰。丑小鸭趴在地上冻僵了。幸亏一位农夫看见了，把他带回家。

一天，丑小鸭出来散步，看见丁香开花了，知道春天来了。他扑扑翅膀，向湖面飞去，忽然看见镜子似的湖面上，映出一个漂亮的影子，雪白的羽毛，长长的脖子，美丽极了。

这难道是自己的影子？原来我不是丑小鸭，是白天鹅呀！

资源开发

《丑小鸭》告诉我们一个道理：那就是“自然之道”，我们要遵循发展的规律，即使丑小鸭不离家出走，到那时，它同样会变成一只美丽的白天鹅。所以，我们看待事物，不能只看眼前，我们要看得长远一些，不能被眼前的东西给蒙蔽，要用时间来验证一切。我们学习这篇课文之后，我们还要悟出其中的“语文之道”，开发语文的教学资源。《丑小鸭》可以是语文课程中哪些语文知识与能力点位的例子呢？

1.《丑小鸭》是“字词教学”的例子。这篇课文要求孩子们认识“烘”等14个生字，会写“鸭”等12个生字，还要求他们积累一些词语，如“暖烘烘”“又大又丑”“讥笑”“欺负”“讨厌”等词。

2.《丑小鸭》是训练“用词准确”的例子，如第一自然段用了一个词“暖烘烘”，这个“暖”字就告诉了读者这一天的天气情况，说明这样的天气让人感到很舒服，同时也提示了季节。可见一个准确的词语，可以告诉我们很多的信息，这是值得我们学习的。

3.《丑小鸭》是“描写外貌特征”的例子，如第二自然段的最后一句话写道：“他的毛灰灰的，嘴巴大大的，身子瘦瘦的，大家都叫他‘丑小鸭’。”这就是写丑小鸭外貌的句子。

4.《丑小鸭》是“前后对比”的例子，如第二至六自然段写了丑小鸭因为自己的“丑”而不被重视，除了妈妈，所有人都欺负他。哥哥、姐姐咬他，公鸡啄他，连养鸭的小姑娘也讨厌他……最后一个自然段写了丑小鸭变成了白天鹅。第二自然段中的“他的毛灰灰的，嘴巴大大的，身子瘦瘦的，大家都叫他‘丑小鸭’”与最后一个自然段中的“他扑扑翅膀，向湖面飞去，忽然看见镜子似的湖面上，映出一个漂亮的影子，雪白的羽毛，长长的脖子，美丽极了。这难道是自己的影子？原来我不是丑小鸭，是白天鹅呀！”这两段话就形成了“丑”与“美”的对比。

5.《丑小鸭》是按“时间先后顺序”的例子，如课文写“太阳暖烘烘的（丑小鸭的出生）——秋天到了，树叶黄了（丑小鸭的出走）——天气越来越冷，湖面结了厚厚的冰（丑小鸭被救）——丁香花开了，春天来了（丑小鸭长大了，变成白天鹅）”，就是按照时间顺序来写的。

6.《丑小鸭》是“学习动词”的例子。课文中用了很多表示动作的词语，如“钻出来”“裂开”“欺负”“咬”“啄”“讥笑”“追赶”“躲”“飞过”“望着”“趴在”“散步”“扑扑翅膀”等，这些词语都是表示动作的。

7.《丑小鸭》是“短语积累”的例子。课文中用到了很多优美的短语，如“漂亮的影子”“雪白的羽毛”“长长的脖子”等，这些词语的积累，对我们以后的写作有很大的帮助。

8.《丑小鸭》是发挥学生“想象”的例子。小学低学段学生非常喜欢小动物，让他们在学习课文的同时，充分发挥自己的想象。如丑小鸭还是一枚鸭蛋的时候，是怎么到鸭妈妈的鸭窝里来的？丑小鸭的模样到底“丑”到什么样的程度，让所有的小动物都那么讨厌他？丑小鸭的亲生妈妈在哪儿？妈妈不着急找他吗？他离家出走之后，生活过得多么艰难，他有想过要回家吗？这些问题可以给孩子们充分的想象空间。

9.《丑小鸭》是“教育小孩子不能擅自离开父母”的例子，如课文中的丑小鸭，因为身边的人都不喜欢他，没有朋友，而且很孤独，于是，他选择了离家出走。在他离开自己的亲人之后，他的日子过得更不好，小鸟讥笑他，猎狗追赶他，白天还不敢出来，只有晚上才能出来找吃的，如果不是好心的农夫救了他，他恐怕早就死在了饥寒交加之中。如果他不离家出走，至少还有鸭妈妈会保护他，也不会挨饿受冻，甚至差点丢了性命。所以，这是一个很好的教育孩子不要擅自离家的例子。

10.《丑小鸭》是教“讲小故事”的例子。这篇课文本身就是一个童话故事，可以引导学生讲讲身边的故事，或者把你听到的类似的故事，讲给大家听。这样也可以调动学生的学习兴趣，从而大大提高学生的学习效率。

点位论证

《丑小鸭》这篇课文的用词非常生动，而且精准。课文开头就说“太阳暖烘烘的”，这里的“暖烘烘”用得非常准确，它既反映了天气，又提示了季节，从字词当中让我们感受到了舒适。“特别大”一词更强调了这枚鸭蛋的与众不同；“毛灰灰的”“嘴巴大大的”“身子瘦瘦的”这几个词，则提示了“丑小鸭”名字的来由，仅凭这几个词语就可以传达给我们如此多的信息，让文章显得通俗易懂，这也适合低年段孩子的认知需求；又如第三至六自然段中，点名丑小鸭出走原因的词有“孤单”“除了……都”等，“只好”“才敢”“悄悄地”“趴”等词，则把“丑小鸭”离家出走后的遭遇表现得淋漓尽致；而课文最后一个自然段中的“雪白的羽毛”“长长的脖子”“美丽极了”等词，则是“丑小鸭”由“丑”变“美”的真实写照。抓住了课文的关键词句，加上用词的精准，读懂这个故事，就变得轻而易举了。词语用准了，就能让学生轻松地读懂课文，从而提高他们的学习兴趣，引导学生从被动走向主动，让他们走向自主学习的道路。这样，就可以大大提高学习效率，进一步达到《课标》的要求。以上种种，都证明了文章用词的重要性，生动准确的用词，必然会带给我们意想不到的学习效果。

训练设计

第一步，接触案例。

同学们：你们看看下面这个故事，跟我们今天所学的故事相比较。

太阳热烘烘的。鸭妈妈在草堆里，等她的孩子出世。

一只只小鸭子都从蛋壳里走出来了，最后还剩下一个蛋。过了好几天，这个蛋才裂开，出来一只大大的鸭子。他的毛灰灰的，嘴巴大大的，身子瘦瘦的，大家都叫他“丑小鸭”。

丑小鸭来到世界上，除了鸭妈妈，谁都欺负他，哥哥、姐姐咬他，公鸡啄他，连养鸭的小姑娘也不喜欢他。丑小鸭感到非常孤独，就钻出篱笆，离开了家。

丑小鸭来到树林里，小鸟讥笑他，猎狗追赶他，他白天只能躲起来，晚上的时候才能出来找吃的。

秋天到了，树叶黄了，丑小鸭来到湖边的芦苇里悄悄地过日子。一天傍晚，一群天鹅从空中飞过。丑小鸭望着洁白美丽的天鹅，又惊奇又羡慕。

天气越来越冷，湖面结了冰。丑小鸭趴在地上冻僵了。一位农夫看见了，把他带回家。

一天，丑小鸭出来散步，看见丁香开花了，知道春天来了。他扑扑翅膀，向湖面飞去，忽然看见镜子似的湖面上，映出一个漂亮的影子，雪白的羽毛，长长的脖子，美丽极了。

这难道是自己的影子？原来我不是丑小鸭，是白天鹅呀！

第二步，探究规律。

读一读上面的这个故事，跟我们在课文中所学的故事相比，哪一个更好？

1. 这两个故事从表面上看，意思是一样的，可是，它们在用词表达上，却有很大的不同。

哪怕是一个词语，如果用得不当，也会影响到整篇文章所要表达的效果。

2. 虽然两个故事意思一样，可是，给读者的印象却不一样，它们在用词上有很大的差别，我们在课文中所学的故事注重用词的准确性，而后面这个故事只是想要把事情表述清楚，用词不够生动具体，这样带给读者的感觉也就不一样了。

第三步，训练能力

1. 通过刚才的朗读，我已经听出你们可怜这只丑小鸭了。你看，就因为他丑，大家居然这样对待他。谁能帮助老师完成这首诗歌？

就因为他丑，
大家都（　　）他。
在家里，
哥哥、姐姐（　　）他，
小伙伴们（　　）他，
连妈妈也（　　）他。
在外面，
野鸭子（　　）他，
小鸟（　　）他，
猎狗（　　）他。

2. 你看到丑小鸭在轻轻地抹眼泪吗？你知道丑小鸭在想些什么吗？如果是你，你会对妈妈说些呢？拿起笔，把心中所有的委屈写下来吧。

亲爱的妈妈：

今天，我要做一个难过的决定，不得不离开您，离开这个家，因为（　　）。从我一出生，我就知道你们讨厌我，说我长得丑，要知道我的内心是多么（　　）呀。妈妈，您知道吗？虽然我长得丑，可是（　　），所以，我多么希望（　　）。我知道，大家都不接纳我，我走了，再见了，我亲爱的妈妈。

您的孩子：丑小鸭

【参考答案】

亲爱的妈妈：

今天，我要做一个难过的决定，不得不离开您，离开这个家，因为（我实在是别无选择了）。从我一出生，我就知道你们讨厌我，说我长得丑，要知道我的内心是多么（自卑、疼痛）呀。妈妈，您知道吗？虽然我长得丑，可是（我有一颗善良的心），所以，我多么希望（和哥哥姐姐一起开开心心地生活呀）。但我知道，这不可能，大家都不接纳我，我走了，再见了，我亲爱的妈妈。

您的孩子：丑小鸭

3. 丑小鸭的故事就要讲完了，这只在孤单、寂寞中长大的小鸭子，我们就要跟他说再见了，小朋友们，你们想说些什么？

（1）对丑小鸭说……

（2）对丑小鸭哥哥姐姐说……

（3）对鸭妈妈说……

（4）对养鸭的小姑娘说……

（5）对小鸟及猎狗说……

（6）对农夫说……

后 记

教育部、财政部中小学教师国家级培训计划（2013）中西部农村骨干教师培训项目四川省小学语文教师置换脱产研修（绵阳师范学院）班，共50位学员。这些学员是县区、市、省层层推荐的农村义务教育学校具有良好发展潜力的优秀中青年（45岁以下）的小学语文骨干教师。该班历时100天，经历课程研修、返岗实践、跟岗研修、经验反思四个阶段，围绕国培要求模块、语文知识模块、语文课程模块、语文教学模块四个模块展开。国培要求模块：充满爱心，更加认真负责。语文知识模块：丰富语文知识，以利开发课文资源。语文课程模块：把握课程，以利准确定位。语文教学模块：科学设计，以利提高效率。学员全员参与、集体完成的《小学语文经典课文的语文资源开发与训练设计》是整个研修过程的线索，也是成果。

本书是教育部、财政部中小学教师国家级培训计划的培训成果和培训资源，也是国家教师教育创新平台西南地区小学语文教师教育共建共享优质课程资源，是语文教师专业成长、发展、教育、培训的优质课程资源，是致力于语文教育的师范生和在职语文教师、小学语文教育研究者的专业发展用书。

本成果由国家教师教育创新平台西南地区小学语文教师教育共建共享优质课程资源的负责人、“国培计划”本项目的首席专家、中共四川省委统战部“四川同心·专家服务团”专家、绵阳师范学院文学院张先华教授，重庆第二师范学院陈昌发副教授及广汉市教师进修学校王俊老师策划、组织、指导、修改、统稿。学员张晓林老师做了大量的收集整理工作。本书的编写得到了资建民、冯学全、钟贤权、张伟平、叶正国、巩建华、姚爱萍、唐晓星、张莲洁的关心支持，在此表示感谢！

本书各章撰稿人一览表

01	马　宏	11	蒋中金	21	杨静华	31	董安琼	41	郭志强
02	何金容	12	周　涛	22	李晓强	32	龙承菊	42	郑修利
03	卢红梅	13	蔡小玲	23	王清华	33	童贞莲	43	张生强
04	张晓林	14	龚　平	24	陈　艳	34	康建军	44	刘宜山
05	邓晓蓉	15	余　芳	25	张晓梅	35	吴　妍	45	吴　敏
06	杨　勇	16	王清秀	26	陈　芸	36	李云梅	46	王远伟
07	袁　丽	17	姚　领	27	郑　媛	37	王红琼	47	杨光淑
08	王　兵	18	黄　敏	28	刘凤娇	38	孙义文	48	吴玉梅
09	李　静	19	叶　静	29	王雪梅	39	刘　勇	49	冯　军
10	林红英	20	胥　芬	30	赵　娟	40	包文敏	50	吴小梅

通过以下四步工作最终形成本书：

第一步，集体讨论，筛选出小学语文经典课文 50 篇。不限版本，特别关注不同版本都选入的同一课文，关注一直被选入小学语文课本的传统课文。

第二步，统一体例，每课由“经典推荐、经典呈现、资源开发、点位论证、训练设计”五个部分组成。这也是面对课文的基本思维过程。

第三步，统一模板。（1）经典课文：1000 字以内的课文，全引用；1000 字以上的课文压缩为 1000 字以内，可以是节选或梗概。（2）资源开发：特指语文方面的资源，关注这篇课文可以用来教学语文哪些知识能力，回答“能教哪些”。（3）点位论证：

在众多语文资源中，依据《义务教育语文课程标准（2011 年版）》（简称《课标》）总目标及学段目标的要求、依据小学语文课本编者意图，依据学生语文知识能力结构和需要，论证本课语文教学点位，回答“应教哪些”。（4）训练设计：针对本课语文教学点位，设计 20 分钟左右、形式多样、生动有效的训练题，并附参考答案，用作训练与检测，以达到知识掌握、能力形成的实效。

第四步，50 位学员，每人选其中一篇，写出其语文资源开发与训练设计，每篇 5000 字。小组讨论修改，直至定稿。

尽管我们努力追求完美，我们也不可能达到完美，何况 50 位学员的水平存在差异。我们真诚地希望本书能给读者启发与借鉴，也真诚希望读者能对本书的进一步完善提出宝贵意见。

张先华

2014 年 3 月于绵阳师范学院